读懂固体废物污染环境防治法

刘国正　罗庆明　著

中国环境出版集团・北京

图书在版编目（CIP）数据

读懂固体废物污染环境防治法 / 刘国正，罗庆明著. —北京：中国环境出版集团，2023.6

ISBN 978-7-5111-5495-8

Ⅰ. ①读… Ⅱ. ①刘…②罗… Ⅲ. ①固体废物污染—污染防治—环境保护法—法律解释—中国 Ⅳ. ①D922.683.5

中国国家版本馆 CIP 数据核字（2023）第 070544 号

出 版 人 武德凯
责任编辑 韩　睿
封面设计 岳　帅

出版发行 中国环境出版集团
（100062　北京市东城区广渠门内大街 16 号）
网　　址：http://www.cesp.com.cn
电子邮箱：bjgl@cesp.com.cn
联系电话：010-67112765（编辑管理部）
发行热线：010-67125803，010-67113405（传真）

印　　刷 北京中科印刷有限公司
经　　销 各地新华书店
版　　次 2023 年 6 月第 1 版
印　　次 2023 年 6 月第 1 次印刷
开　　本 880×1230　1/32
印　　张 10.5
字　　数 240 千字
定　　价 52.00 元

著者名单

刘国正　罗庆明　胡华龙　郭琳琳
陈　瑛　石一辰　胡　楠　郑　洋
侯贵光　聂晶磊　侯　琼　赵娜娜
滕婧杰　刘　刚　兰孝峰　王　芳
祁诗月　李　娜　乔　鹏

前　言

早在一个半世纪之前，马克思就阐明了人与自然的辩证统一关系，建立了人与自然关系理论。马克思认为，资本具有不断自行增殖的冲动，带来的往往是过度生产、过度消费、过度废弃的发展方式。生态文明是人类文明发展进步的高级形态，中国共产党作为马克思主义执政党，领导生态文明建设具有先天优势，保护生态环境维护群众利益与我们党的使命宗旨具有内在一致性。

党的十八大以来，以习近平总书记为核心的党中央站在中华民族永续发展的高度，全方位、全地域、全过程加强生态环境保护。习近平总书记以马克思主义政治家、思想家、战略家的深邃洞察力、敏锐判断力、理论创造力，进一步丰富和发展马克思主义人与自然关系理论，创造性地提出一系列新理念、新思想、新战略，形成习近平生态文明思想。在习近平生态文明思想的正确指引下，全党全国推动绿色发展的自觉性和主动性显著增强，生态文明理念深入人心，生态环境改善成效显著，中国在创造经济快速发展和社会长期稳定两大奇迹的同时，创造了令世界瞩目的生态奇迹。

当前，我国生态文明建设进入了以降碳为重点战略方向、推动减污降碳协同增效、促进经济社会发展全面绿色转型、实现生态环境质量改善由量变到质变的关键时期。固体废物污染环境防治一头连着减污，一头连着降碳，是生态文明建设的重要内容，是打好污染防治攻坚战的重要战场。加强固体废物污染环境防治，必须贯彻落实习近平总书记“依法治污”的重要指示精神，充分运用法律武器破解固体废物污染环境防治工作中的难点、堵点问题，以法治方式巩固和深化污染防治攻坚成果。

2020 年 9 月 1 日，新修订的《中华人民共和国固体废物污染环境防治法》(以下简称《固废法》)正式实施。修订后的《固废法》明确固体废物污染环境防治坚持减量化、资源化和无害化原则，健全固体废物污染环境防治长效机制，强化政府及其有关部门的监督管理责任，完善工业固体废物、生活垃圾、建筑垃圾、农业固体废物和危险废物污染环境防治制度。学习好、理解好《固废法》，是贯彻好、落实好《固废法》的前提和保证。本书紧扣《固废法》，立足服务基层，联系实际工作，力求深入系统解读《固废法》主要制度的背景、意义和内容以及贯彻落实的具体要求。本书论述深入浅出、语言通俗易懂，可供固体废物管理工作者和执法人员参考。

固体废物污染环境防治，关系到人民群众的生命安全和身体健康，需要全社会共同参与，需要各行各业共同努力，充分发挥法治固根本、稳预期、利长远的作用，用最严格制度最严密法治保护生态环境，用法治力量守护绿水青山！

目　录

第一章　历史沿革

《中华人民共和国固体废物污染环境防治法》（以下简称《固废法》）1995 年出台，2004 年进行了第一次修订，2013 年、2015 年、2016 年又分别对特定条款进行了修正，2020 年第二次修订后形成现行的《固废法》。

一、制定出台

相较于大气污染防治和水污染防治，我国对固体废物污染环境防治的认识较为不足，工作起步较晚，尤其是立法工作进展缓慢。1984 年，国家环境保护局开始酝酿起草我国首部《固废法》，成立了由环境管理人员、有关科技和法律专家组成的起草小组。前后历时 10 年、十易其稿，最终形成《固废法》草案。1995 年 10 月 30 日，第八届全国人民代表大会常务委员会第十六次会议审议通过《固废法》，于 1996 年 4 月 1 日起施行。这是我国环境保护事业的一项重大举措，标志着我国固体废物污染环境防治领域结束了长期无法可依的状态。这次制定的《固废法》共计 6 章 77 条，实现了以下几方面的重点突破。

（一）明确工业固体废物和危险废物的处置责任

根据“谁污染，谁治理”原则，由企业事业单位负责处理、处置其产生的工业固体废物和危险废物，是国外废物管理立法的通例。新中国成立以来，我国一直没有通过法律、法规明确规定企业事业单位负有处理、处置其产生的工业固体废物和危险废物的责任，这是导致当时工业固体废物和危险废物乱倾倒、乱堆放以及工业固体废物大量堆存的直接原因。为了有效控制工业固体废物和危险废物污染环境，《固废法》明确规定：“企业事业单位对其产生的不能利用或者暂时不利用的工业固体废物，必须按照国务院环境保护行政主管部门的规定建设贮存或处置的设施、场所。”（第三十二条）“产生危险废物的单位，必须按照国家有关规定处置”。（第四十六条）

（二）建立工业固体废物和危险废物申报登记制度

申报登记是环境保护行政主管部门对工业固体废物和危险废物实施监督管理的基本制度，实行这一制度可以使环境保护行政主管部门准确、全面地掌握和控制工业固体废物和危险废物的基本情况，为实施工业固体废物和危险废物的环境管理提供可靠的客观依据。依照《中华人民共和国环境保护法》（以下简称《环境保护法》）有关污染物排放申报登记的原则规定，国家环境保护局于 1992 年发布了《排放污染物申报登记管理规定》（国家环境保护局令　第 10 号）。同年，选择了北京、天津、上海、沈阳、武汉、南通、深圳等不同类型并各具代表性的 17 个城市进行工业固体废物和危险废物申报登记试点，于 1994 年 6 月全部通过了验收。在试点工作中，共有 10 688 家企业事业单位进行了工业固体废物或者危险废物申报登记，使国家掌握了45类危险废物和其他各类工业固体废物的产生及去向情况，为固体废物污染环境的防治提供了科学依据。实践证明，申报登记可以强化固体废物污染环境防治监督管理。因此，《固废法》规定："国家实行工业固体废物申报登记制度。"（第三十一条）"产生危险废物的单位，必须按照国家有关规定申报登记。"（第四十五条）

（三）建立危险废物处置行政代执行制度

危险废物在我国占固体废物总量不高，但因其具有毒性、腐蚀性、易燃性、反应性或者感染性等危险特性，如果随意弃置，对环境的危害极大。因此，国外废物管理立法把危险废物作为重点，采取一切措施保证危险废物得到妥善的处理、处置。行政代执行是一种间接的行政强制措施，是保证法定义务人履行义务的一种有效手段，在国外立法中已被广泛采用。为了保证危险废物产生者的主体责任得到落实，使所有危险废物均能得到妥善处理、处置，借鉴法制较完善国家的经验，《固废法》引入了行政代执行制度，规定："不处置的，由所在地县级以上地方人民政府环境保护行政主管部门责令限期改正；逾期不处置或者处置不符合国家有关规定的，由所在地县级以上地方人民政府环境保护行政主管部门指定单位代为处置，处置费用由产生危险废物的单位承担。"（第四十六条）

（四）建立危险废物许可证管理制度

危险废物的危险特性决定，并非任何单位和个人都能从事危险废物的收集、贮存、处理、处置等经营活动。从事危险废物的收集、贮存、处理、处置活动，必须既具备达到一定要求的设备、设施，又要有相应的专业技术能力等条件，否则就有可能在经营过程中污染环境。一些单位和个人在无防治污染环境设施和技术的条件下，从事收集、贮存、处理、处置危险废物的经营活动，导致严重污染环境的事故时有发生，给国家和人民利益造成巨大损失。实践证明，对危险废物收集、贮存、处理、处置等经营活动，绝不能放任自流。许多国家，特别是发达国家，都把实行许可证管理作为控制危险废物、防治污染环境的一种重要手段。例如，美国《资源保护和回收法》规定，贮存、处理、处置危险废物，必须持有环境保护局颁发的许可证。日本《废弃物处理和清扫法》规定，凡以收集、运输、处理产业固体废物为业者，应当向都道府县知事领取许可证。意大利、澳大利亚、英国等也都有关于危险废物许可证管理的法律规定。为了加强对危险废物的管理，防止其对环境造成污染损害，借鉴国外的成功经验，《固废法》规定："从事收集、贮存、处理、处置危险废物经营活动的单位，必须向县级以上人民政府环境保护行政主管部门申请领取经营许可证，具体管理办法由国务院规定。"（第四十九条）

1995 年版《固废法》明确的一项责任、建立的三项制度，构成了早期固体废物污染环境防治法律体系的基石和灵魂，其中危险废物处置行政代执行制度、危险废物许可证管理制度等沿用至今。

二、第一次修订

2003 年 5 月至 6 月，全国人民代表大会常务委员会组成执法检查组，赴天津、重庆、辽宁、福建和上海五省（市），对《固废法》实施情况进行检查。2003 年 6 月，全国人民代表大会常务委员会执法检查组向第十届全国人民代表大会常务委员会第三次会议提交了关于检查《固废法》实施情况的报告。报告肯定了贯彻实施《固废法》取得的成效，同时也指出，固体废物污染环境防治工作总体上还处于起步阶段，历史欠账较多，基础设施薄弱，固体废物污染治理任务十分艰巨。根据第十届全国人民代表大会常务委员会的立法规划，结合《固废法》执法检查发现的新情况和新问题，全国人民代表大会环境与资源保护委员会于 2003 年开始着手这部法律的修改工作。2004 年 12 月 29 日，《固废法（修订草案）》由第十届全国人民代表大会常务委员会第十三次会议审议通过，中华人民共和国主席令（第三十一号）公布，自 2005 年 4 月 1 日起施行。修订后的《固废法》共 6 章 91 条，修改的主要内容包括以下几个方面。

（一）确立污染者依法负责原则

由污染者承担污染防治的责任，是环境保护工作的一项重要原则，在法律中全面落实这一原则，有助于从根本上解决固体废物污染问题。为此，修订后的《固废法》规定："国家对固体废物污染环境防治实行污染者依法负责的原则。"（第五条）同时进一步明确："产品的生产者、销售者、进口者、使用者对其产生的固体废物依法承担污染防治责任。"（第五条）

（二）鼓励购买使用再生产品和可重复利用产品

固体废物污染环境防治工作必须从生产、流通和消费等多个环节加以推动。为引导公民树立绿色消费理念，促进固体废物减量化、资源化，修订后的《固废法》规定："国家鼓励单位和个人

购买、使用再生产品和可重复利用产品。”（第七条）

（三）限制过度包装

为解决过度包装问题，在借鉴国外经验的基础上，修订后的《固废法》一方面提出对部分包装实行强制回收制度，规定：“生产、销售、进口依法被列入强制回收目录的产品和包装物的企业，必须按照国家有关规定对该产品和包装物进行回收。”（第十八条）另一方面，针对1995年版《固废法》对过度包装尚未作限制的情况，规定：“国务院标准化行政主管部门应当根据国家经济和技术条件、固体废物污染环境防治状况以及产品的技术要求，组织制定有关标准，防止过度包装造成环境污染。”（第十八条）

（四）增加农业和农村固体废物污染环境防治规定

为实现统筹、协调发展，改善农村环境卫生面貌，立法机关认为加强对农村固体废物的管理是十分必要的。但考虑到我国农村经济发展水平不高、基础设施薄弱等实际情况，对农村固体废物的管理还是应当先提出原则要求，逐步实现合理利用和安全处置。为此，修订后的《固废法》对种植业、养殖业产生的固体废物提出了合理利用、预防污染的要求（第十九条、第二十条）；并且提出，农村生活垃圾污染环境防治的具体办法由地方性法规规定（第四十九条）。

（五）完善固体废物进口分类管理规定

修订后的《固废法》将固体废物按照资源化程度和环境风险高低分为禁止进口类、限制进口类和自动许可进口类，分别制定目录，实行分类管理；对限制进口类固体废物的进口，必须依法办理进口许可；对自动许可类固体废物的进口，必须依法办理自动许可手续（第二十五条）。针对普遍存在的以进口旧货为名大量进口废物，而进口者与管理部门又经常对进口的货物是否属于固体废物发生争议的情况，修订后的《固废法》增加了争议的解决程序（第二十六条）。按照《中华人民共和国刑法修正案（四）》的规定，对非法进口固体废物增加了追究刑事责任的规定。同时，针对进口者逃避、无人承担固体废物退运责任的情况，追加承运人作为固体废物退运的共同责任人（第七十八条）。

（六）明确产生固体废物的单位在发生终止、变更时的责任

产生固体废物的单位发生分立、合并、转让、撤销、解散或者破产时，由谁继续履行污染防治责任，修订前的《固废法》没有明确，解决纠纷时无法可依。修订后的《固废法》对此规定：一是要求产生工业固体废物的单位终止之前，必须妥善处置固体废物以及有关场所和设施；二是除当事人另有约定的情形外，变更后的单位应当按照有关规定负责处置原单位的工业固体废物（第三十五条）。

（七）强化危险废物管理措施

针对危险废物处置工作中面临的处置设施不足、长期贮存不处置、应急措施力度不够等问题，修订后的《固废法》在危险废物管理措施方面增加了下列内容：一是增加了危险废物集中处置设施的规划和建设要求（第五十四条）；二是增加了危险废物贮

存时间的限制（第五十八条）；三是赋予有关主管部门处理危险废物污染事故应急手段（第六十四条）；四是对危险废物处置设施退役后的维护资金来源作了规定（第六十五条）；五是将危险废物的利用纳入危险废物经营许可的管理范围（第五十七条）。

（八）完善相关法律责任规定

修订后的《固废法》对法律责任的修改集中在 3 个方面：一是明确规定了固体废物污染防治监督管理人员的义务和责任；二是对新增加的部分条款规定了法律责任；三是加大了对部分违法行为的处罚力度。在适当强化行政处罚措施的同时，必须认识到，完全依靠行政手段并不能达到彻底解决环境污染问题的目的，而且容易导致行政管理成本增加以及权力滥用等后果。真正有效地解决污染问题，更加重要的途径是完善环境污染损害赔偿法律制度，让污染者承担污染造成的后果，赔偿受害人的损失，提高违法成本。为此，修订后的《固废法》针对环境污染损害赔偿案件中最常见的受污染者没有能力起诉以及举证困难等问题，增加了举证责任倒置、法律援助、环境监测机构提供监测数据方面的规定（第八十六条、第八十七条）。

三、第一次修正

2013 年 6 月 29 日，第十二届全国人民代表大会常务委员会第三次会议通过《关于修改〈中华人民共和国文物保护法〉等十二部法律的决定》，《固废法》第一次修正，将《固废法》第四十四条第二款“禁止擅自关闭、闲置或者拆除生活垃圾处置的设施、场所；确有必要关闭、闲置或者拆除的，必须经所在地县级以上地方人民政府环境卫生行政主管部门和环境保护行政主管部门核准，并采取措施，防止污染环境”修改为“禁止擅自关闭、闲置或者拆除生活垃圾处置的设施、场所；确有必要关闭、闲置或者拆除的，必须经所在地的市、县人民政府环境卫生行政主管部门和环境保护行政主管部门核准，并采取措施，防止污染环境”。

本款规定为行政许可，关闭、闲置或者拆除生活垃圾处置的设施、场所的，必须经所在地环境卫生行政主管部门和环境保护行政主管部门核准。本次修正之前，本款规定的行政许可主体为县级以上地方人民政府环境卫生行政主管部门和环境保护行政主管部门，包括县级、市级、省级环卫部门和环保部门。本次修正之后，本款规定的行政许可主体仅限于县级、市级环卫部门和环保部门，不包括省级环卫部门和环保部门。

四、第二次修正

2015 年 4 月 24 日，第十二届全国人民代表大会常务委员会第十四次会议通过《关于修改〈中华人民共和国港口法〉等七部法律的决定》，《固废法》第二次修正，将《固废法》第二十五条第一款“禁止进口不能用作原料或者不能以无害化方式利用的固体废物；对可以用作原料的固体废物实行限制进口和自动许可进口分类管理”和第二款“国务院环境保护行政主管部门会同国务院对外贸易主管部门、国务院经济综合宏观调控部门、海关总署、国务院质量监督检验检疫部门制定、调整并公布禁止进口、限制进口和自动许可进口的固体废物目录”中的“自动许可进口”修改为“非限制进口”，删除第三款“禁止进口列入禁止进口目录的固体废物。进口列入限制进口目录的固体废物，应当经国务院环境保护行政主管部门会同国务院对外贸易主管部门审查许可。进口列入自动许可进口目录的固体废物，应当依法办理自动许可手续”中的“进口列入自动许可进口目录的固体废物，应当依法办理自动许可手续”。

本次修正之前，环境保护部会同商务部、海关总署等部门联合发布了《固体废物进口管理办法》（现已废止），明确规定“进口列入自动许可进口目录的固体废物，应当依法办理自动许可手续”“进口列入限制进口或者自动许可进口目录的固体废物，必须取得固体废物进口相关许可证”。本次修正之后，仅要求限制进口类的固体废物办理进口许可手续，允许进口的非限制类固体废物，不再需要办理进口许可手续。

五、第三次修正

2016 年 11 月 7 日，第十二届全国人民代表大会常务委员会第二十四次会议通过《关于修改〈中华人民共和国对外贸易法〉等十二部法律的决定》，《固废法》第三次修正，对《固废法》第四十四条第二款和第五十九条第一款作出修改。

（一）关于第四十四条第二款

将第四十四条第二款“禁止擅自关闭、闲置或者拆除生活垃圾处置的设施、场所；确有必要关闭、闲置或者拆除的，必须经所在地的市、县人民政府环境卫生行政主管部门和环境保护行政主管部门核准，并采取措施，防止污染环境”修改为“禁止擅自关闭、闲置或者拆除生活垃圾处置的设施、场所；确有必要关闭、闲置或者拆除的，必须经所在地的市、县级人民政府环境卫生行政主管部门商所在地环境保护行政主管部门同意后核准，并采取措施，防止污染环境”。

本次修正之前，本款规定的行政许可主体是县级、市级环卫部门和环保部门，两个部门都属于许可机关。本次修正之后，本款规定的行政许可主体仅包括县级和市级环卫部门，环保部门不再属于行政许可机关，环卫部门商环保部门属于行政机关内部行为。

（二）关于第五十九条第一款

将第五十九条第一款“转移危险废物的，必须按照国家有关规定填写危险废物转移联单，并向危险废物移出地设区的市级以上地方人民政府环境保护行政主管部门提出申请。移出地设区的市级以上地方人民政府环境保护行政主管部门应当商经接受地设区的市级以上地方人民政府环境保护行政主管部门同意后，方可批准转移该危险废物。未经批准的，不得转移”修改为“转移危险废物的，必须按照国家有关规定填写危险废物转移联单。跨省、自治区、直辖市转移危险废物的，应当向危险废物移出地省、自治区、直辖市人民政府环境保护行政主管部门申请。移出地省、自治区、直辖市人民政府环境保护行政主管部门应当商经接受地省、自治区、直辖市人民政府环境保护行政主管部门同意后，方可批准转移该危险废物。未经批准的，不得转移”。

本次修正之前，跨市、跨省转移危险废物的，均需要经过转移审批。本次修正之后，只有跨省转移危险废物行为才需要经过转移审批，省内跨市转移危险废物不再需要转移审批。

六、第二次修订

2017 年，根据全国人民代表大会常务委员会监督工作计划安排，全国人民代表大会常务委员会执法检查组于 5 月启动开展《固废法》执法检查，由第十二届全国人民代表大会常务委员会张德江委员长担任组长，陈昌智、沈跃跃、张平、艾力更·依明巴海副委员长和全国人民代表大会环境与资源保护委员会陆浩主任委员担任副组长，成员由全国人民代表大会常务委员会委员、相关专门委员会组成人员和部分全国人民代表大会代表共 48 人组成。6 月至 8 月，执法检查组分为 5 个小组，由张德江委员长和 4 位副委员长带队，分别赴陕西、湖南、山西、天津、浙江、广西、江苏、福建、上海、吉林 10 个省（区、市）开展执法检查工作，并向全国人民代表大会常务委员会提交了执法检查报告。

报告充分肯定了《固废法》贯彻实施取得的主要成效，但同时也指出《固废法》实施以及固体废物污染防治工作仍面临一些突出问题，主要包括以下 9 个方面：一是固体废物污染防治形势严峻，固体废物产生量大、积存量多；二是污染者依法负责的各项制度落实不够到位，部分企业的主体责任意识不强、守法意识淡薄；三是危险废物全过程管理有待强化，危险废物管理制度不完善；四是城乡环境综合整治力度需进一步加大，生活垃圾分类尚未取得实质性突破；五是工业固体废物治理任务艰巨，工业固体废物减量化、资源化利用相对滞后，扶持政策协同性、系统性不够；六是监管工作机制有待改进，实际工作中部门配合不够、政策协同不足、法律落实不到位等现象比较突出；七是监管执法能力比较薄弱，大部分省份市一级环保部门没有专门的固体废物管理机构，县一级绝大部分无机构、无人员；八是科技支撑能力不强，利用处置固体废物的标准规范体系不够健全、技术水平偏低、技术储备较少；九是法规制度体系有待完善，一些制度规定难以适应当前固体废物污染防治新形势、新任务，迫切需要总结实践经验，及时进行修改完善。

2018 年，《固废法》修订列入全国人民代表大会常务委员会立法工作计划。2019 年 6 月，修订草案由国务院提交全国人民代表大会常务委员会一次审议；2019 年 12 月，二次审议；2020 年 4 月 29 日，第十三届全国人民代表大会常务委员会第十七次会议审议并全票通过了新修订的《固废法》，自 2020 年 9 月 1 日起施行。修订后的《固废法》共 9 章 126 条，这次修订主要有以下变化：

一是明确法律原则。坚持科学立法，从固体废物污染环境防治应遵循的客观规律出发，提出固体废物污染环境防治坚持减量化、资源化和无害化原则，坚持污染担责原则。

二是顺应改革要求。为进一步深化生态环境制度改革，增强生态环境治理能力，将工业固体废物纳入排污许可制度管理，明确国家逐步实现固体废物零进口，实现立法与改革相衔接。

三是强化监管责任。通过明确目标责任制、信用记录、联防联控、全过程监控和信息化追溯等制度，进一步强化政府及其有关部门监督管理责任。

四是完善法律制度。在工业固体废物方面，增加连带责任、管理台账等制度，进一步强化产生者责任。在建筑垃圾、农业固体废物等方面，建立建筑垃圾分类处理、全过程管理制度，健全秸秆、废弃农用薄膜、畜禽粪污等污染环境防治制度。在危险废物方面，规定危险废物分级分类管理、信息化监管体系等内容，加强危险废物转移过程管理。

五是呼应人民期盼。坚持以人民为中心，重点解决最关注、最迫切的环境民生问题。确立生活垃圾分类的原则，明确国家推行生活垃圾分类制度，统筹城乡生活垃圾污染环境防治。加大过度包装、塑料污染治理力度。对重大传染病疫情期间的医疗废物应急处置作出专门规定。

六是健全保障机制。增加保障措施一章，从用地、设施场所建设、经济技术政策和措施、从业人员培训和指导、产业专业化和规模化发展、污染防治技术进步、政府资金安排、环境污染责任保险、社会力量参与、税收优惠等方面全方位保障固体废物污染环境防治工作。

七是严格法律责任。对违法行为实行严惩重罚，加大处罚力度，增加处罚种类。强化处罚到人，对法定代表人、主要负责人、直接负责的主管人员和其他责任人员依法给予罚款、行政拘留处罚。同时补充规定一些违法行为的法律责任。

第二章　总　论

《固废法》共包括 9 章，其中第一章是总则，主要包括立法目的、适用范围和法律原则等，第二章主要规定的是固体废物污染环境防治监督管理的内容，第三章至第六章是分则，针对不同种类的固体废物分别作出具体规定，第七章是围绕保障法律实施提出的土地、资金、税收、金融等措施，第八章主要是针对违反本法行为设定的法律责任，第九章主要是关于法律名词和法律生效时间的规定。

本章内容重点围绕《固废法》第一章、第二章和第九章展开，主要包括 3 个部分，分别是法律原则、法律名词和基本规定。法律原则作为一部法律的灵魂与核心，直接决定了法律制度的基本性质、内容和价值取向，是“法律规则的规则”。法律名词是构筑一部法律的基石，掌握法律名词是理解法律规定的前提和基础。本法的基本规定包括总体性规定和一般性规定，总体性规定统领具体性规定，具有优先适用效力；一般性规定不适用于特殊情形，有特别规定的，优先适用特别规定。

第一节　法律原则

一、减量化、资源化和无害化原则

（一）减量化、资源化和无害化原则的历史变迁

减量化、资源化和无害化原则，通常被简称为“三化”原则，这是《固废法》的核心立法原则，也是对固体废物污染环境防治工作规律的客观总结。早在 1995 年，《固废法》刚刚出台之时，第三条即明确规定“国家对固体废物污染环境的防治，实行减少固体废物的产生、充分合理利用固体废物和无害化处置固体废物的原则”，这是关于“三化”原则的早期表述。2004 年，《固废法》第一次修订，将上述条款修改为“国家对固体废物污染环境的防治，实行减少固体废物的产生量和危害性、充分合理利用固体废物和无害化处置固体废物的原则”，进一步丰富和完善了“三化”原则的内涵，但在法律中仍然没有明确提出“减量化、资源化、无害化”的表述。

2017 年，全国人民代表大会常务委员会执法检查组在《固废法》执法检查报告中提出，要加强固体废物减量化、资源化、无害化的治理协同；减量化、资源化、无害化是有机统一的，必须作为一个整体加以把握；减量化突出源头治理，资源化注重变废为宝，无害化强调最大限度地减少对环境和人体健康的危害性；就固体废物管理而言，无害化是根本目的，也是底线要求；要全面准确把握减量化、资源化、无害化三者之间的关系，突出工作重点、统筹长远发展，推动固体废物污染得到有

效防治。2020年，修订后的《固废法》第四条，明确提出固体废物污染环境防治坚持减量化、资源化和无害化原则。

（二）减量化、资源化和无害化原则的基本内涵

全面、准确地理解减量化、资源化和无害化原则，应当从以下两个方面进行把握。

1. 减量化、资源化体现出固体废物管理的优先次序

固体废物的减量化、资源化和无害化原则蕴含了固体废物管理的优先次序，即优先减少固体废物的产生量和危害性，最大限度地促进固体废物的资源化利用，最大限度地减少固体废物末端处置量。

从发达国家和地区的实践来看，欧盟、日本、美国均在不同程度上以立法形式固化了这一原则。

欧盟在2008年出台《废物框架指令》，明确提出废物管理应当遵从以下优先次序：减量（Prevention）；再使用（Reuse）；循环利用（Recycling）；其他利用方式，如能源利用（Energy Recovery）；处置（Disposal）。

日本在2000年颁布《循环型社会形成推进基本法》，规定在对循环资源（废弃物中有用的部分）进行循环利用及处置时，为降低环境负荷，在经济技术可能的范围内，应当按以下顺序进行：在循环资源的全部或一部分中，对可以再使用的，必须再使用；在循环资源的全部或一部分中，按照前项的规定不能再使用的，对其中可再生利用的，必须再生利用；在循环资源的全部或一部分中，按照第一项的规定不能再使用及根据前项规定无法再利用的，对其中可进行热回收的，必须进行热回收；在循环资源的全部或一部分中，按照前三项的规定无法进行循

环利用的，必须进行处置。

美国并没有在《资源保护和回收法》（RCRA）中明确规定废物管理的优先次序，但在工业废物的管理上一定程度地体现了上述原则。根据 RCRA 的规定，工业废物被定义为在制造或其他工业生产过程中产生的无害固体废物，美国国家环境保护局（EPA）推荐按照以下步骤进行：首先，在产生源头预防或减少废物减产（Source Reduction）；其次，再使用或者循环利用；再次，废物处理（Treatment）；最后，以环境友好的方式处置废物。

确立废物管理的优先次序，其目的是减少废物对环境的影响、提高废物管理的资源效率，“防”的成本要远小于“治”的代价，所以应当先“防”后“治”。我国固体废物产生量大、积存量多，贯彻减量化、资源化和无害化原则尤为必要，推动减量化、资源化可以大大缓解无害化的压力。以工业固体废物为例，2020 年全国一般工业固体废物产生量 36.8 亿吨，综合利用量 20.4 亿吨，综合利用率为 55.4%。根据历史数据分析，我国每年工业固体废物的产生量约是综合利用量的 1.7 倍，“十二五”时期以来每年有超过 12 亿吨的工业固体废物需要贮存或处置。

2．无害化是固体废物管理的根本目的

《固废法》在第一条已阐明其立法目的，即“为了保护和改善生态环境，防治固体废物污染环境，保障公众健康，维护生态安全，推进生态文明建设，促进经济社会可持续发展”。固体废物污染环境防治追求的最终目标，在于“保障公众健康，维护生态安全”，一切固体废物管理行为都应该围绕这个目标展开，因此无害化应该是贯穿固体废物从产生到处置的全过程要求，是减量化和资源化的前提。

2020年修订的《固废法》第三条第一款关于固体废物污染环境防治原则的规定，即“国家对固体废物污染环境的防治，实行减少固体废物的产生量和危害性、充分合理利用固体废物和无害化处置固体废物的原则”。其中，“无害化处置”的表述易造成认识误区，有些地区有些部门认为无害化只是针对处置环节的要求，固体废物利用可以只讲资源化不讲无害化，部分企业以资源化为名开展非法加工利用，严重影响环境安全和人体健康。2020年修订后，延续了固体废物管理优先次序的规定，同时新的表述更加凝练，规避了原来对“无害化处置”的片面表述。

（三）减量化、资源化和无害化原则的具体规定

法律原则需要通过法律规则来体现它的强制性和约束力。为落实减量化、资源化和无害化原则，2020年修订的《固废法》在具体法律制度设计上，与以往相比有较大突破。一方面，强化减量化和资源化的硬性约束性。例如，在政府层面，第十三条提出县级以上人民政府在制定有关规划时，应最大限度降低填埋处置量，倒逼源头减量和资源化；在企业层面，第三十八条增加关于开展强制性清洁生产审核的规定，第三十九条要求产生工业固体废物的单位在申报排污许可时，必须提出减少工业固体废物产生、促进综合利用的具体措施。

表 2-1　《固废法》关于减量化、资源化的具体规定

法律条款	减量化、资源化的具体规定
第十三条	地方政府应当制定规划、采取有效措施减少固体废物的产生量、促进固体废物的综合利用
第三十三条	工信部门牵头组织研发、推广减少工业固体废物产生量和降低工业固体废物危害性的生产工艺和设备，公布限期淘汰产生严重污染环境的工业固体废物的落后生产工艺、设备的名录
第三十四条	工信部门应当会同有关部门定期发布工业固体废物综合利用技术、工艺、设备和产品导向目录，组织开展工业固体废物资源综合利用评价
第三十八条	工业固体废物产生单位应当依法实施清洁生产审核，减少工业固体废物的产生量，降低工业固体废物的危害性
第三十九条	工业固体废物产生单位在申请排污许可证时，应当提出减少工业固体废物产生、促进综合利用的具体措施
第四十四条	地方政府应当减少燃料废渣等固体废物的产生量，组织净菜上市，减少生活垃圾的产生量
第五十八条	地方政府应当建立生活垃圾处理收费制度，体现分类计价、计量收费等差别化管理
第六十条	地方政府应当制定包括源头减量、分类处理、消纳设施和场所布局及建设等在内的建筑垃圾污染环境防治工作规划
第六十一条	国家鼓励采用先进技术、工艺、设备和管理措施，推进建筑垃圾源头减量，建立建筑垃圾回收利用体系。县级以上地方人民政府应当推动建筑垃圾综合利用产品应用
第六十四条	农业农村部门负责指导农业固体废物回收利用体系建设
第六十六条	国家建立生产者责任延伸制度，电器电子、铅蓄电池、车用动力电池等产品的生产者应当建立与产品销售量相匹配的废旧产品回收体系，实现有效回收和利用

法律条款	减量化、资源化的具体规定
第六十八条	生产、销售、进口依法被列入强制回收目录的产品和包装物的企业，应当按照国家有关规定对该产品和包装物进行回收。电子商务、快递、外卖等行业应当优先采用可重复使用、易回收利用的包装物，减少包装物的使用，并积极回收利用包装物
第七十条	旅游、住宿等行业应当按照国家有关规定推行不主动提供一次性用品。机关、企业事业单位等的办公场所应当减少使用一次性办公用品
第七十八条	危险废物产生单位，应当制定危险废物管理计划，提出减少危险废物产生量和降低危险废物危害性的措施
第九十八条	从事固体废物综合利用等固体废物污染环境防治工作的，依照法律、行政法规的规定，享受税收优惠

另一方面，突出固体废物污染防治的无害化底线要求。不同于大气污染物、水污染物、噪声污染物，固体废物种类繁多，成分复杂，不同种类的固体废物对应的利用技术不同，同一类废物、不同利用产品，其利用工艺和污染防治技术也不相同。修订前的《固废法》对于固体废物综合利用过程以及综合利用产品缺少明确的技术政策和规范标准要求，我国现有的标准体系中，也没有关于固体废物利用过程和利用产品的控制标准，难以发挥标准规范对产业发展的规范引导作用，产品安全性受到质疑，制约了固体废物综合利用产业的规模化发展。2020 年修订的《固废法》第十五条要求有关部门制定固体废物综合利用标准，防止固体废物综合利用过程和产品的二次污染，确保资源化过程和产品的无害化。

二、污染担责原则

（一）污染担责原则的法律渊源

污染担责的概念，源自国际上早期提出的“污染者付费”原则，是指污染者负担其污染环境造成的损失。我国 1979 年颁布的《环境保护法（试行）》首次提出“谁污染，谁治理”原则，2014 年新修订的《环境保护法》第五条明确规定“环境保护坚持保护优先、预防为主、综合治理、公众参与、损害担责的原则”，即行为人有污染环境和破坏生态的行为就应当承担责任。2014 年《环境保护法》修订之后，其他一些环境法律也在这方面作出规定。在固体废物领域，《固废法》2004 年第一次修订后，首次明确了“污染者依法负责”原则。2020 年修订的《固废法》进一步提出“固体废物污染环境防治坚持污染担责的原则”，不断强化企业主体责任，加大违法行为的惩戒力度。

（二）污染者的内涵

修订前的《固废法》第五条第一款提出，国家对固体废物污染环境防治实行“污染者依法负责”的原则。然而，修订前的《固废法》并没有明确污染者的具体所指。根据修订前的《固废法》第五条第二款关于“产品的生产者、销售者、进口者、使用者对其产生的固体废物依法承担污染防治责任”以及第十七条第一款关于“收集、贮存、运输、利用、处置固体废物的单位和个人，必须采取防扬散、防流失、防渗漏或者其他防止污染环境的措施；不得擅自倾倒、堆放、丢弃、遗撒固体废物”等相关规定，可以认为污染者是产生固体废物的“产品的生产者、销售者、进口者、使用者”或“收集、贮存、运输、利用、处置固体废物的单位和个人”，即固体废物的产生、收集、贮存、运输、利用、处置者。

2020年修订的《固废法》第五条第二款明确指出，产生、收集、贮存、运输、利用、处置固体废物的单位和个人，是固体废物污染环境防治的义务主体，应当采取措施，防止或者减少固体废物对环境的污染，对所造成的环境污染依法承担责任。

（三）污染者应承担的责任

为贯彻落实污染担责原则，修订后的《固废法》进一步完善了固体废物产生、收集、贮存、运输、利用、处置者的法律规定，突出强调了各类固体废物的产生者责任。例如，第三十六条至第四十二条规定了工业固体废物产生者的减量、利用、许可等义务，第四十九条规定了生活垃圾产生者（包括单位、家庭和个人）的生活垃圾源头减量和分类投放义务，第六十三条规定了建筑垃圾产生者的编制建筑垃圾处理方案之义务，第六十五条规定了农业固体废物产生者的回收利用义务。

表2-2 《固废法》关于产生者责任的具体规定

法律条款	责任主体	具体规定
第三十六条	工业固体废物产生者	建立健全工业固体废物产生、收集、贮存、运输、利用、处置全过程的污染环境防治责任制度，建立工业固体废物管理台账
第三十七条	工业固体废物产生者	委托他人运输、利用、处置工业固体废物的，应当对受托方的主体资格和技术能力进行核实，依法签订书面合同
第三十八条	工业固体废物产生者	依法实施清洁生产审核，减少工业固体废物的产生量，降低工业固体废物的危害性

法律条款	责任主体	具体规定
第三十九条	工业固体废物产生者	申请取得排污许可证，并执行排污许可管理制度的相关规定
第四十条	工业固体废物产生者	对不能利用的工业固体废物，按照规定建设贮存设施、场所，或者采取无害化处置措施
第四十一条	工业固体废物产生者	终止、变更前的工业固体废物污染环境防治义务
第四十二条	矿山企业	减少尾矿、煤矸石、废石等矿业固体废物的产生量和贮存量
第四十九条	生活垃圾产生者	履行生活垃圾源头减量和分类投放义务，在指定的地点分类投放生活垃圾
第六十三条	工程施工单位	编制建筑垃圾处理方案，及时清运工程施工过程中产生的建筑垃圾等固体废物，并按照环境卫生主管部门的规定进行利用或者处置
第六十五条	农业固体废物产生者	采取回收利用和其他防止污染环境的措施
第七十一条	城镇污水处理设施维护运营单位或者污泥处理单位	安全处理污泥，对污泥的流向、用途、用量等进行跟踪、记录，并报告城镇排水主管部门、生态环境主管部门
第七十八条	危险废物产生者	制定危险废物管理计划，建立危险废物管理台账，并如实申报
第七十九条	危险废物产生者	按照国家有关规定和环境保护标准要求贮存、利用、处置危险废物
第八十二条	危险废物产生者	按照国家有关规定填写、运行危险废物电子或者纸质转移联单

三、全过程管理原则

（一）全过程管理原则的实践基础

修订前的《固废法》并未明确提出全过程管理原则，但基于危险废物的特殊性，在危险废物领域按照全过程管理原则构建了从源头到末端的管理制度体系。围绕落实《固废法》，我国先后出台了《危险废物经营许可证管理办法》《医疗废物管理条例》《危险废物转移联单管理办法》等配套法规规章，制定了一系列标准、规范技术指南，建立了危险废物鉴别、管理计划、申报登记、转移联单、经营许可、应急预案、识别标志、出口核准等管理制度，形成了较为完善的危险废物环境管理法规制度体系。

“十二五”时期以来，生态环境部（原环境保护部）持续组织开展危险废物规范化管理督查考核工作，督促危险废物产生和经营单位遵章守法，保障危险废物全过程管理制度落实到位。

（二）修订后全过程管理原则的变化

2020 年修订的《固废法》，虽然仍未明确提出固体废物全过程管理的原则，但通过强化过程监管和信息化监控的要求，更加突出地体现了全过程管理的理念。《固废法》第十六条规定，国务院生态环境主管部门应当会同国务院有关部门建立全国固体废物污染环境防治信息平台，推进固体废物收集、转移、处置等全过程监控和信息化追溯。第二十二条第二款新增了固体废物跨省转移利用备案制度，通过备案进一步加强过程和流向的监控。

此外，修订后的《固废法》进一步扩张了全过程管理原则的适用领域，从危险废物领域延伸至工业固体废物和建筑垃圾领域。第三十六条提出，产生工业固体废物的单位应当建立健全工业固体废物产生、收集、贮存、运输、利用、处置全过程的污染环境防治责任制度。第六十二条提出，县级以上地方人民政府环境卫生主管部门负责建筑垃圾污染环境防治工作，建立建筑垃圾全过程管理制度。

第二节　法律名词

一、固体废物涉及的种类

《固废法》第一百二十四条定义了固体废物、工业固体废物、建筑垃圾、农业固体废物、生活垃圾和危险废物的法律内涵。

（一）固体废物

固体废物是指在生产、生活和其他活动中产生的丧失原有利用价值或者虽未丧失利用价值但被抛弃或者放弃的固态、半固态和置于容器中的气态的物品、物质以及法律、行政法规规定纳入固体废物管理的物品、物质。经无害化加工处理，并且符合强制性国家产品质量标准，不会危害公众健康和生态安全，或者根据固体废物鉴别标准和鉴别程序认定为不属于固体废物的除外。

固体废物是一个专有法律名词，不能擅自增删更改。固体废物具有特定的法律内涵，其法律定义包括两句话，第一句话是从正面阐述什么是固体废物，第二句话是从反面阐述什么不是固体废物。

关于什么是固体废物，至少可以从以下 3 个方面进行理解。

（1）固体废物的来源。固体废物有可能来自生产、生活和其他活动。生产活动是指包括第一产业、第二产业和第三产业在内的生产活动，生活活动是指日常生活活动，其他活动是对生产活动和生活活动的补充，属于兜底性规定。从法律定义出发，不难看出，固体废物可以来自一切的人类生产、生活活动。

（2）固体废物的形态。固体废物的物理形态并不局限于固态，还可以是半固态或气态，固态的如废纸、废塑料等，半固态的如污泥等，气态的如置于容器中的有毒化学气体。《固废法》第一百二十五条规定，液态废物的污染防治，适用本法。这就将液态废物纳入固体废物的范畴进行管理，事实上，固体废物，尤其是危险废物，呈现液态的居多，如废酸、废油、废有机溶剂等。

（3）固体废物的属性。“丧失原有利用价值或者虽未丧失利用价值但被抛弃或者放弃”是对固体废物属性特征的描述，如何理解这句话对于正确把握固体废物的法律定义至关重要。“丧失原有利用价值”是指一个物品或物质无法继续发挥其原有的功用，例如，不能准确计时的手表、不能通话的手机等。“被抛弃或者放弃”是指物品或物质的所有权人或占有者通过实施抛弃行为，放弃所有权或者占有，例如，将空饮料瓶投入垃圾桶、将汽车扔在荒郊野外等。那么，一个物品或物质之所以成为固体废物，究竟是因为“丧失原有利用价值”还是因为“被抛弃或者放弃”？值得注意的是，“丧失原有利用价值”的物品或物质仅仅是丧失了某一方面的使用价值，但在另一方面可能仍然具有使用价值，因此其并不必然“被抛弃或者放弃”。换言之，

“丧失原有利用价值”只是导致“被抛弃或者放弃”的原因之一。一个物品或物质“被抛弃或者放弃”后，必然脱离人类传统的生产、流通和消费环节，其流向存在不确定性，环境风险也有可能随之而生。因此，“被抛弃或者放弃”是其成为固体废物的根本原因所在。

将一个物质或物品排除在固体废物之外，应当符合下列两种条件之一。

第一种，固体废物经无害化加工处理，并且符合强制性国家产品质量标准，不再属于固体废物的范畴。这里要求，一是固体废物的处理过程必须是无害化的，不能对环境造成二次污染；二是固体废物处理后的产物必须符合强制性国家标准，需要注意的是，此处要求是强制性标准而不是推荐性标准，是国家标准而不是行业标准或地方标准。现行的《固体废物鉴别标准　通则》（GB 34330—2017）规定，利用固体废物生产的产物同时满足下述条件的，不作为固体废物管理，按照相应的产品管理：①符合国家、地方制定或行业通行的被替代原料生产的产品质量标准；②符合相关国家污染物排放（控制）标准或技术规范要求，包括该产物生产过程中排放到环境中的有害物质限值和该产物中有害物质的含量限值；③有稳定、合理的市场需求。

第二种，根据固体废物鉴别标准和鉴别程序，认定为不属于固体废物。在鉴别标准方面，执行《固体废物鉴别标准　通则》（GB 34330—2017）。在鉴别程序方面，我国目前尚无专门性规定。

（二）工业固体废物

工业固体废物是指在工业生产活动中产生的固体废物。理解工业固体废物的概念，重点在于理解什么是“工业”。生产活动可以分为第一产业、第二产业和第三产业。根据国家统计局《三次产业划分规定（2012）》（国统设管函〔2018〕74 号），第一产业是指农、林、牧、渔业（不含农、林、牧、渔服务业）；第二产业是指采矿业（不含开采辅助活动），制造业（不含金属制品、机械和设备修理业），电力、热力、燃气及水生产和供应业，建筑业；第三产业即服务业，是指除第一产业、第二产业以外的其他行业。第二产业可划分为工业和建筑业，除建筑业之外的第二产业即为工业。简言之，采矿业（不含开采辅助活动），制造业（不含金属制品、机械和设备修理业），电力、热力、燃气及水生产和供应业产生的固体废物即为工业固体废物。上述行业所包含的具体范围，依据《国民经济行业分类》（GB/T 4754—2017）确定。

这里需要辨析几种常见的固体废物类别归属，包括污水污泥、生活垃圾焚烧飞灰等。城市生活污水处理活动，其行业分类属于污水处理及其再生利用（国民经济行业代码 4620），该行业属于工业中的水的生产和供应业，此类污水处理产生的污泥应当属于工业固体废物。对江、河、湖泊、水库及地下水、地表水的污染综合治理活动，其行业分类属于环境治理业（国民经济行业代码 7721），因此河道清淤疏浚产生的底泥则应当属于生活垃圾。生活垃圾焚烧发电，其行业分类属于生物质能发电（国民经济行业代码 4417），而不是环境治理业（国民经济行业代码 7723），因此生活垃圾焚烧发电产生的飞灰属于工业固体废物，而不是生活垃圾。

（三）建筑垃圾

建筑垃圾是指建设单位、施工单位新建、改建、扩建和拆除各类建筑物、构筑物、管网等，以及居民装饰装修房屋过程中产生的弃土、弃料和其他固体废物。建筑垃圾是建筑业产生的固体废物，既包括各类房屋、工程建筑施工活动，也包括装修装饰活动。这里需要注意的是，居民装饰装修房屋活动，其行业分类属于建筑业中的住宅装饰和装修（国民经济行业代码5012），不应当将其与生活垃圾混为一谈。

（四）农业固体废物

农业固体废物是指在农业生产活动中产生的固体废物。前面已经述及，第一产业是指农、林、牧、渔业。农业固体废物中的农业应当做扩大化理解，包括第一产业的全部，不应局限于狭义的农业本身。《固废法》涉及的农业固体废物包括作物秸秆、畜禽粪污等，作物秸秆产生自农业种植活动，而畜禽粪污则产生自畜牧业养殖活动，很显然《固废法》设定的农业固体废物，其指向超过了狭义的农业生产活动的范围。

（五）生活垃圾

生活垃圾是指在日常生活中或者为日常生活提供服务的活动中产生的固体废物，以及法律、行政法规规定视为生活垃圾的固体废物。生活垃圾的来源有两个，一个是人类的日常生活活动，另一个是为人类日常生活提供服务的活动，主要是指第三产业。

（六）危险废物

危险废物是指列入国家危险废物名录或者根据国家规定的危险废物鉴别标准和鉴别方法认定的具有危险特性的固体废物。《固废法》关于危险废物的定义，并未界定危险废物的内涵和具体特征，而是通过危险废物的判定方法定义危险废物。危险废物法定的判定方法有两种，一种是通过危险废物名录判定，另一种是通过危险废物鉴别判定。

（七）再生资源

再生资源并非固体废物的一级分类，与工业固体废物、建筑垃圾、农业固体废物、生活垃圾和危险废物并非一个层级，是属于更下位的概念。《固废法》并没有再生资源的法律定义，也未提出再生资源的制度性规定，仅在第五十三条有所涉及。根据《再生资源回收管理办法》（2019 年修订），再生资源是指在社会生产和生活消费过程中产生的，已经失去原有全部或部分使用价值，经过回收、加工处理，能够使其重新获得使用价值的各种废弃物。再生资源包括废旧金属、报废电子产品、报废机电设备及其零部件、废造纸原料（如废纸、废棉等）、废轻化工原料（如橡胶、塑料、农药包装物、动物杂骨、毛发等）、废玻璃等。从这个概念来看，再生资源并无特定来源，一切生产活动和生活活动都有可能产生再生资源，例如，农业固体废物中的废弃农用薄膜、工业固体废物中的废弃包装物、生活垃圾中的可回收物，都属于再生资源的范畴。

二、固体废物涉及的行为

固体废物污染环境防治，其重点是控制相关行为人的行为。《固废法》所设定的相关制度和要求，主要是围绕产生、收集、贮存、运输、利用、处置、处理、堆放、轻移、排放等环节展开。

（一）产生

根据固体废物的法律定义，固体废物是因抛弃、放弃而产生，但《固废法》并没有限定抛弃、放弃的主体。这意味着，既可以是所有权人也可以是占有人发生抛弃、放弃行为，从而成为固体废物的产生者。因此，认定固体废物的产生者必须紧紧扣住行为，谁抛弃、谁放弃，谁就是固体废物的产生者，与固体废物的权属无关，更与抛弃、放弃行为的发生地无关。

例如，建筑施工过程中产生的建筑垃圾，应当如何认定其产生者？建筑施工作业中，通常存在业主方与施工方，二者之间存在承揽合同关系，施工方向业主方提供服务、交付产品。业主方并不实际从事建筑施工活动，建筑垃圾是施工方在提供服务过程中产生的，应当将其认定为建筑垃圾的产生者。基于这个原理，《固废法》第六十三条要求工程施工单位履行固体废物产生者义务，包括编制建筑垃圾处理方案、及时清运建筑垃圾等。

（二）收集

《固废法》并无收集的法律定义。根据《危险废物经营许可证管理办法》（国务院令　第 408 号），收集是指危险废物经营单位将分散的危险废物进行集中的活动。关于危险废物收集的定义，同样适用于固体废物，是指由分散到集中、由少到多的不断富集的行为。在固体废物管理实践中，通常产生量较小且产生源较为分散的固体废物，需要开展收集行为。例如，废机油、废电池、废塑料等社会源废物，从产生环节到利用处置环节，需要经过一个收集的过程。

（三）贮存

贮存是指将固体废物临时置于特定设施或者场所中的活动。《固废法》并没有使用“暂存”一词，贮存本身就是一种临时性行为。至于贮存的“临时性”是多久，《固废法》并没有提出统一的时间限制，仅在第八十一条中，针对危险废物经营单位提出贮存危险废物不得超过一年的要求。《固废法》配套的法规规章和规范性文件中，鲜有关于贮存的具体时限要求。《煤矸石综合利用管理办法》（国家发展和改革委员会令 第 18 号）规定，确需建设临时性堆放场（库）的，原则上占地规模按不超过三年储矸量设计。

（四）运输

《固废法》并无运输的法律定义，按照字面含义理解即可。固体废物产生者如果不能就地利用处置其产生的固体废物，需要委托他人代为利用处置，此时就必然会发生运输行为。运输也是固体废物环境监管的重点、难点环节，很多固体废物违法犯罪行为都发生在运输环节。

（五）利用

利用是指从固体废物中提取物质作为原材料或者燃料的活

动。利用的方式包括两种，一种是以废物替代资源，另一种是以废物替代能源。前者例如，以工业固体废物、建筑垃圾为原料制作砂石骨料等建材类产品；后者例如，以废矿物油作为焚烧炉的燃料助剂。

（六）处置

处置是指将固体废物焚烧和用其他改变固体废物的物理、化学、生物特性的方法，达到减少已产生的固体废物数量、缩小固体废物体积、减少或者消除其危险成分的活动，或者将固体废物最终置于符合环境保护规定要求的填埋场的活动。处置是将固体废物最终置于环境之中，是固体废物生命周期的最后一个环节。在我国，常见的处置方式主要是焚烧和填埋。

（七）处理

《固废法》并无处理的法律定义。然而，在第四章关于生活垃圾的有关规定中，大量使用了“处理”的概念，在建筑垃圾和污水污泥相关条款中也有涉及。以上法律条款中关于处理的用法，更多的是基于一种语言习惯，是统筹兼顾立法语言和生活语言，可以将其理解为利用和处置的统称。

（八）堆放

堆放是一种带有随意性质的行为，不同于贮存，不是刻意发生的行为。《固废法》涉及堆放的法律条款，一般为禁止性规定或者出现在法律责任中，其通常的表述为“不得擅自堆放”“禁止擅自堆放”等。虽然从客观层面来看，擅自堆放造成的环境后果与不规范贮存具有相似性，但从主观层面来看，堆放缺乏一种主动规范的意识，因此在法律责任部分，对擅自堆放行为的处罚力度要大于不规范贮存行为。

（九）转移

转移是一系列行为的集合，是产生者委托、收集者收集、运输者运输、受托者接收等一系列行为的统称。《固废法》第二十二条和第八十二条，分别对固体废物和危险废物的转移行为作出了具体规定。

（十）排放

《固废法》仅在第一百一十九条使用了“排放固体废物”一词，其他条款再无涉及。排放作为一种行为，其对象通常是水污染物、大气污染物等。对于固体废物而言，如何理解排放，在《固废法》本身难以找到答案。《中华人民共和国环境保护税法实施条例》（国务院令　第693号）第五条规定，固体废物的排放量为当期应税固体废物的产生量减去当期应税固体废物的贮存量、处置量、综合利用量的余额。前款规定的固体废物的贮存量、处置量，是指在符合国家和地方环境保护标准的设施、场所贮存或者处置的固体废物数量；固体废物的综合利用量，是指按照国务院发展改革、工业和信息化主管部门关于资源综合利用要求以及国家和地方环境保护标准进行综合利用的固体废物数量。从这条规定来看，可以将排放理解为除规范的贮存、利用、处置行为之外的一切行为。

第三节　基本规定

一、固体废物污染环境防治目标责任制和考核评价制度

（一）目标责任制和考核评价制度的内涵

所谓目标责任制和考核评价制度，是指将某项工作的目标和任务，通过上一级政府与下一级政府或者本级政府与其部门之间签订防治目标责任书的形式，分解落实目标、任务，并定期对目标、任务完成情况进行考核评价。《环境保护法》第二十六条规定，国家实行环境保护目标责任制和考核评价制度。县级以上人民政府应当将环境保护目标完成情况纳入对本级人民政府负有环境保护监督管理职责的部门及其负责人和下级人民政府及其负责人的考核内容，作为对其考核评价的重要依据。固体废物污染环境防治目标完成情况，属于环境保护目标完成情况的一部分。因此，《固废法》第七条规定，国家实行固体废物污染环境防治目标责任制和考核评价制度，将固体废物污染环境防治目标完成情况纳入考核评价的内容。

固体废物污染环境防治目标责任制，就是通过签订责任文书，确定固体废物污染环境防治工作的具体目标、任务，明确实现该目标的具体措施、期限和责任，从而督促落实措施、实现目标的管理制度。实施目标责任制，可以明确一个区域、一个部门乃至一家单位固体废物污染环境防治的主要责任人和具体责任范围，通过目标化、定量化、制度化的管理方法，促使相关任务能够得到层层分解落实，保障既定目标的实现。

固体废物污染环境防治考核评价制度，就是对于目标责任制所确定的目标任务的实现情况、措施责任的实施情况及具体效果，按照预先设定的指标和评估方法，进行考核评价。考核评价是“指挥棒”，能够直接引起政府重视，深度影响政府行为。考核评价的内容，将会是政府的施政重点，带动更多注意力和资源的投入。

（二）目标责任制和考核评价制度的实施

固体废物污染环境防治工作涉及面广，各领域工作基础和进展不一，不同领域设定的任务目标和考核方式均有所不同，尚未形成统一的目标责任制和考核评价制度。

危险废物规范化管理考核，是固体废物污染环境防治考核评价制度的一个具体体现。“十二五”时期以来，生态环境部开展了危险废物规范化管理督查考核工作，推动地方政府和相关部门落实监管责任，督促危险废物相关单位落实法律制度，取得良好效果。2021 年，生态环境部印发《“十四五”全国危险废物规范化环境管理评估工作方案》（环办固体〔2021〕20 号）。该方案明确了危险废物规范化环境管理评估指标，提出建立分级负责评估机制，强化评估结果应用。对推进危险废物规范化环境管理工作取得良好效果的地方生态环境主管部门予以通报表扬，并在安排危险废物相关项目时优先考虑、予以倾斜，提供政策和资金支持；对推进危险废物规范化环境管理工作差的地方生态环境主管部门予以通报批评。鼓励省级生态环境主管部门将危险废物规范化环境管理评估达标、环境管理水平高的企业纳入生态环境监督执法正面清单，适当减少“双随机、一公开”抽查频次。

在生活垃圾领域，住房和城乡建设部印发了《城市生活垃圾分类工作考核暂行办法》（建办城函〔2018〕304 号），由住房和城乡建设部负责每季度对国办发〔2017〕26 号文件确定的重点城市生活垃圾分类工作进行考核，考核内容主要包括引导居民自觉开展生活垃圾分类、加强生活垃圾分类配套体系建设、强化组织领导和工作保障等工作进展情况及取得的成效。住房和城乡建设部每季度向各城市人民政府通报考核情况，并根据实际情况，适时向社会公布考核结果。

二、固体废物污染环境联防联控机制

（一）联防联控机制的具体要求

《环境保护法》第二十条规定了建立跨行政区域的重点区域、流域环境污染和生态破坏联合防治协调机制，实行统一规划、统一标准、统一监测、统一的防治措施。固体废物非法转移引发的环境污染问题日益突出，仅靠“单兵作战”“各自为政”已经难以适应解决污染问题的形势需要。加强跨行政区污染防治协调，需要建立和完善区域联防联控制度。《固废法》第八条规定，省、自治区、直辖市之间可以协商建立跨行政区域固体废物污染环境的联防联控机制，统筹规划制定、设施建设、固体废物转移等工作。

省、自治区、直辖市人民政府可以根据实际需要，确定牵头的地方人民政府，定期召开联席会议，按统一规划、统一标准、统一监测、统一的防治措施的要求，协商开展联防联治，落实固体废物污染环境防治的目标责任。联防联控机制的具体工作内容主要是跨行政区域的固体废物污染环境防治工作，需要不同行政区域之间协商一致、共同实施，如不同行政区域之间规划的协调统一、设施建设的选址优化、固体废物的跨省转移等工作。《固废法》第五十五条第二款规定，鼓励相邻地区统筹生活垃圾处理设施建设，促进生活垃圾处理设施跨行政区域共建共享。第七十六条规定，相邻省、自治区、直辖市之间可以开展区域合作，统筹建设区域性危险废物集中处置设施、场所。

2019 年，生态环境部印发《关于提升危险废物环境监管能力、利用处置能力和环境风险防范能力的指导意见》，提出“要统筹危险废物处置能力建设，推动建立‘省域内能力总体匹配、省域间协同合作、特殊类别全国统筹’的危险废物处置体系；鼓励开展区域合作的省域之间，探索以‘白名单’方式对危险废物跨省转移审批实行简化许可”。2021 年，国务院办公厅印发《强化危险废物监管和利用处置能力改革实施方案》，提出“2022 年年底前，京津冀、长三角、珠三角和成渝地区等区域建立完善合作机制，加强危险废物管理信息共享与联动执法，实现危险废物集中处置设施建设和运营管理优势互补”,“以‘白名单’方式简化危险废物跨省转移审批程序。维护危险废物跨区域转移公平竞争市场秩序，各地不得设置不合理行政壁垒”。

（二）联防联控机制的地方实践

在实践中，一些地方探索通过协商方式建立联防联控机制，取得了良好效果，《固废法》以法律形式将这一做法固定下来，有利于更好推广和执行。

2020 年，重庆市生态环境局、四川省生态环境厅签订了《重庆市—四川省危险废物跨省市转移合作协议》，建立危险废物管理信息互通机制、危险废物处置需求对接机制、危险废物转移快审机制、突发事件危险废物应急转移机制以及危险废物监管协调会议机制等五项机制，共筑长江经济带上游重要生态屏障，逐步实现区域生态环境保护联防联控、基础设施互联互通等。

2020 年，重庆、四川、贵州、云南四省（市）签订《关于建立长江经济带上游四省市危险废物联防联控机制协议》与《四省市危险废物跨省市转移“白名单”合作机制》，将川渝危险废物联防联控和危险废物“白名单”制度拓展至长江经济带上游四省（市），协同推进长江经济带生态环境保护。

2021 年，内蒙古自治区与北京市、天津市、河北省、山西省华北五省（区、市）生态环境厅（局）签订了《华北地区危险废物联防联控联治合作协议》。根据协议，五省（区、市）将在建立危险废物跨省转移“白名单”合作机制、推动危险废物处置设施共建共享、推进危险废物管理信息互联互通、加强危险废物联合执法和突发事件联动响应 4 个方面开展深化合作。

中共中央、国务院印发的《长江三角洲区域一体化发展规划纲要》提出，统一固体废物和危险废物防治标准，建立联防联治机制，推动固体废物区域转移合作，统筹规划建设固体废物资源回收基地和危险废物资源处置中心，探索建立跨区域固体废物和危险废物处置补偿机制。2021 年，上海、江苏、浙江、安徽四地签署《长三角区域固体废物和危险废物联防联治合作协议》，全面推动固体废物跨区域联防联治和利用处置设施互补共享。

三、固体废物污染环境防治规划

《固废法》涉及的规划包括 3 种类型：生态环境保护规划等宏观规划、专项工作规划和国土空间规划。

（一）生态环境保护规划等宏观规划

固体废物污染环境防治是生态环境保护的一个重要领域，生态环境保护工作是国民经济社会发展的一个重要方面。《固废法》第十三条规定，县级以上人民政府应当将固体废物污染环境防治工作纳入国民经济和社会发展规划、生态环境保护规划。这就是要求，地方政府和中央政府在制定宏观规划时，必须统筹考虑固体废物污染环境防治的问题。例如，《中华人民共和国国民经济和社会发展第十四个五年规划和 2035 年远景目标纲要》提出，加强大宗固体废物综合利用，规范发展再制造产业。全面整治固体废物非法堆存，提升危险废物监管和风险防范能力。开展农村人居环境整治提升行动，稳步解决“垃圾围村”和乡村黑臭水体等突出环境问题。推进农村生活垃圾就地分类和资源化利用。建设分类投放、分类收集、分类运输、分类处理的生活垃圾处理系统。以主要产业基地为重点布局危险废物集中利用处置设施。加快建设地级及以上城市医疗废弃物集中处理设施，健全县域医疗废弃物收集转运处置体系。

（二）专项工作规划

《固废法》涉及的专项工作规划共有 3 个，第三十五条规定的工业固体废物污染环境防治工作规划，第六十条规定的建筑垃圾污染环境防治工作规划，第七十六条规定的危险废物集中处置设施、场所的建设规划。这些规划将分别在第三章、第五章、第六章中具体介绍。

（三）国土空间规划

《固废法》第九十二条规定，国务院有关部门、县级以上地方人民政府及其有关部门在编制国土空间规划和相关专项规划时，应当统筹生活垃圾、建筑垃圾、危险废物等固体废物转运、集中处置等设施建设需求，保障转运、集中处置等设施用地。这是出于保障设施建设的考虑而作出的规定，将在第七章中具体介绍。

四、固体废物污染环境防治标准

《固废法》涉及的标准可以分为 3 种类型：固体废物鉴别标准、固体废物污染环境防治技术标准和固体废物综合利用标准。

（一）固体废物鉴别标准

固体废物的法律定义明确了固体废物的内涵，但仅仅依据法律定义难以在执行层面准确界定固体废物。要想回答“什么是固体废物”这个问题，更多地需要借助鉴别标准和鉴别程序。鉴别标准是实体层面的规定，鉴别程序是程序层面的规定，二者共同构成我国固体废物的判定依据。2020 年修订的《固废法》第十四条规定，国务院生态环境主管部门应当会同国务院有关部门，制定固体废物鉴别标准、鉴别程序。在鉴别标准方面，我国已制定出台《固体废物鉴别标准　通则》（GB 34330—2017）。在鉴别程序方面，我国目前尚无专门性规定。

（二）固体废物污染环境防治技术标准

固体废物污染环境防治技术标准属于生态环境标准。依据

《生态环境标准管理办法》（生态环境部令 第 17 号），国家生态环境标准包括国家生态环境质量标准、国家生态环境风险管控标准、国家污染物排放标准、国家生态环境监测标准、国家生态环境基础标准和国家生态环境管理技术规范。其中，污染物排放标准包括大气污染物排放标准、水污染物排放标准、固体废物污染控制标准、环境噪声排放控制标准和放射性污染防治标准等；生态环境管理技术规范包括大气、水、海洋、土壤、固体废物、化学品、核与辐射安全、声与振动、自然生态、应对气候变化等领域的管理技术指南、导则、规程、规范等。

《固废法》第十四条规定，国务院生态环境主管部门应当会同国务院有关部门，制定国家固体废物污染环境防治技术标准。本条规定的固体废物污染环境防治技术标准，其牵头部门是国务院生态环境主管部门，其表现形式包括污染物排放标准和生态环境管理技术规范，如《危险废物焚烧污染控制标准》（GB 18484—2020）、《医疗废物处理处置污染控制标准》（GB 39707—2020）、《锰渣污染控制技术规范》（HJ 1241—2022）等。

（三）固体废物综合利用标准

对固体废物开展综合利用，是实现固体废物资源化的一个重要途径。推动固体废物资源化，必须坚持以无害化为前提。然而，我国对于固体废物综合利用过程二次污染控制，以及综合利用产品环境健康风险评估与控制等方面，缺少明确的技术政策和标准规范要求。为了规范固体废物综合利用行为，《固废法》第十五条规定，国务院标准化主管部门应当会同国务院发展改革、工业和信息化、生态环境、农业农村等主管部门，制定固体废物综合利用标准。

《固废法》第十五条规定的固体废物综合利用标准，其牵头部门是国务院标准化主管部门，其内容应当涵盖过程控制和产品控制两方面。在加强固体废物综合利用过程中的污染物排放控制方面，生态环境部发布了《再生铜、铝、铅、锌工业污染物排放标准》（GB 31574—2015）、《水泥窑协同处置固体废物污染控制标准》（GB 30485—2013）2 项污染控制标准，以及《固体废物再生利用污染防治技术导则》（HJ 1091—2020）、《废矿物油回收利用污染控制技术规范》（HJ 607—2011）、《废塑料回收与再生利用污染控制技术规范（试行）》（HJ/T 364—2007）、《报废机动车拆解环境保护技术规范》（HJ 348—2007）4 项固体废物再生利用污染防治技术规范。

五、固体废物环境影响评价

（一）涉及固体废物的项目必须开展环境影响评价

《环境保护法》第十九条规定，建设对环境有影响的项目，应当依法进行环境影响评价。涉及固体废物的建设项目，同样应当开展环境影响评价。《固废法》第十七条规定，建设产生、贮存、利用、处置固体废物的项目，应当依法进行环境影响评价，并遵守国家有关建设项目环境保护管理的规定。这里的“依法”是指，依据环境影响评价相关的法律法规。《环境影响评价法》第十六条规定，国家根据建设项目对环境的影响程度，对建设项目的环境影响评价实行分类管理。建设单位应当按照规定组织编制环境影响报告书、环境影响报告表或者填报环境影响登记表。

《固废法》第十七条规定的涉及固体废物的建设项目，集中在产生、贮存、利用、处置环节。在这4个环节都可能对环境造成污染或者生态破坏。如果进一步分析，这4个环节还可以分为两个基本类型：一类是因为生产经营活动而产生固体废物的建设项目；另一类是对已经产生的固体废物进行专门性处理（包括贮存、利用、处置）的建设项目。这两类建设项目，都应当依法进行环境影响评价。项目建设单位应当依据《建设项目环境影响评价分类管理名录》（2021年版），确定编制环境影响报告书、报告表还是登记表。例如，一般工业固体废物（含污水处理污泥）采取填埋、焚烧（水泥窑协同处置的改造项目除外）方式的建设项目，应当编制环境影响报告书，其他一般工业固体废物（含污水处理污泥）、建筑施工废弃物处置及综合利用，应当编制环境影响报告表。

（二）建设项目环境影响评价必须涵盖固体废物

环境影响评价的目的是对建设项目实施后可能造成的环境影响进行分析、预测和评估，提出预防或者减轻不良环境影响的对策和措施。环境影响可能有多个来源，水污染物、大气污染物及固体废物。《固废法》第十八条规定，建设项目的环境影响评价文件确定需要配套建设的固体废物污染环境防治设施，应当与主体工程同时设计、同时施工、同时投入使用。建设项目的初步设计，应当按照环境保护设计规范的要求，将固体废物污染环境防治内容纳入环境影响评价文件，落实防治固体废物污染环境和破坏生态的措施以及固体废物污染环境防治设施投资概算。

从固体废物管理的角度来看，环境影响评价对于促进固体废物减量化、资源化、无害化，从源头上预防固体废物污染环境，具有十分重要的作用。本条规定的用意还在于，项目建设单位在开展环境影响评价的各个阶段，必须统筹考虑固体废物污染环境防治的需求。2017 年，环境保护部印发《建设项目危险废物环境影响评价指南》（环境保护部公告　2017 年第 43 号），提出了危险废物环境影响评价技术要求，进一步规范建设项目产生危险废物的环境影响评价工作，指导各级环境保护主管部门开展相关建设项目环境影响评价审批。

六、固体废物跨省转移

固体废物跨省转移，由于跨省级行政区域，容易滋生逃避监管的环境违法行为。近年来，固体废物从经济发达地区向欠发达地区转移、从城市向农村转移的情形不断增多，不法分子跨区域非法倾倒固体废物的案件时有发生，加强固体废物跨省转移管理非常必要。《固废法》第二十二条对固体废物跨省转移作出明确规定，根据转移目的不同，分别实施许可管理和备案管理。应当注意的是，本条规定属于一般规定，适用于一般情形下的固体废物跨省转移；危险废物的跨省转移，应当执行《固废法》第八十二条的特别规定。简言之，除危险废物之外的固体废物跨省转移适用第二十二条，危险废物的跨省转移适用第八十二条。

（一）跨省转移审批

固体废物贮存、处置需要建设相应的场所和设施，需要有相应的贮存、处置能力；而且，固体废物贮存、处置管理不当可能会给当地带来一定的环境污染风险。因此，《固废法》第二十二条第一款规定，跨省转移固体废物贮存、处置的，应当经过批准。根据本款规定，适用转移批准的条件有两项：一是跨省转移，即转移出省、自治区、直辖市行政区域，本省行政区域内转移的不需要批准；二是转移的目的是贮存、处置，如对工业固体废物进行贮存、对生活垃圾进行填埋，以利用为目的的跨省转移不需要批准。

《固废法》第二十二条第一款还规定了跨省转移审批的程序。需要跨省转移固体废物的，应当向固体废物移出地的省级人民政府生态环境主管部门提出申请，而不是向接受地的生态环境主管部门提出申请，这样规定，有利于减轻申请人的负担，节约成本，由行政机关之间进行协商沟通也有利于提高审批效率。移出地的省级人民政府生态环境主管部门收到申请后，应当及时与接受地的省级人民政府生态环境主管部门协商，经接受地的省级人民政府生态环境主管部门同意后，才能作出批准决定。根据行政许可法的规定，行政许可一般应当自受理申请之日起 20 日内作出决定。

《固废法》第二十二条第一款规定属于行政许可。未经移出地省级人民政府生态环境主管部门批准，不得将固体废物跨省转移贮存、处置，否则需要承担本法第一百零二条规定的法律责任。

（二）跨省转移备案

相较于跨省贮存、处置，以利用为目的的固体废物跨省转移行为较为常见。《固废法》第二十二条第二款规定，转移固体废物出省、自治区、直辖市行政区域利用的，应当报固体废物移出地的省、自治区、直辖市人民政府生态环境主管部门备案。

根据本款规定，固体废物跨省转移利用的，应当备案。应当注意的是，备案并非行政许可，仅仅是行政相对人向行政机关的单向报告行为，不需要获得行政机关的许可。但是，必须注意的是，虽然不需要被许可，但并不能否定备案行为的强制效力。符合本条规定的，必须向有关机关报备，这是一项强制义务。违反本条规定的，应当依据本法第一百零二条进行处罚。

关于备案的主体，本款并未作出限制性要求。转移固体废物出省、自治区、直辖市利用的，固体废物产生单位或收集单位都可以向移出地省级生态环境主管部门备案。关于备案的机关，应当注意两点：其一，备案机关是移出地生态环境主管部门，而不是移入地生态环境主管部门；其二，备案机关是省级生态环境主管部门，而不是地市级生态环境主管部门。

七、固体废物环境信息公开

信息公开是保障公民环境知情权的重要手段，是促进社会公众参与的基本前提。《固废法》涉及生产、流通和消费各领域，需要政府、企业和公众共同推进，及时有效地公开相关环境信息尤为重要。其规定的信息公开包括两个层次，一是政府信息公开，二是企业信息公开。

（一）政府信息公开

《固废法》第二十九条第一款规定，设区的市级人民政府生态环境主管部门应当会同住房城乡建设、农业农村、卫生健康等主管部门，定期向社会发布固体废物的种类、产生量、处置能力、利用处置状况等信息。本款是对政府部门固体废物污染环境防治信息公开的要求。固体废物污染环境防治信息发布的目的是通过信息的公开，提高公众和社会对固体废物污染环境防治工作的认识，扩大公众参与固体废物污染环境防治的途径，增强公众参与固体废物污染环境防治的能力，同时也便于公众对当地的固体废物污染环境防治工作进行监督。不同种类的固体废物涉及不同的监督管理部门和不同的数据信息渠道，因此本款规定，设区的市级人民政府生态环境主管部门应当会同城乡建设、农业农村、卫生健康等主管部门，定期向社会公布有关信息。

2006年，国家环境保护总局制定了《大中城市固体废物污染环境防治信息发布导则》（国家环境保护总局公告 2006年第33号），指导各地开展固体废物污染防治信息发布工作。在各地发布的固体废物污染环境防治信息的基础上，环境保护部自2014年起，每年定期发布全国大中城市固体废物污染环境防治年报，通过网站、微信、微博等平台面向社会公开固体废物污染防治工作的相关情况。

（二）企业信息公开

《固废法》第二十九条第二款规定，产生、收集、贮存、运输、利用、处置固体废物的单位，应当依法及时公开固体废物污染环境防治信息，主动接受社会监督。本款是对企业固体废物污染环境防治信息公开的要求。如何正确理解本款规定的“依法”和“及时”，是准确适用本款规定的关键所在。

《环境保护法》第五十五条规定，重点排污单位应当如实向社会公开其主要污染物的名称、排放方式、排放浓度和总量、超标排放情况，以及防治污染设施的建设和运行情况，接受社会监督。《环境保护法》规定的重点排污单位和《固废法》规定的产生、收集、贮存、运输、利用、处置固体废物的单位，二者之间是什么关系呢？根据《环境监管重点单位名录管理办法》（生态环境部令 第27号），重点排污单位包括依法确定的水环境重点排污单位、地下水污染防治重点排污单位、大气环境重点排污单位、噪声重点排污单位、土壤污染重点监管单位，以及环境风险重点管控单位。年产生危险废物100吨以上的企业；具有危险废物自行利用处置设施的企业；持有危险废物经营许可证的企业；生活垃圾填埋场（含已封场的）或者生活垃圾焚烧厂的运营维护单位，纳入环境风险重点管控单位。综上所述，本款规定的“依法”，是对信息公开主体的限定。不加区分地要求所有的产生、收集、贮存、运输、利用、处置固体废物的单位都公开信息，是不切实际的，也是没有必要的。

《固废法》第二十九条第二款规定的“及时”，是对信息公开时限的限定。《企业环境信息依法披露管理办法》（生态环境部令 第24号）规定，重点排污单位等五类主体，应当于每年3月15日前披露上一年度1月1日至12月31日的环境信息。企业年度环境信息依法披露报告应当包括以下内容：工业固体废物和危险废物产生、贮存、流向、利用、处置、自行监测等方面的信息。

（三）公众参与

《固废法》第二十九条第三款规定，利用、处置固体废物的单位，应当依法向公众开放设施、场所，提高公众环境保护意识和参与程度。固体废物的利用、处置，对防治固体废物污染环境、保护和改善生态环境、保障公众健康具有重要意义。依法向公众开放利用、处置固体废物的设施、场所，有利于公众直观、形象地了解固体废物利用、处置相关知识和情况，更好地监督相关设施的正常运行，还有利于激发公众的环境保护责任意识，获得公众对固体废物污染环境防治工作的理解、支持和参与，推动形成崇尚生态文明、共建美丽中国的良好风尚。

2017 年，环境保护部办公厅、住房和城乡建设部办公厅联合印发《城市生活垃圾处理设施向公众开放工作指南（试行）》《危险废物和废弃电器电子产品处理设施向公众开放工作指南（试行）》（环办宣教〔2017〕92 号），规定了城市生活垃圾处理设施、危险废物和废弃电器电子产品处理设施向公众开放的种类、内容、形式、具体要求和管理等内容。根据 2018 年生态环境部与住房和城乡建设部联合印发的《关于进一步做好全国环保设施和城市污水垃圾处理设施向公众开放工作的通知》的要求，2020 年年底前，全国所有地级及以上城市选择至少 1 套环境监测设施、1 套城市污水处理设施、1 套垃圾处理设施、1 套危险废物集中处置或废弃电器电子产品处理设施向公众开放，鼓励地级及以上城市有条件开放的四类设施全部开放。自 2017 年以来，生态环境部会同住房和城乡建设部已陆续向社会公布了 4 批全国环保设施和城市污水垃圾处理设施向公众开放名单，共包括全国 31 个省（区、市）的 2 115 家设施单位。其中，共有 494 家垃圾处理设施单位及 399 家危险废物或废弃电器电子产品处理设施单位。截至 2021 年上半年，全国各类设施开放单位累计接待参访公众超过 1.35 亿人次。

八、固体废物查封、扣押

《环境保护法》第二十五条规定，企业事业单位和其他生产经营者违反法律法规规定排放污染物，造成或者可能造成严重污染的，县级以上人民政府环境保护主管部门和其他负有环境保护监督管理职责的部门，可以查封、扣押造成污染物排放的设施、设备。为有效遏制固体废物违法行为造成的环境污染，《固废法》第二十七条规定："有下列情形之一，生态环境主管部门和其他负有固体废物污染环境防治监督管理职责的部门，可以对违法收集、贮存、运输、利用、处置的固体废物及设施、设备、场所、工具、物品予以查封、扣押：（一）可能造成证据灭失、被隐匿或者非法转移的；（二）造成或者可能造成严重环境污染的。"

（一）查封、扣押的行为性质

查封、扣押属于行政强制措施。根据《行政强制法》，行政强制措施是指行政机关在行政管理过程中，为制止违法行为、防止证据损毁、避免危害发生、控制危险扩大等情形，依法对公民的人身自由实施暂时性限制，或者对公民、法人或其他组织的财物实施暂时性控制的行为。行政强制措施的种类包括：限制公民人身自由；查封场所、设施或者财物；扣押财物；冻结存款、汇款；其他行政强制措施。

（二）查封、扣押的实施主体

依照《固废法》第二十七条的规定，查封、扣押的实施主体是生态环境主管部门和其他负有固体废物污染环境防治监督管理职责的部门。结合《行政强制法》第十七条和第二十二条的规定综合判断，本条规定的查封、扣押权只能由生态环境主管部门和其他负有固体废物污染环境防治监督管理职责的部门实施，其他任何行政机关、组织、单位、个人均不得实施，也不得委托给其他任何行政机关、组织、单位、个人。另外，对具体实施查封、扣押的工作人员，也有资格要求，即必须是行政机关具备资格的行政执法人员，其他人员不得实施。

（三）查封、扣押的实施对象

实施查封、扣押的对象是企业事业单位和其他生产经营者违法收集、贮存、运输、利用、处置的固体废物及设施、设备、场所、工具、物品。为保护行政相对人的合法权益，《行政强制法》第二十三条规定，查封、扣押限于涉案的场所、设施或者财物，不得查封、扣押与违法行为无关的场所、设施或者财物；不得查封、扣押公民个人及其所扶养家属的生活必需品。当事人的场所、设施或者财物已被其他国家机关依法查封的，不得重复查封。

（四）查封、扣押的实施条件

企业事业单位和其他生产经营者有以下情形之一的，就可以实施查封、扣押：一是可能造成证据灭失、被隐匿或者非法转移的；二是造成或者可能造成严重环境污染的。具体而言，可细分为 5 种情形：一是证据可能灭失；二是证据可能被隐匿；三是证据可能被非法转移；四是造成严重环境污染；五是可能造成严重环境污染。具有这 5 种情形之一的，即符合实施条件。需要注意的是，本条规定是“可以”而不是“应当”。即使具备上述 5 种情形之一，也还需要结合企业生产工艺的特殊性、安全生产、社会公共服务等实际情况，综合考虑依法履行职责、维护社会公共利益和保护相对人合法权益等因素，决定是否实施查封、扣押。

（五）查封、扣押的实施程序

《行政强制法》第三章第二节详细规定了查封、扣押程序，生态环境主管部门和其他负有固体废物污染环境防治监督管理职责的部门必须遵守。一是向机关负责人报告并经批准；二是通知当事人到场；三是执法人员出示执法证件；四是当场告知当事人采取行政强制措施的理由、依据以及当事人依法享有的权利、救济途径；五是听取当事人的陈述和申辩；六是制作现场笔录，并由当事人和执法人员签名或者盖章；七是制作并当场交付查封、扣押决定书和清单。

《环境保护主管部门实施查封、扣押办法》（环境保护部令第 29 号）针对生态环境主管部门实施的查封、扣押，更为系统地规定了实施程序，包括调查取证、审批、决定、执行、保管、解除、移送以及检查监督等内容。

第三章　工业固体废物

随着我国经济的快速发展和工业化进程的推进，工业固体废物的产生量逐年攀升。环境统计数据表明，2000—2020年，我国工业固体废物的年产量从8.16亿吨迅速增至37.48亿吨。巨量的工业固体废物产生以后，无法得到全量化的利用，在很多地区成为历史遗留问题，一方面给日常环境监管造成较大压力，另一方面也容易引发环境污染和生态破坏。“十四五”开局以来，第二轮第三批、第四批、第五批中央生态环保督察陆续启动，集中曝光山西、辽宁、安徽、江西、河南、湖南、广西、云南、吉林、山东、湖北、广东、四川、黑龙江、贵州、陕西、宁夏17个省（自治区）和中国有色矿业集团、中国黄金集团两家央企共91个典型案例。通过梳理分析，发现有38个是由固体废物引发的案例，其中，涉及一般工业固体废物的案例有27个。

2020年版《固废法》从规划、标准、目录、制度等方面较为系统地构建了工业固体废物污染环境防治的法律体系。一是制度设计更加严密，通过工业固体废物管理台账制度、工业固体废物排污许可制度，进一步强化源头管控，通过产生者连带责任制度，进一步规范委托行为。二是措施手段更加丰富，除设定制度性要求之外，还增加规划、标准等相关规定；除设定强制性要求之外，还提出了鼓励性、引导性规定。三是主体责任更加明确，第三章共计 11 条，其中有 7 条是针对行政相对人提出的要求，而这 7 条设定的义务主体毫无例外均是产生工业固体废物的单位。

第一节　工作规划

工业固体废物污染环境防治规划

《固废法》第三十五条规定，县级以上地方人民政府应当制定工业固体废物污染环境防治工作规划，组织建设工业固体废物集中处置等设施，推动工业固体废物污染环境防治工作。

（一）工业固体废物污染环境防治规划的定位

《固废法》第三十五条规定的工作规划，有别于工业固体废物综合利用规划、循环经济发展规划等。工业固体废物综合利用规划主要目的是通过采取各种经济、技术措施促进综合利用；循环经济发展规划的重点也是促进综合利用，但其范围不局限于工业固体废物，还包括其他固体废物。工业固体废物污染环境防治规划的不同之处在于，其出发点是防治工业固体废物污染环境，不仅包括对工业固体废物利用环节的要求，还包括产生、收集、贮存、处置等方面的内容，通过对上述各类行为的控制，实现污染环境防治的目的。

（二）工业固体废物污染环境防治规划的内容

相较于危险废物集中处置，我国对一般工业固体废物的集中处置重视不够，集中处置设施建设严重滞后。一般工业固体废物涉及行业多，种类多，成分复杂，处置与利用技术要求高。目前，尾矿、粉煤灰、煤矸石、脱硫石膏等大宗工业固体废物，一般由产废企业自行处置。这些产废企业多为国有大中型企业，具备一定经济能力和技术力量，可以自行建设配套的贮存处置设施。但是，食品、纺织、服装、陶瓷、文化用品等轻工业、小微企业众多，这些企业产生的一般工业固体废物数量少且回收利用价值不高，多数产废企业没有能力建设处置设施。部分工业固体废物混入生活垃圾收运处理体系，导致生活垃圾焚烧厂超负荷运行，烟气、飞灰等排放不达标，生活垃圾填埋场使用年限缩短等问题；甚至非法排放、偷倒乱倒工业固体废物，对环境造成严重污染。在这种情况下，有必要通过建设一般工业固体废物集中处置设施，将一些分散的工业固体废物集中于某一区域或专业性的集中处置设施中予以处置，一方面减轻了企业的负担，另一方面提高了一般工业固体废物污染环境防治水平，既经济又科学。

因此，推动工业固体废物集中处置设施建设，是工业固体废物污染环境防治规划的首要目的。在内容设置上，工业固体废物污染环境防治规划应当涵盖集中处置设施等方面的内容，包括设施的数量、类型、分布等。注意这里说的是“集中”处置设施，主要是面向中小产废企业，与产生者的治理责任并不相悖，产生者承担治理责任，并不意味着一定要自建设施。早在“十三五”期间，《“十三五”生态环境保护规划的通知》（国发〔2016〕65 号）就明确提出，将危险废物集中处置设施纳入当地公共基础设施统筹建设。工业固体废物集中处置设施如同危险废物集中处置设施、生活垃圾集中处置设施一样，是一个城市实现绿色发展、可持续发展和高质量发展的基础和保障。集中处置设施具有公共治理的特征，应当以地方政府为规划和建设主体，县级以上地方人民政府应当承担起这一职责。地方政府组织建设工业固体废物集中处置设施可以是财政投资，也可以是其他形式投资，应当采用市场化的运营方式，由处置企业向产废单位提供有偿服务。

工业固体废物污染环境防治规划的最终目的是推动工业固体废物污染环境防治工作，规划内容不仅包括集中处置设施建设，还应当包括制度建设、队伍建设等。工业固体废物领域制度建设起步较晚，2020 年版《固废法》确立的管理台账、排污许可、连带责任等新制度，有的配套规定刚刚出台，有的尚无配套规定。对于地方而言，可以结合地方实际情况，通过工业固体废物污染环境防治规划提出制度建设的工作任务，进一步细化落实各项法律制度。例如，工业固体废物产生者连带责任制度对委托利用处置提出了要求，但是如何落实法律规定的“主体资格”和“技术能力”，尚无明确说法，有条件的地方可以开展探索，为国家层面出台配套规定积累经验、提供样本。另外，从基层固体废物管理工作实际来看，对工业固体废物的重视程度相对较低，专业知识技能积累不足，有必要通过规划进一步强化专业工作队伍建设、提升专业技术水平。

（三）工业固体废物污染环境防治规划的实施情况

《固废法》第七条规定地方各级人民政府对本行政区域固体废物污染环境防治负责，《固废法》第三十五条则是政府责任的具体体现之一。我国五年规划编制是一项系统性工作，规划由“三级四类”构成。“三级”即国家、省、市县，“四类”即发展规划、专项规划、区域规划及空间规划。在规划层级上，工业固体废物污染环境防治规划属于省级或市县级规划；在规划类别上，工业固体废物污染环境防治规划属于专项规划。

步入“十四五”以来，各地出台工业固体废物污染环境防治规划的数量和质量均比以往有较大提升。在省级层面，安徽、宁夏等地印发了《安徽省“十四五”危险废物　工业固体废物污染环境防治规划》《宁夏回族自治区工业固体废物污染环境防治“十四五”规划》；在市级层面，大连、东莞等地制定了《大连市工业固体废物污染防治专项规划（2021—2025 年）》《东莞市工业固体废物污染防治规划（2019—2035）》。

表 3-1　各地工业固体废物污染环境防治规划一览表

序号	规划层级	发布主体	状态	发布/征求时间	规划名称
1	市级	赣州市生态环境局	正式印发	2019-12	《赣州市工业固体废物污染防治规划（2017—2025 年）》
2	市级	珠海市生态环境局	正式印发	2021-08	《珠海市固体废物污染防治“十四五”规划》
3	市级	东莞市生态环境局	正式印发	2021-09	《东莞市工业固体废物污染防治规划（2019—2035）》
4	省级	安徽省生态环境厅	正式印发	2021-10	《安徽省“十四五”危险废物工业固体废物污染环境防治规划》
5	市级	大连市生态环境局	征求意见	2021-11	《大连市工业固体废物污染防治专项规划（2021—2025 年）》
6	市级	武汉市生态环境局	征求意见	2021-11	《武汉市工业固体废物污染防治“十四五”规划（征求意见稿）》
7	省级	宁夏回族自治区生态环境厅	正式印发	2021-12	《宁夏回族自治区工业固体废物污染环境防治“十四五”规划》

序号	规划层级	发布主体	状态	发布/征求时间	规划名称
8	省级	云南省生态环境厅	征求意见	2022-01	《云南省工业固体废物和重金属污染防治“十四五”规划（征求意见稿）》
9	省级	重庆市生态环境厅	正式印发	2022-12	《重庆市“十四五”工业固体废物污染环境防治规划》
10	市级	丽水市生态环境局	正式印发	2022-12	《丽水市工业固体废物污染防治“十四五”规划》

第二节　管理制度

一、工业固体废物排污许可制度

《固废法》第三十九条规定，产生工业固体废物的单位应当取得排污许可证。排污许可的具体办法和实施步骤由国务院规定。

（一）排污许可制度的起源及现状

我国的排污许可制度始于 20 世纪 80 年代。1988 年国家环境保护局发布的《水污染物排放许可证管理暂行办法》（〔88〕环水字第 111 号）规定，各地环境保护行政主管部门结合本地区的实际情况，在申报登记的基础上，分期分批对重点污染源和重点污染物实行排放许可证制度。原先的排污许可制度主要定位在污染物排放浓度控制的基础上，通过排污申报登记，发放水污染物排放许可证，逐步实施污染物排放总量控制。

2014 年修订的《环境保护法》第四十五条明确，国家依照法律规定实行排污许可管理制度，对排污许可管理制度作了原则性规定。《水污染防治法》第二十一条、《大气污染防治法》第十九条分别就水污染物、大气污染物纳入排污许可作出了具体规定，《固废法》第三十九条就工业固体废物纳入排污许可作出了具体规定，以上几部法律共同构成了我国现行排污许可制度的上位法依据。

2018 年 1 月，环境保护部印发《排污许可管理办法（试行）》（环境保护部令　第 48 号），规定了排污许可证核发程序等内容，细化了环保部门、排污单位和第三方机构的法律责任，为改革完善排污许可制迈出了坚实的一步。2021 年 1 月，国务院印发《排污许可管理条例》（国务院令　第 736 号），从明确实行排污许可管理的范围和管理类别、规范申请与审批排污许可证的程序、加强排污管理、严格监督检查、强化法律责任等方面，对排污许可管理工作予以规范。

（二）工业固体废物纳入排污许可制度的意义

2016 年 11 月，国务院办公厅印发《控制污染物排放许可制实施方案》，确立了建立以排污许可制为核心的固定污染源环境管理体系的指导思想。《控制污染物排放许可制实施方案》要求，到 2020 年基本建立法规体系完备、管理体系高效、技术体系科学的排污许可制度，完成覆盖所有固定污染源的排污许可证核发工作，实现对固定污染源的“一证式”管理。

通过修改法律，将工业固体废物纳入排污许可制度是改革的必然要求，也是保障环境质量、防范环境风险的必然选择。近年来，一些地区危险废物、工业固体废物非法倾倒、处置事件频发，究其原因，主要是由于部分企业守法意识淡薄、为牟取非法利益违法犯罪。造成此类事件发生的原始动力，很多情况下是产废企业为了规避或者无力承担治理责任。但与此同时，也应该看到这些事件背后反映出原先的法律在制度安排上存在缺陷。法律仅对固体废物产生单位的治理责任作出了一般性原则性规定，至于产生固体废物的单位应当采取何种措施去防止或者减少固体废物对环境的污染，并没有具体的制度安排，也没有对应的法律责任。将工业固体废物纳入排污许可统一管理，从源头上规范产生单位的贮存、转移、利用、处置等行为，是解决这个问题最合理有效的制度安排，也是落实《固废法》污染担责原则的一个具体举措。

（三）工业固体废物排污许可制度的适用主体

根据《固废法》第三十九条的规定，排污许可制度仅适用于产生工业固体废物的单位。固体废物来源广泛、种类繁多，《固废法》只针对工业固体废物提出了纳入排污许可制度的要求，但不包括建筑垃圾、医疗废物等。也就是说，工程施工单位、医疗机构等主体不需要申领排污许可证。个别地方性法规中规定，产生工业固体废物和危险废物的单位，应当取得排污许可证。如此规定扩大了行政许可事项范围，突破了《立法法》和《行政许可法》关于地方性法规的立法权限。《固废法》第三十九条规定的工业固体废物，包括一般工业固体废物和工业危险废物，也就是说，工业企业产生的危险废物应当纳入排污许可管理，而其他产生源产生的危险废物则不适用排污许可制度。因此，《固废法》第七十八条规定，产生危险废物的单位已经取得排污许可证的，执行排污许可管理制度的规定。

就工业固体废物而言，同样涉及产生、收集、贮存、运输、利用、处置等多个环节。《固废法》只是要求工业固体废物的产生单位申领排污许可证，收集运输单位和利用处置单位无须执行此项规定。

（四）工业固体废物排污许可制度的实施进展

为统一规范工业固体废物纳入排污许可证的技术要求，生态环境部发布了《排污许可证申请与核发技术规范　工业固体废物（试行）》（HJ 1200—2021），明确排污单位工业固体废物相关基本情况填报要求、污染防控技术要求、环境管理台账和排污许可证执行报告编制要求、合规判定方法等，为排污单位工业固体废物填报申请信息、排污许可证核发部门审核许可要求提供指导。

为在管理层面同步推进工业固体废物纳入排污许可工作，生态环境部印发了《关于开展工业固体废物排污许可管理工作的通知》（环办环评〔2021〕26 号）。该通知明确了工业固体废物纳入排污许可证相关管理要求、实施范围和步骤、审核需关注的重点等事项，指导地方依法有序开展排污许可证核发工作。在实施范围方面，纳入工业固体废物排污许可管理的为《固定污染源排污许可分类管理名录》规定的应取得排污许可证的产废单位。在实施步骤方面，充分考虑减轻企业负担，在固体废物技术规范实施前已经取得排污许可证的企业，许可证有效期内无须单独申请变更，待有效期届满延续或因其他原因需变更、重新申请许可证时再增加工业固体废物内容。该通知压实了各方责任，明确了各级生态环境部门的任务分工，要求指导产废单位做好申报准备工作，提出了建立排污许可证审批人员与固体废物管理人员的联合审核机制、加强排污许可证审核把关、推动信息共享、加强宣贯培训和证后管理等具体要求。

（五）违反工业固体废物排污许可制度的法律责任

《固废法》第一百零四条规定，未依法取得排污许可证产生工业固体废物的，由生态环境主管部门责令改正或者限制生产、停产整治，处十万元以上一百万元以下的罚款；情节严重的，报经有批准权的人民政府批准，责令停业或者关闭。根据本条规定，未事先申领排污许可证不得产生工业固体废物，否则将构成违法行为。这是工业固体废物产生、收集、贮存、运输、利用、处置行为的前置性要求，如果未取得排污许可证，产生工业固体废物即构成违法，即便后续的收集、贮存、运输、利用、处置行为符合法律法规要求，也不能阻却已有的违法行为成立。

另外，应当注意的是，《固废法》第三十九条第二款是关于排污许可申请材料的要求。按照排污许可制度的程序规定，排污单位应当在规定的期限内向具有排污许可证核发权限的核发机关提交申请资料和信息，领取排污许可证。对于工业固体废物而言，产生工业固体废物的单位应当提交的申请材料包括工业固体废物的种类、数量、流向、贮存、利用、处置等有关资料，以及减少工业固体废物产生、促进综合利用的具体措施。本款规定是针对排污许可的事前申请，而非事后申报，是一种过程性行为，而非独立的行为，因此《固废法》并未针对上述行为设定对应的法律责任。

二、工业固体废物管理台账制度

《固废法》第三十六条规定，产生工业固体废物的单位应当建立工业固体废物管理台账，如实记录产生工业固体废物的种类、数量、流向、贮存、利用、处置等信息。

（一）工业固体废物管理台账的内容和要求

工业固体废物来自工业生产活动，产生面广、种类繁多、性质不一，如何对如此众多且不同种类的工业固体废物实现有效监管，从源头预防固体废物非法转移环境风险，一直以来都是个值得关注的问题。通过开展管理台账制度建设，促使产生工业固体废物的单位如实记录工业固体废物的产生环节、种类、数量、流向、贮存、利用、处置等信息，可以规范工业固体废物流向，从而进一步实现工业固体废物全过程管理。为规范一般工业固体废物管理台账制定工作，生态环境部印发了《一般工业固体废物管理台账制定指南（试行）》（生态环境部公告2021 年第 82 号）。

指南的内容包括正文和附件两部分。正文部分是关于台账的管理要求，一是产废单位在建立台账之前应当开展的准备工作，二是针对如何规范记录台账提出的要求，三是关于信息化台账、视频监控、档案管理等方面的要求。附件部分主要是台账记录表，一般工业固体废物管理台账实施分级管理，附表 1 至附表 3 属于必填信息，所有产废单位均应当填写，主要用于记录固体废物的基础信息及流向信息；附表 4 至附表 7 属于选填信息，主要用于记录固体废物在产废单位内部的贮存和利用处置等信息。

（二）工业固体废物管理台账和危险废物管理台账的关系

根据《固废法》的规定，我国的固体废物分为工业固体废物、生活垃圾、建筑垃圾、农业固体废物和危险废物，这里存在产生源分类和废物属性分类两种分类方法。其中，工业固体废物、生活垃圾、建筑垃圾和农业固体废物是依据产生源对固体废物作出的分类，危险废物是依据废物属性对固体废物作出的分类。因此，工业固体废物中，一部分属于危险废物，另一部分属于非危险废物。属于危险废物的部分，可以称为工业危险废物，属于非危险废物的部分，通常称为一般工业固体废物。

《固废法》第三十六条规定了工业固体废物管理台账，第七十八条规定了危险废物管理台账。工业固体废物包含工业危险废物，而危险废物应当执行《固废法》第六章的特别规定。因此，工业固体废物产生单位应当首先对其所产生的工业固体废物进行鉴别，属于一般工业固体废物的，按照《一般工业固体废物管理台账制定指南（试行）》建立台账；属于工业危险废物的，按照《危险废物管理计划和管理台账制定技术导则》（HJ 1259—2022）建立台账。

（三）工业固体废物管理台账和排污许可环境管理台账的关系

工业固体废物纳入排污许可制度，应当遵守排污许可制度的整体要求。根据《排污许可条例》的规定，排污单位应当建立环境管理台账。为保持相关制度之间的衔接性，《排污许可证申请与核发技术规范　工业固体废物（试行）》明确规定，一般工业固体废物环境管理台账记录应符合生态环境部规定的一般工业固体废物环境管理台账相关标准及管理文件要求。《关于开展工业固体废物排污许可管理工作的通知》也提出，环境管理台账记录要求与现行有效的固体废物管理制度充分衔接，避免多套台账、重复填报。

从内容上来讲，工业固体废物管理台账和排污许可环境管理台账是一本账，其记录的内容完全一致。但是，从法律适用上来讲，二者却不能等同。工业固体废物管理台账作为法律设定的一项制度，具有独立性，不依附于排污许可制度而存在。产生工业固体废物的单位未建立工业固体废物管理台账的，直接可以进行处罚，不以是否领取排污许可证为前提。

（四）违反工业固体废物管理台账制度的典型案例

2021 年 8 月 19 日，潍坊市生态环境局昌邑分局执法人员对某化工有限公司进行现场检查，发现该公司 20 000 吨/年三氯化铁项目产生的工业固体废物主要为铁屑氯化废渣，属一般工业固体废物，由该公司自行利用处置，但该公司没有建立管理台账，没有记录铁屑氯化废渣产生数量、贮存、利用等有关信息。该公司上述行为违反了《固废法》第三十六条第一款的规定。潍坊市生态环境局昌邑分局依据《固废法》第一百零二条第一款第八项、第二款的规定，参照《山东省生态环境行政处罚裁量基准》，依法对该公司处罚款 9.375 万元[①]。

① 案例来源：潍坊市工业固体废物管理处置典型案例。

根据《固废法》第一百零二条的规定，违反工业固体废物管理台账制度的处罚要件为，产生工业固体废物的单位未建立固体废物管理台账并如实记录的，并未要求“未按照国家有关规定建立管理台账”。这意味着，是否符合《一般工业固体废物管理台账制定指南（试行）》，并非该项行政处罚的构成要件。《一般工业固体废物管理台账制定指南（试行）》属于行政指导性文件，并不具有法律强制力。本案发生时，国家尚未出台《一般工业固体废物管理台账制定指南（试行）》，本案的当事人遭受处罚的违法行为是未建立台账，而非未按照国家规定建立台账。

三、工业固体废物产生者连带责任制度

《固废法》第三十七条规定，产生工业固体废物的单位委托他人运输、利用、处置工业固体废物的，应当对受托方的主体资格和技术能力进行核实，依法签订书面合同，在合同中约定污染防治要求。违反上述规定的，除依照有关法律法规的规定予以处罚外，还应当与造成环境污染和生态破坏的受托方承担连带责任。

（一）由非法转移违法案例引发的思考

2020年9月7日，据群众举报，南通市生态环境局环境执法人员对中南漫悦湾东侧、圩角河西侧空地进行了现场检查。经现场开挖，发现该地块倾倒填埋物部分为南通丰盛纺织品有限公司的工业固体废物。经调查，南通丰盛纺织品有限公司在未核实受托方的主体资格和技术能力也未签订书面合同的情况下，委托崔金平对其产生的2车约1.2吨边角料海绵和废布条

等工业固体废物进行处置。崔金平于2020年8月底装运，9月5日晚将上述工业固体废物擅自倾倒填埋。南通市生态环境局认为，南通丰盛纺织品有限公司前述行为违反了《固废法》第三十七条第一款的规定，依据《固废法》第一百零二条第一款第九项，对其罚款人民币十万元整[①]。

上述案例是一个缩影。近年来，工业固体废物、危险废物非法转移处置案件呈多发、高发态势，并呈由发达地区向欠发达地区、由城市向农村规模化、团伙化转移的趋势，一些非法转移处置案件造成了恶劣的影响。究其原因，根本在于部分企业守法意识淡薄、为牟取非法利益不择手段。在第三方治理模式下，产生固体废物的单位既可以自行利用处置固体废物，也可能会委托他人运输、利用、处置固体废物。修订前的《固废法》对固体废物尤其是一般工业固体废物产生单位的主体责任缺乏制度性规定，委托之前的义务和委托之后的责任缺乏法律约束，导致产废企业主体责任界定不明确，造成固体废物一转（倒）了之的现象。部分企业甚至错误地认为，固体废物的治理责任是可以随着固体废物的转移而转移的。

产废企业在委托之前，不履行事前考察义务，随意委托甚至故意委托给不具备能力的单位或个人处理，造成工业固体废物倾倒、丢弃、扬撒，在2020年修订的《固废法》实施之前，对此类情况只能处罚倾倒行为人，无法追究产生源头企业责任，且处罚金额较低，难以对此类违法行为形成有效震慑。2020年修订的《固废法》实施之后，从本案来看，第三十七条确立的产废者委托义务，对于规范企业工业固体废物收集、贮存、运

① 案例来源：行政处罚决定书（通04环罚字〔2020〕157号）。

输、处置行为具有良好的惩戒效果，有利于从源头上防范固体废物非法转移带来的环境风险，对于建立工业固体废物全过程管理制度体系意义重大，有利于推动实现“谁污染，谁负责”“谁产废，谁治理”。

（二）工业固体废物产生者的委托要求

根据《固废法》第三十七条第一款的规定，工业固体废物的产生单位发生委托行为时应当履行以下两方面的义务：一是对受托方的主体资格和技术能力进行核实，绝对不允许委托没有相关资质和技术能力的“小散乱污”的企业甚至个人；二是必须采用书面合同形式委托，并且要在合同中明确约定工业固体废物运输、利用、处置过程中的具体污染防治技术要求。禁止产生工业固体废物的单位无合同或采取虚假合同委托他人运输、利用、处置固体废物，防范以买卖的名义非法转移固体废物行为。

工业固体废物包括工业危险废物和一般工业固体废物，“主体资格”和“技术能力”对于二者的具体内涵有所不同。对于工业危险废物委托来说，关于“主体资格”的要求十分明确。《固废法》第八十条规定，禁止将危险废物提供或者委托给无许可证的单位或者其他生产经营者从事收集、贮存、利用、处置活动。也就是说，对于工业危险废物而言，产废单位必须将工业危险废物委托给持有危险废物经营许可证的单位。《最高人民法院　最高人民检察院关于办理环境污染刑事案件适用法律若干问题的解释》（法释〔2016〕29 号）第十七条明确规定，本解释所称“无危险废物经营许可证”，是指未取得危险废物经营许可证，或者超出危险废物经营许可证的经营范围。这是关于

“技术能力”的要求，即受托方不仅要持有许可证，并且拟委托的数量和种类必须在危险废物经营许可证的范围之内。

对于一般工业固体废物而言，新《固废法》实施以来，在国家层面，尚无配套文件对第三十七条所规定的“主体资格”和“技术能力”作出解释。由于运输利用处置一般工业固体废物并不需要环境类许可资质，因此如何认定接受委托的运输利用处置单位符合第三十七条第一款的要求，是亟待解决的一个现实问题。在地方性法规层面，2020年修订的《固废法》出台后，山西省、贵州省分别制定了《山西省固体废物污染环境防治条例》和《贵州省固体废物污染环境防治条例》，作为落实《固废法》的地方配套规定。但是，两部地方性法规当中，也没有涉及工业固体废物产生者委托义务的相关条款。

（三）工业固体废物产生者连带责任制度的法律适用

产生工业固体废物的单位委托他人贮存、利用、处置工业固体废物，未履行事前考察义务、签订委托合同，违反上述规定的，有可能需要承担两方面的法律责任。首先是《固废法》第一百零二条规定的行政法律责任，由生态环境主管部门实施行政处罚：责令改正，处以罚款，没收违法所得；情节严重的，报经有批准权的人民政府批准，可以责令停业或者关闭。其次，如果受托方在运输、利用、处置工业固体废物过程中，造成环境污染和生态破坏，在受托方承担直接的污染赔偿责任的同时，产生工业固体废物的单位还可能与其承担连带民事赔偿责任。

如果工业固体废物产生者履行事先核实义务、签订书面合同，即选择了有资质、有能力的受托单位，可以视为已经完成了污染环境防治义务。此时，工业固体废物产生者并未违反《固废法》的规定，首先，不会承担行政责任。其次，由于其已经尽到了谨慎选择义务，其行为与受托者造成的环境污染后果之间不存在因果关系，也不应当承担连带民事赔偿责任。如果受托者实施了违法行为造成环境污染，应当由其独立承担相应的行政责任和民事责任。

接受委托的运输、利用、处置单位造成环境污染或生态破坏的，作为侵权行为人，应当承担民事责任。相应地，产生者连带责任的性质也属于民事责任。根据《民法典》关于环境污染和生态破坏责任的规定，首先是恢复原状的责任，即生态环境能够修复的，侵权人应当在合理期限内承担修复责任；侵权人在期限内未修复的，国家规定的机关或者法律规定的组织可以自行或者委托他人进行修复，所需费用由侵权人负担。其次是惩罚性赔偿责任，即受托者违反法律规定故意污染环境、破坏生态造成严重后果的，应当承担惩罚性赔偿责任。

综上所述，工业固体废物产生者适用连带责任，必须同时符合行为要件和结果要件，即产生工业固体废物的单位（委托方）未履行事前义务，利用处置工业固体废物的单位（受托方）事后造成环境污染。

四、工业固体废物综合利用评价制度

工业固体废物资源综合利用评价是指对开展工业固体废物资源综合利用的企业所利用的工业固体废物种类、数量进行核定，对综合利用的技术条件和要求进行符合性判定的活动。《固废法》第三十四条规定，国务院工业和信息化主管部门应当组织开展工业固体废物资源综合利用评价，推动工业固体废物综合利用。

（一）工业固体废物综合利用评价制度的法律地位

《固废法》第三十四条关于工业固体废物综合利用评价制度的规定，与《中华人民共和国环境保护税法》相衔接。《中华人民共和国环境保护税法》第十二条规定，纳税人综合利用的固体废物，符合国家和地方环境保护标准的，暂予免征环境保护税。《中华人民共和国环境保护税法实施条例》第五条规定，应税固体废物的计税依据，按照固体废物的排放量确定。固体废物的排放量为当期应税固体废物的产生量减去当期应税固体废物的贮存量、处置量、综合利用量的余额。固体废物的综合利用量，是指按照国务院发展改革、工业和信息化主管部门关于资源综合利用要求以及国家和地方环境保护标准进行综合利用的固体废物数量。

为规范固体废物环境保护税的计算及申报工作，财政部、国家税务总局、生态环境部联合发布了《关于环境保护税有关问题的通知》（财税〔2018〕23 号）。根据该通知要求，纳税人应当准确计量应税固体废物的贮存量、处置量和综合利用量，未准确计量的，不得从其应税固体废物的产生量中减去。纳税人对应税固体废物进行综合利用的，应当符合工业和信息化部制定的工业固体废物综合利用评价管理规范。

综上所述，工业固体废物综合利用评价制度在《环境保护税法》上具有法律强制力，但在《固废法》上主要是发挥导向性作用。

（二）工业固体废物综合利用评价制度的具体规定

为贯彻落实工业固体废物综合利用评价制度，工业和信息化部印发了《工业固体废物资源综合利用评价管理暂行办法》（工业和信息化部公告　2018 年第 26 号）。根据该办法规定，工业和信息化部负责制定发布《国家工业固体废物资源综合用产品目录》，明确工业固体废物种类、综合利用产品、综合利用技术条件和要求等内容。工业固体废物资源综合利用评价机构依据目录开展工业固体废物资源综合利用评价。省级工业和信息化主管部门负责发布评价机构推荐名单，并建立动态调整机制。

企业自愿开展工业固体废物资源综合利用评价。开展工业固体废物资源综合利用评价的企业应当按照该办法规定向评价机构提交资料。评价机构对企业提交的资料进行完整性和准确性审查，对企业生产过程与提交资料的一致性进行现场核查，确定综合利用工业固体废物的种类和数量。评价机构根据资料审查和现场核查情况向企业出具评价报告，作为企业工业固体废物资源综合利用的评价结果。评价机构应在评价报告完成后 30 日内，将评价报告报被评价企业所在地县级以上工业和信息化主管部门备案。

（三）工业固体废物综合利用评价结果的实际应用

开展工业固体废物资源综合利用评价的企业，可依据评价结果，按照《财政部　税务总局　生态环境部关于环境保护税有关问题的通知》和有关规定，申请暂予免征环境保护税。

第三节　名录目录

一、工业固体废物落后生产工艺设备限期淘汰名录

《固废法》第三十三条规定，国务院工业和信息化主管部门

应当会同国务院有关部门组织研究开发、推广减少工业固体废物产生量和降低工业固体废物危害性的生产工艺和设备，公布限期淘汰产生严重污染环境的工业固体废物的落后生产工艺、设备的名录。

（一）限期淘汰名录的作用

我国的工业固体废物污染很大程度上是由于落后的生产工艺和设备造成的。这些落后的生产工艺和设备的大量使用，使我国的工业固体废物产生量居高不下，其危害性也很难从源头得到控制，加之工业固体废物整体综合利用率不高，给贮存和处置造成很大压力。

总结我国工业固体废物的治理经验和国外环境保护的发展趋势，对于工业固体废物，仅仅停留在“末端治理”已远远不够，必须从源头上控制工业固体废物的产量及其危害性。作为工业固体废物源头减量的重要一环，淘汰落后生产工艺和设备，推行先进生产工艺和设备，全面提高产业产品技术、工艺装备、能效环保水平，推动产业升级、技术进步，能有效促进工业固体废物的源头减量，是推动我国社会经济可持续发展和高质量发展的重要措施和必然要求。

（二）限期淘汰名录的内容

应当加以淘汰的对象包括两种，一是产生严重污染环境的工业固体废物的落后生产工艺，二是产生严重污染环境的工业固体废物的落后设备。2021 年，工业和信息化部制定出台《限期淘汰产生严重污染环境的工业固体废物的落后生产工艺设备名录》（工业和信息化部公告　2021 年第 25 号），针对石化化工、钢铁、有色金属、黄金、医药、机械、船舶、轻工等 8 个行业提出 41 项限期淘汰的落后生产工艺设备，并且明确了淘汰期限。

《限期淘汰产生严重污染环境的工业固体废物的落后生产工艺设备名录》与《产业结构调整指导目录》并非同一个名录，首先，二者的发布主体不同，前者是由工业和信息化部制定，后者是由国家发展改革委制定；其次，二者的内容指向不同，前者是针对工业固体废物，后者并非如此，其限制和淘汰的对象较为宽泛，包括高能耗、高污染等。

（三）限期淘汰名录的使用

由于淘汰名录中规定的都是国家明令限期淘汰的工艺和设备，因此，凡是列入淘汰名录的工艺和设备，任何单位和个人不得继续采用，不得继续生产、销售、进口或者使用。生产工艺的采用者应当在《限期淘汰产生严重污染环境的工业固体废物的落后生产工艺设备名录》规定的期限内停止采用列入淘汰名录中的工艺。违反上述规定的，应当由县级以上地方人民政府指定的部门按照《固废法》第一百零九条的规定进行处罚。应当注意的是，此处的处罚机关并非某一个特定的行政机关。

列入限期淘汰名录被淘汰的设备，也不得转让给他人使用。这里所说的“转让”包括出售、出租、无偿赠送等各种可能导致设备转移的行为。只要该行为可以使淘汰设备转变所有者或者使用者而继续使用的，都属于本款规定的“转让”行为。违法转让被淘汰设备的，应当由生态环境主管部门按照《固废法》第一百零二条的规定进行处罚。此处的处罚机关明确规定为生态环境主管部门，与前面有所不同。

二、工业固体废物污染环境防治先进生产工艺设备目录

我国的工业固体废物污染，由落后的生产工艺和设备导致的情况比较多，危害也比较严重。对这些落后的生产工艺和设备，一方面要按照《固废法》的规定限期淘汰，另一方面对先进的生产工艺和设备也应当采取措施组织推广。《固废法》第三十二条规定，国务院生态环境主管部门应当会同国务院发展改革、工业和信息化等主管部门，组织推广先进的防治工业固体废物污染环境的生产工艺和设备。

本条规定的先进生产工艺和设备，既包括治理污染的先进工艺和设备，如工业固体废物处置的先进设施等，也包括加强清洁生产，从源头减少工业固体废物产生量的先进生产工艺和设备。本条规定的目录并非特指某个特定的目录，而是符合这个目的的一类目录，包括《国家先进污染防治技术目录》和《环境保护综合名录》。

（一）《国家先进污染防治技术目录（固体废物和土壤污染防治领域）》（2020 年）

从 2007 年开始，生态环境部每年结合当年的环境治理技术需求热点，发布年度《国家先进污染防治技术目录》，聚焦大气污染防治、水污染防治、固体废物和土壤污染防治等领域，选择环境和经济效益都比较好的先进技术，特别是经济效益比较好的技术，供企业以及管理部门选择使用参考，截至 2020 年 7 月，已经发布了共 1 173 项先进技术。

2020 年，生态环境部发布《国家先进污染防治技术目录（固

体废物和土壤污染防治领域）》，聚焦固体废物和土壤污染防治领域，筛选了28项国家先进固体废物污染防治技术，包括生活垃圾、有机固体废物、污泥、危险废物、医疗废物处理处置及资源化等。

（二）《环境保护综合名录》（2021年版）

2007年6月，国家环境保护总局发布《“高污染、高环境风险”产品名录》，后根据工作需要并经国务院同意，将名称修改为《环境保护综合名录》。2021年，生态环境部发布第12版《环境保护综合名录》，包含“双高”产品名录和环境保护重点设备名录，共有932项“双高”产品，159项产品除外工艺，79项环境保护重点设备。79项环境保护重点设备中，固体废物污染防治设备10项。

三、工业固体废物综合利用技术、工艺、设备和产品导向目录

我国一贯重视工业固体废物的综合利用工作，借鉴国外对工业固体废物的管理及资源化经验，开发了多种工业固体废物的综合利用技术，但技术水平参差不齐，技术选择也缺乏科学性和合理性，造成工业固体废物综合利用技术市场鱼龙混杂，好的技术得不到有力的推广应用，工业固体废物资源化综合利用水平不高。《固废法》第三十四条规定，国务院工业和信息化主管部门应当会同国务院发展改革、生态环境等主管部门，定期发布工业固体废物综合利用技术、工艺、设备和产品导向目录。

（一）《国家工业资源综合利用先进适用工艺技术设备目录》（2021 版）

2021 年，工业和信息化部会同国家发展和改革委员会、科学技术部、生态环境部印发《国家工业资源综合利用先进适用工艺技术设备目录》（2021 版）。该目录共列入 94 种工艺技术设备，综合考虑技术成熟度细分为研发、应用、推广 3 类，其中研发类是指通过自主研发、技术引进等方式，实现重大技术突破，已经用户初步验证的工艺技术设备；应用类是指国内领先、具有行业引领作用和市场应用前景、已实现产业化生产的工艺技术设备；推广类是指成熟可靠、推广潜力大、经济适用、环境友好且有成功应用案例的工艺技术设备。

（二）《国家鼓励发展的重大环保技术装备目录》（2020 年版）

为加快先进环保装备研发和应用推广，提升环保装备制造业整体水平和供给质量，工业和信息化部、科学技术部、生态环境部联合制定了《国家鼓励发展的重大环保技术装备目录》（2020 年版）。技术装备的范围包括大气污染防治、水污染防治、土壤污染修复、固体废物处理、噪声与振动控制、环境监测专用仪器仪表、环境污染防治专用材料和药剂、环境污染应急处理、环境污染防治设备专用零部件等 9 个重点领域。在固体废物处理领域，目录针对污泥处理等方面列出 5 种装备。

第四节 技术标准

一、工业固体废物贮存处置污染控制标准

我国工业固体废物产生量巨大，短时间内无法利用处置的部分，必须采取贮存措施。工业固体废物尤其是大宗工业固体废物贮存管理不到位，容易造成周边环境污染乃至生态破坏。《固废法》第四十条规定，贮存工业固体废物应当采取符合国家环境保护标准的防护措施。

（一）工业固体废物贮存环境保护标准的法律地位

2021 年 6 月 30 日，大连市生态环境保护综合行政执法队在东北特殊钢集团股份有限公司现场检查时发现，该公司炼铁、炼钢工序产生的水渣、尾渣等工业固体废物在厂区内露天堆存，经过无人机图像分析、面积测绘和信息标定，确定厂区内共存在 22 处工业固体废物堆场。执法人员随即逐一开展地面查证，发现位于该公司厂区南部的 3 处炼钢尾渣堆场堆放了约 10 万吨工业固体废物，均未设置导流渠与渗滤液集排水等设施，不符合《一般工业固体废物贮存、处置场污染控制标准》（GB 18599—2001）的规定。大连市生态环境局认为，上述行为违反了《固废法》第四十条第一款的规定，依据《固废法》第一百零二条第一款第十项和《大连市生态环境行政处罚裁量权基准制度》的规定，对该公司处以 100 万元罚款，并责令其立即改正违法

行为[①]。

本案发生在2021年6月30日，而修订后的《一般工业固体废物贮存和填埋污染控制标准》（GB 18599—2020）于2021年7月1日起正式实施，因此本案适用的仍是未修订的《一般工业固体废物贮存、处置场污染控制标准》（GB 18599—2001）。《固废法》第四十条赋予了《一般工业固体废物贮存和填埋污染控制标准》（GB 18599—2020）法律强制力。该标准规定了一般工业固体废物贮存场和填埋场的选址、设计与施工、入场条件、运行、封场及后期管理等一系列技术要求，任何违反该标准技术规定的行为，都属于违法行为。

需要注意的是，并非所有的工业固体废物贮存行为都应当执行《一般工业固体废物贮存和填埋污染控制标准》（GB 18599—2020）。该标准实质是对一般工业固体废物贮存场、填埋场提出的污染控制要求，适用于大宗工业固体废物（如粉煤灰、煤矸石、脱硫石膏等），这些大宗工业固体废物的贮存场兼具填埋场的功能。通常而言，工业固体废物产生后都有贮存的需求。但这并不意味着所有种类的工业固体废物都必须进入填埋场贮存，对于有的产生量小、易于利用的工业固体废物，往往选择在厂内贮存。因此，对于有些案件中的未采取任何防护措施的塑料空桶和铁皮桶等露天堆放行为，难以适用该标准的贮存填埋场污染控制要求。如果适用《固废法》第一百零二条第一款第七项“擅自倾倒、堆放、丢弃、遗撒工业固体废物”的规定，对其进行处罚更为妥当。

① 案例来源：生态环境部2022年第一批生态环境执法典型案例。

（二）一般工业固体废物贮存和填埋污染控制标准的主要内容

本次修订将标准名称修改为《一般工业固体废物贮存场、处置场污染控制标准》，修订后的标准规定了一般工业固体废物贮存场和填埋场的选址、设计与施工、入场条件、运行、封场及后期管理、一般工业固体废物回填，以及污染控制、监测等方面的要求。本次修订的主要内容包括：一是聚焦环境标准定位，进一步强化一般工业固体废物贮存、填埋全过程污染控制技术要求，加严了防渗技术规定，增加了废物入场有机质含量控制、封场后渗滤液处理及地表水、土壤自行监测等要求。二是为推动大宗一般工业固体废物综合利用，明确了充填及回填条件，并增加了相应污染控制技术要求。三是明确历史堆存一般工业固体废物场地的环境管理要求。针对历史堆存一般工业固体废物的场地，按照风险管控的思路，明确经评估后确保风险可控条件下可进行封场或土地复垦作业。修订后的标准首次对一般工业固体废物回填提出污染控制技术要求，鼓励合格的尾矿回填，明确其作为一般工业固体废物利用一种方式。

二、工业固体废物污染环境防治技术政策

《固废法》第三十二条规定，国务院生态环境主管部门应当会同国务院发展改革、工业和信息化等主管部门制定防治工业固体废物污染环境的技术政策。

（一）工业固体废物污染环境防治技术政策的定位

根据《生态环境标准管理办法》（生态环境部令　第 17 号）

的规定，生态环境标准是指由国务院生态环境主管部门和省级人民政府依法制定的生态环境保护工作中需要统一的各项技术要求，包括生态环境质量标准、生态环境风险管控标准、污染物排放标准、生态环境监测标准、生态环境基础标准和国家生态环境管理技术规范。严格来讲，环境技术政策不属于环境技术标准，不具有标准号，通常以公告的形式发布。

环境技术政策与环境经济政策、环境产业政策等，同样是我国环境政策的重要组成部分。环境技术政策一方面具有技术性，另一方面也具有政策性。环境技术政策就其作用方式而言，属于鼓励性或倡导性的技术规范，一般都不属于环境法规，没有法律强制性。从实际执行情况来看，技术政策作为行政指导的一种类型，在促进和支持工业固体废物污染环境防治工作、加强管理和技术选择应用、引导相关产业发展等方面发挥了积极的作用。

（二）工业固体废物污染环境防治技术政策的种类

分析我国已经制定出台的环境技术政策，有关工业固体废物污染环境防治的规定主要有两种呈现方式。一种是分行业对工业固体废物处理处置提出具体的技术要求，例如《钢铁工业污染防治技术政策》《铅锌冶炼业污染防治技术政策》《硫酸工业污染防治技术政策》《制浆造纸工业污染防治技术政策》《制药工业污染防治技术政策》等系列技术政策。这类技术政策通常会提出包括大气污染防治、水污染防治、固体废物污染环境防治、噪声污染防治等在内的“一揽子”要求，对于行业企业而言比较全面。但是对于固体废物而言，由于固体废物种类繁多，不同种类的固体废物污染防治技术要求也不一致，而且固体废物存在产生、收集、贮存、运输、利用、处置，不同环节的污染防治技术要求也不一致，因此这种类型的技术政策难以对固体废物提出精细化要求。

另一种技术政策是针对特定种类的固体废物量身定制的，如《危险废物污染防治技术政策》《医疗废物污染防治技术政策》《废弃家用电器与电子产品污染防治技术政策》《城镇污水处理厂污泥处理处置及污染防治技术政策（试行）》等。这类技术政策通常覆盖特定种类固体废物的全过程，分别针对产生、收集、贮存、运输、利用、处置等环节提出不同的污染防治要求。然而，在我国已出台的固体废物污染环境防治技术政策中，大部分都是针对工业固体废物以外的固体废物，仅有一项《煤矸石综合利用技术政策要点》（国经贸资源〔1999〕1005 号）是针对工业固体废物的技术政策。

表 3-2　固体废物污染环境防治技术政策

序号	名称	文号
1	《煤矸石综合利用技术政策要点》	国经贸资源〔1999〕1005 号
2	《城市生活垃圾处理及污染防治技术政策》	建成〔2000〕120 号
3	《危险废物污染防治技术政策》	环发〔2001〕199 号
4	《废弃家用电器与电子产品污染防治技术政策》	环发〔2006〕115 号
5	《汽车产品回收利用技术政策》	国家环境保护总局公告 2006 年第 9 号
6	《农村生活污染防治技术政策》	环发〔2010〕20 号
7	《水泥窑协同处置固体废物污染防治技术政策》	环境保护部公告 2016 年第 72 号
8	《废电池污染防治技术政策》	环境保护部公告 2016 年第 82 号
9	《医疗废物污染防治技术政策》	

三、矿业固体废物污染环境防治的特别规定

《固废法》第四十二条规定，尾矿、煤矸石、废石等矿业固体废物贮存设施停止使用后，矿山企业应当按照国家有关环境保护等规定进行封场，防止造成环境污染和生态破坏。本条是关于矿业固体废物的特别规定。

（一）矿业固体废物的概念

《固废法》并没有定义矿业固体废物。通常意义上，矿业固体废物是指煤炭开采和洗选业、石油和天然气开采业、黑色金属和有色金属矿采选业等矿业生产活动产生的固体废物，包括尾矿、煤矸石、废石等。

矿业固体废物属于工业固体废物，是在工业固体废物之下的种类，具有产生量大的特征，管理不当不仅容易污染环境，而且容易破坏生态。2020年环境统计数据显示，全国一般工业固体废物产生量为36.8亿吨，黑色金属矿采选业、煤炭开采和洗选业、有色金属矿采选业合计占全国一般工业固体废物产生量的40.4%。

（二）矿业固体废物的管理要求

《固废法》仅强调了矿业固体废物贮存设施的封场规定，并未对矿业固体废物提出其他方面的管理要求。在配套规章方面，我国于1992年颁布实施《防治尾矿污染环境管理规定》，1999年、2010年两次对其进行修正。

2022年，生态环境部印发最新修订的《尾矿污染环境防治管理办法》（生态环境部令　第26号），主要有以下5个方面的

变化：一是将文件名称修改为《尾矿污染环境防治管理办法》。二是修改尾矿定义，厘清适用范围。明确尾矿是指金属非金属矿山开采出的矿石，经选矿厂选出有价值的精矿后产生的固体废物；放射性尾矿不适用本规定。三是理顺生态环境部门监管职责。明确国家、地方各级、流域生态环境部门的尾矿污染防治监管职责；提出尾矿库分类分级环境监管的要求；对环评审批、信息化管理提出要求，鼓励创新监管手段等。四是衔接相关法律法规标准，细化尾矿污染防治和环境管理要求。明确台账管理、环境准入、建设项目环境管理、排污许可、污染物排放控制、环境监测、污染隐患排查治理制度、环境应急管理、综合利用、尾矿库封场等环节的污染防治要求。五是明确法律责任，严格违法行为处罚。衔接相关法律法规已规定法律责任的部分违法情形，同时对违反本办法规定的，按照违法行为严重程度设置责令改正，给予警告以及不同处罚金额上限的罚则。

（三）矿业固体废物贮存设施封场规定

矿业固体废物属于工业固体废物，应当执行工业固体废物的管理规定和技术标准。因此，本条针对矿业固体废物贮存设施封场提出的“国家有关环境保护等规定”，必然包含《一般工业固体废物贮存场、处置场污染控制标准》（GB 18599—2020）中贮存场封场的技术要求。也就是说，对于矿业固体废物贮存设施封场，《固废法》第四十条和第四十二条都提出了要求。若矿山企业未按照《一般工业固体废物贮存场、处置场污染控制标准》（GB 18599—2020）进行封场，则意味着其同时违反了《固废法》第四十条和第四十二条的规定。上述两项法律规定对应两个不同的法律责任条款，即第一百零二条和第一百一十条。

第一百零二条规定的处罚是由生态环境主管部门责令改正，处十万元以上一百万元以下的罚款，没收违法所得；情节严重的，报经有批准权的人民政府批准，可以责令停业或者关闭。第一百一十条规定的处罚是由生态环境主管部门责令改正，处二十万元以上一百万元以下的罚款。第一百零二条规定的处罚种类较多，包括罚款、没收违法所得、责令停业或者关闭，但罚款的起点相对较低（十万元）。第一百一十条规定的处罚种类较少，只有罚款，但罚款的起点相对较高（二十万元）。在实际工作中，针对上述违法行为，应当结合案件具体情况，选择适用二者当中较重的一个进行处罚。

第四章　生活垃圾

人民群众对环境的第一观感来自身边，生活垃圾治理情况排在首位。习近平总书记高度重视生活垃圾分类，亲自安排部署，多次作出重要指示。自《生活垃圾分类制度实施方案》发布以来，有关部门在顶层设计、设施建设、督导机制、宣传引导等方面作出了不懈努力，生活垃圾分类工作取得长足进展。但也必须看到，生活垃圾分类工作任重道远，生活垃圾分类的协同机制有待完善，生活垃圾分类处理能力仍需加强，社会公众的生活垃圾分类习惯参差不齐。经过多年努力，我国基本实现了城市生活垃圾统一收集处理，但城乡接合部的“垃圾围城”现象还比较突出。相较于城市环境，农村环保基础设施严重不足，一些地方还出现城市垃圾“上山下乡”，使农村成为垃圾集聚地。

修订后的《固废法》进一步深化生活垃圾分类管理体系构建，要求地方政府建立生活垃圾分类工作协调机制，加强和统筹生活垃圾分类管理能力建设；设定生活垃圾强制分类投放义务，规定任何单位和个人都应当依法在指定的地点分类投放生活垃圾；已经分类投放的生活垃圾，应当按照规定分类收集、分类运输、分类处理；针对生活垃圾中的可回收物，要求地方政府加强生活垃圾分类收运体系和再生资源回收体系在规划、建设、运营等方面的融合；针对生活垃圾中的有害垃圾，明确按照危险废物管理的相关要求进行管理；针对生活垃圾中的厨余垃圾，明确交由具备相应资质条件的单位进行无害化处理；在生活垃圾处理设施的建设和监测监管方面分别作出相应规定。修订后的《固废法》充分体现了统筹推进城乡生活垃圾治理的原则，将“城市生活垃圾”修改为“城乡生活垃圾”，扩大法律适用的范围；将“城市人民政府”修改为“地方人民政府”，扩大法律责任主体；新增第四十六条，专门对农村生活垃圾污染环境防治作出规定，鼓励有条件的地方建立城乡一体的生活垃圾管理系统。

第一节 生活垃圾

一、生活垃圾分类制度

《固废法》第六条规定，国家推行生活垃圾分类制度。生活垃圾分类坚持“政府推动、全民参与、城乡统筹、因地制宜、简便易行的”原则。

（一）生活垃圾分类管理系统的内涵

推行生活垃圾分类投放、分类收运、分类处理，是实现生活垃圾减量化、资源化和无害化的重要措施。2016 年，习近平总书记在中央财经工作领导小组第十四次会议上提出“要普遍推行生活垃圾分类制度”。2017 年，国务院办公厅转发《生活垃圾分类制度实施方案》（国办发〔2017〕26 号），确定在全国 46 个重点城市的城区范围内试行生活垃圾强制分类，明确提出加快建立分类投放、分类收集、分类运输、分类处理的垃圾处理系统。2019 年 6 月 2 日，习近平总书记对垃圾分类再次作出重要指示，指出“推行垃圾分类，关键是要加强科学管理、形成长效机制、推动习惯养成”。2019 年 6 月，住房和城乡建设部等部门印发《关于在全国地级及以上城市全面开展生活垃圾分类工作的通知》（建城〔2019〕56 号），在全国地级及以上城市全面启动生活垃圾分类工作，要求到 2020 年，46 个重点城市基本建成生活垃圾分类处理系统。

《固废法》第四十三条提出，县级以上地方人民政府应当加快建立分类投放、分类收集、分类运输、分类处理的生活垃圾管理系统。从生活垃圾处理系统到生活垃圾管理系统，虽然只有一字之差，其内涵却大不相同。生活垃圾处理系统主要是指分类投放、分类收集、分类运输、分类处理的设施及相关运营系统，侧重硬件方面的要求；生活垃圾管理系统则是更广义的概念，不仅包括处理设施方面的要求，还包括体制机制方面的要求。生活垃圾分类包括分类投放、分类收集、分类运输、分类处理等多个环节，涉及发展改革、住房和城乡建设、生态环境等多个部门，必须统筹考虑、系统安排，加强工作协调，建立长效机制。《固废法》第四十三条第二款进一步要求，县级以上地方人民政府应当建立生活垃圾分类工作协调机制，加强和统筹生活垃圾分类管理能力建设。生活垃圾分类不仅是技术层面的问题，更是管理层面的问题。2020 年 9 月，中央全面深化改革委员会审议通过《关于进一步推进生活垃圾分类工作的若干意见》（建城〔2020〕93 号），突出强调管理对于推进生活垃圾分类的作用，要求加快形成长效机制，从资金、价格、科技等方面支撑生活垃圾分类工作；突出生活垃圾分类的组织领导，强调城市负主体责任，主要负责同志是第一责任人，形成责任清单，加强成效评估，层层抓落实。

部分城市在生活垃圾分类管理方面作出了有益探索。上海市按照“市级统筹、区级组织、街镇落实”思路，建立健全垃圾分类减量推进工作联席会议制度，由市长担任联席会议的第一召集人，市政府分管秘书长兼任市联席会议办公室主任，在市级层面、区级层面、街镇层面统筹推进生活垃圾分类管理工作。市分减联办建立任务清单工作机制，逐月跟踪销项，以简报形式及时通报任务进展，提醒和督促各牵头部门落实职责。

（二）生活垃圾产生者的强制分类义务

2017年的《生活垃圾分类制度实施方案》（国办发〔2017〕26号）提出生活垃圾强制分类的概念，并且要求实施生活垃圾强制分类的城市完善地方性法规，为生活垃圾强制分类提供法律依据。但在国家层面，生活垃圾强制分类一直缺乏上位法依据。《固废法》第四十九条第一款规定，产生生活垃圾的单位、家庭和个人应当依法履行生活垃圾源头减量和分类投放义务，承担生活垃圾产生者责任。本条规定为在全国范围内推进生活垃圾强制分类提供了法律依据，同时也是《固废法》第四条规定的固体废物产生者责任在生活垃圾领域的具体体现。

生活垃圾分类包括分类投放、分类收集、分类运输、分类处理，其中分类投放是整个分类体系的第一环，也是关键一环。本条第二款进一步明确，任何单位和个人都应当依法在指定的地点分类投放生活垃圾。这里依据的“法”是指地方性法规，而非《固废法》。《固废法》第六条指出，因地制宜是生活垃圾分类的基本原则。因此，如何分类、如何投放应当由各地根据自身情况作出具体规定，而不宜由法律在国家层面统一规定。为深入推进生活垃圾分类工作，很多地方出台了地方性立法。截至 2020 年年底，46 个生活垃圾试点城市已全部完成立法工作全覆盖。

《固废法》的特色之一是突出“法”的强制性，强化责任到人。本条规定的分类投放义务主体既包括单位，也包括家庭和个人。《固废法》第一百一十一条规定，未在指定的地点分类投放生活垃圾的，由县级以上地方人民政府环境卫生主管部门责令改正；情节严重的，对单位处五万元以上五十万元以下的罚款，对个人依法处以罚款。这意味着，即便是个人，如果未依法履行分类投放义务，同样应当被处罚。这里依据的“法”同样是指地方性法规。例如，2020 年修改后的《北京市生活垃圾管理条例》首次明确，单位和个人是生活垃圾分类投放的责任主体，并对个人违法投放垃圾的行为，实行教育和处罚相结合，违规投放的个人“屡教不改”，最高可处 200 元罚款。

（三）生活垃圾分类指导目录

我国各地经济社会发展水平、饮食习惯、气候特征差异巨大，生活垃圾的产生特性也不尽相同，因此需要因地制宜地开展生活垃圾分类工作。《固废法》第四十七条规定，设区的市级以上人民政府环境卫生主管部门应当发布生活垃圾分类指导目录。《关于进一步推进生活垃圾分类工作的若干意见》（建城〔2020〕93 号）明确提出，从各地实际出发，参照《生活垃圾分类标志》（GB/T 19095—2019），区分有害垃圾、可回收物、厨余垃圾和其他垃圾，合理确定分类类别，不搞“一刀切”。《生活垃圾分类标志》（GB/T 19095—2019）根据生活垃圾特性的不同将其分为 4 类，其具体分类信息如表 4-1 所示。

表 4-1　生活垃圾的二级和三级分类

序号	二级分类	三级分类
1	可回收物	纸类。适宜回收利用的各类废书籍、报纸、纸板箱、纸塑铝复合包装等纸制品
		塑料。适宜回收利用的各类废塑料瓶、塑料桶、塑料餐盒等塑料制品
		金属。适宜回收利用的各类废金属易拉罐、金属瓶、金属工具等金属制品
		玻璃。适宜回收利用的各类废玻璃杯、玻璃瓶、镜子等玻璃制品
		织物。适宜回收利用的各类废旧衣物、穿戴用品、床上用品、布艺用品等纺织物
2	有害垃圾	灯管。居民日常生活中产生的废荧光灯管、废温度计、废血压计、电子类危险废物等
		家用化学品。居民日常生活中产生的废药品及其包装物、废杀虫剂和消毒剂及其包装物、废油漆和溶剂及其包装物、废矿物油及其包装物、废胶片及废相纸等
		电池。居民日常生活中产生的废镍镉电池和氧化汞电池等
3	厨余垃圾	家庭厨余垃圾。居民家庭日常生活中产生的菜帮、菜叶、瓜果皮壳、剩菜剩饭、废弃食物等易腐性垃圾
		餐厨垃圾。相关企业和公共机构在食品加工、饮食服务、单位供餐等活动中，产生的食物残渣、食品加工废物和废弃食用油脂等
		其他厨余垃圾。农贸市场、农产品批发市场产生的蔬菜瓜果垃圾、腐肉、肉碎骨、水产品、畜禽内脏等
4	其他垃圾	除可回收物、有害垃圾、厨余垃圾外的生活垃圾

在实践中，各地可根据当地情况进一步细化分类标准，制定生活垃圾分类指导目录，详细说明分类类别、分类内容、投放要求等信息，引导居民科学地开展生活垃圾分类。例如，《浙江省生活垃圾管理条例》明确规定，省住房和城乡建设主管部门应当会同省有关部门制定并发布生活垃圾分类指导目录；设区的市人民政府可以根据指导目录，结合本地区实际情况细化分类类别。浙江省住房和城乡建设厅印发的《浙江省生活垃圾分类指导目录》（浙建城〔2021〕27 号），结合省情对可回收物、易腐垃圾、有害垃圾、其他垃圾作了细化分类，并列举对应的常见实物。

（四）有害垃圾

《生活垃圾分类制度实施方案》（国办发〔2017〕26 号）明确提出，必须将有害垃圾作为强制分类的类别之一。《固废法》并未对有害垃圾给出明确的定义。根据《关于进一步推进生活垃圾分类工作的若干意见》（建城〔2020〕93 号），有害垃圾是指生活垃圾中的有毒有害物质，主要包括：废电池（镉镍电池、氧化汞电池、铅蓄电池等），废荧光灯管（日光灯管、节能灯等），废温度计，废血压计，废药品及其包装物，废油漆、溶剂及其包装物，废杀虫剂、消毒剂及其包装物，废胶片及废相纸等。

《固废法》第五十条规定，从生活垃圾中分类并集中收集的有害垃圾，属于危险废物的，应当按照危险废物管理。有害垃圾不必然是危险废物，但大部分有害垃圾都属于危险废物。属于危险废物的有害垃圾，应当执行危险废物的管理规定，包括各项危险废物管理制度、标准、技术规范等。根据《国家危险废物名录》（2021 年版）的规定，对生活垃圾中的危险废物实行豁免管理：生活垃圾中的危险废物在未分类收集的情况下，全过程不按危险废物进行管理；如将其分类收集，且符合豁免条件（按照各市、县生活垃圾分类要求，纳入生活垃圾分类收集体系进行分类收集，且运输工具和暂存场所满足分类收集体系要求），从分类投放点收集转移到所设定的集中贮存点的收集过程不按危险废物管理，但其运输、贮存、处置等环节，仍需按危险废物进行管理。

（五）可回收物回收与“两网融合”

生活垃圾中的可回收物主要包括废纸、废塑料、废金属、废包装物、废旧纺织物、废弃电器电子产品、废玻璃、废纸塑铝复合包装等。再生资源来自生活源、工业源和农业源等多个渠道，生活垃圾中的可回收物是再生资源的重要来源。《固废法》第五十三条规定，县级以上地方人民政府应当加强生活垃圾分类收运体系和再生资源回收体系在规划、建设、运营等方面的融合。

生活垃圾分类收运体系和再生资源回收体系密不可分。生活垃圾分类的主要目的之一就是资源化，可回收物的回收利用是生活垃圾资源化的重点方向。再生资源回收行业在我国起步较早，在计划经济时期，全国就已经建立了物资和供销合作社的废旧物资回收两大体系。从2006年开始，商务部就开展了再生资源回收体系建设试点工作，前后共有3批共90个城市被列为试点。充分利用我国现有的再生资源回收体系，可以有效提升生活垃圾分类回收利用的数量和质量。《固废法》第五十三条规定的“融合”，就是通常所说的生活垃圾分类体系和再生资源回收体系“两网融合”。融合是相互交融，是彼此靠拢。一方面，环卫系统在生活垃圾分类体系的规划、建设、运营过程中，要充分利用现有的再生资源回收体系。《固废法》第四十五条规定，县级以上地方人民政府有关部门应当统筹规划，合理安排回收、分拣、打包网点，促进生活垃圾的回收利用工作。本条中的“回收、分拣、打包网点”就是服务于生活垃圾中可回收物的投放、收集、分拣、打包的场所及设施。另一方面，再生资源回收体系也应当提标升级，符合国家有关环境保护和环境卫生管理的规定。在推动再生资源回收体系升级改造方面，商务部发布《再生资源回收站点建设管理规范》（SB/T 10719—2012），规定了再生资源回收站点的性质、功能、设立原则、建设标准和经营管理要求；发布《再生资源绿色分拣中心建设管理规范》（SB/T 10720—2021），关注分拣中心的环保要求，对分拣中心的废水处理、降噪、废气排放、防尘、危险废物和一般工业固废的管理进行了分别规范。

（六）生活垃圾分类宣传教育

生活垃圾分类工作涉及千家万户，人人都是生活垃圾的产生者，也是生活垃圾分类的受益者。生活垃圾分类需要所有的单位、家庭和个人都参与进来，宣传和教育工作尤为重要。《固废法》第四十三条规定，各级人民政府及其有关部门应当组织开展生活垃圾分类宣传，教育、引导公众养成生活垃圾分类习惯，督促和指导生活垃圾分类工作。生活垃圾分类要从娃娃抓起，大力培育青少年儿童的分类意识，使之进一步转化为行动自觉。《固废法》第十一条规定，学校应当开展生活垃圾分类以及其他固体废物污染环境防治知识普及和教育。

二、生活垃圾处理收费制度

《固废法》第五十八条规定，县级以上地方人民政府应当按照产生者付费原则，建立生活垃圾处理收费制度，制定生活垃圾处理收费标准。生活垃圾处理费应当专项用于生活垃圾的收集、运输和处理等，不得挪作他用。

（一）生活垃圾处理收费的原理

《固废法》第五条确立了固体废物污染担责的原则，产生固体废物的单位和个人，应当采取措施，防止或者减少固体废物对环境的污染。生活垃圾的产生者负有生活垃圾的环境治理义务，但生活垃圾的产生者涉及千家万户，不可能也不必要每个产生者都直接履行这项义务。通过建立生活垃圾处理收费制度，生活垃圾的产生者向地方政府支付一定的费用，将其本应直接履行的行为义务转化为财产义务，既解决了产生的治理责任问题，也降低了生活垃圾分散治理带来的环境风险。因此，生活垃圾处理收费制度和生产者责任延伸制度一样，都是固体废物产生者责任不同形式的体现。

（二）生活垃圾处理收费的性质

《固废法》第五十八条规定的生活垃圾处理收费，在行政法上属于行政征收。行政征收是指行政主体凭借国家行政权，根据国家和社会公共利益的需要，依法向行政相对人强制性征集一定数额金钱和实物的行政行为。行政征收包括征税和征费，征税和征费存在以下几点区别。

（1）征收的主体不同。“税”是由税务机关或者海关依照税法的规定强制征收的，如个人取得收入应当依法缴纳个人所得税，进出口货物应当依法缴纳关税等。“费”则是由国家某些行政部门或者事业单位收取的，如公安、民政和卫生等管理部门，为颁发证、照、簿、册而收取的工本费、手续费、化验费及各种管理费等。

（2）征收的性质不同。税收是国家凭借政治权力，以税法为依据，强制性无偿地取得财政收入的一种手段。“费”则是国家某些行政部门为了向社会提供特定服务而收取的，征费是一种有偿行为。

（3）款项的用途不同。纳税人缴纳的各种税款由政府统一支配，列入中央预算和地方预算统一安排、使用。而“费”则不然，它是国家行政机关为满足特别的行政支出而作出的安排，大多数都不列入国家预算，不由政府统一支配。

征费包括行政事业性收费和经营服务性收费。行政事业性收费是指国家机关、事业单位、代行政府职能的社会团体及其他组织根据法律法规等有关规定，依照国务院规定程序批准，在实施社会公共管理，以及在向公民、法人和其他组织提供特定公共服务过程中，向特定对象收取的费用。经营服务性收费是指向社会提供场所、设施或技术、知识、信息、体力劳动，包括代替服务等经营服务行为，依据物价部门收费许可的收费。

根据《关于实行城市生活垃圾处理收费制度促进垃圾处理产业化的通知》（计价格〔2002〕872 号）的规定，环境卫生企业收取的生活垃圾处理费为经营服务性收费，目前垃圾处理费仍按行政事业性收费管理的，应创造条件，结合环境卫生体制改革，尽快向经营服务性收费转变。从《全国性及中央部门和单位行政事业性收费目录清单》《政府定价的经营服务性收费目录清单（2022 版）》来看，目前生活垃圾处理收费的性质属于二者兼而有之，北京、上海等地的生活垃圾收费属于政府定价的经营服务性收费，安徽等地的生活垃圾收费则属于行政事业性收费。

（三）生活垃圾处理收费的标准

按照行政事业性收费管理的垃圾处理费，必须执行《行政事业性收费标准管理办法》的规定。行政事业性收费标准实行中央和省两级审批制度。未列入行政事业性收费目录清单的收费项目，一律不得审批收费标准。垃圾处理费是中央设立的行政事业性收费项目，经国务院批准，已列入《全国性及中央部门和单位行政事业性收费目录清单》，所收费用缴入地方国库。按照《行政事业性收费标准管理办法》的规定，地域成本差异较大的全国或者区域（跨省、自治区、直辖市）范围内实施的收费标准，国务院价格、财政部门可以授权省级政府价格、财政部门审批。对于生活垃圾处理费纳入行政事业性收费管理的地方，《固废法》第五十八条规定的“县级以上地方人民政府”是指省级人民政府，应当由省级政府价格、财政部门审批生活垃圾处理收费标准，省以下地方人民政府没有相关权限。

按照经营服务性收费管理的生活垃圾处理费，根据《关于实行城市生活垃圾处理收费制度促进垃圾处理产业化的通知》（计价格〔2002〕872 号），垃圾处理费收费标准由城市人民政府价格主管部门会同建设（环境卫生）行政主管部门制定，报城市人民政府批准执行，并报省级价格、建设行政主管部门备案。对于生活垃圾处理费纳入经营服务性收费管理的地方，《固废法》第五十八条规定的“县级以上地方人民政府”是指市级人民政府。

2020 年，国家发展改革委、住房和城乡建设部、生态环境部印发《城镇生活垃圾分类和处理设施补短板强弱项实施方案》（发改环资〔2020〕1257 号），要求县级以上地方人民政府应当按照产生者付费原则，建立生活垃圾收费制度，合理制定垃圾处理收费标准，加大征收力度；对非居民用户，推行计量收费，并实行分类垃圾与混合垃圾差别化收费，提高混合垃圾收费标准；鼓励各地结合垃圾分类对居民用户生活垃圾实行差别化收费，探索开展计量收费，促进生活垃圾减量。

《关于进一步推进生活垃圾分类工作的若干意见》（建城〔2020〕93 号）提出，县级以上地方人民政府应当按照产生者付费原则，建立生活垃圾处理收费制度。制定生活垃圾处理收费标准要根据本地实际，结合生活垃圾分类情况，体现分类计价、计量收费等差别化管理，并充分征求公众意见。有条件的地方探索提高混合垃圾收费标准，积极促进生活垃圾减量。

《关于创新和完善促进绿色发展价格机制的意见》（发改价格规〔2018〕943 号）要求，完善城镇生活垃圾分类和减量化激励机制。积极推进城镇生活垃圾处理收费方式改革，对非居民用户推行垃圾计量收费，并实行分类垃圾与混合垃圾差别化收费等政策，提高混合垃圾收费标准；对具备条件的居民用户，实行计量收费和差别化收费，加快推进垃圾分类。

（四）生活垃圾处理收费的使用

征费不同于征税，征收的费用通常用于特定支出，实行“收支两条线”管理。因此，《固废法》第五十八条规定生活垃圾处理费必须专款专用。

生活垃圾处理费资金使用范围通常包括：垃圾填埋场、垃圾转运设施等垃圾处理设施建设、运营管理和维护；垃圾清扫、收集、转运等环节的相关费用；生活垃圾处理费收取工作；等等。

三、生活垃圾处理设施

（一）生活垃圾处理设施建设的责任主体

要做好生活垃圾污染环境防治工作，必须具备系统的生活垃圾投放、收集、运输、处理设施。不同类型的设施对应不同的责任主体。

《固废法》第五十三条规定，从事城市新区开发、旧区改建和住宅小区开发建设、村镇建设的单位，以及机场、码头、车站、公园、商场、体育场馆等公共设施、场所的经营管理单位，应当按照国家有关环境卫生的规定，配套建设生活垃圾收集设施。本条规定的收集设施是指住宅小区、公共设施和场所等内部的收集设施，包括投放设施在内。因此，建设生活垃圾投放设施的责任主体是开发建设单位或经营单位，而非地方政府。

《固废法》第四十五条规定，县级以上人民政府应当统筹安排建设城乡生活垃圾收集、运输、处理设施，逐步建立和完善生活垃圾污染环境防治的社会服务体系。生活垃圾收集、运输、处理设施，不同于投放设施，具有服务社会的公益属性，属于社会公共事务的范畴。因此，本条规定生活垃圾收集、运输、处理设施的建设主体是县级以上人民政府，主要是城市一级政府。本条中的生活垃圾“收集设施”一般包括收集点、收集站、水域垃圾收集设施等；生活垃圾“运输设施”一般指停车场、转运站、转运码头（泊位）等；生活垃圾“处理设施”一般包括卫生填埋场、焚烧厂、堆肥设施、厌氧消化设施等。

（二）生活垃圾处理设施建设的基本原则

《固废法》确立了生活垃圾处理设施建设的以下几项原则。

统筹规划原则。《固废法》第四十五条规定，县级以上人民政府应当统筹安排建设城乡生活垃圾收集、运输、处理设施，确定设施厂址。加强城镇生活垃圾处理设施建设的系统谋划，完善城市、县城、建制镇的生活垃圾收集、运输和处理体系，避免无序建设、低效建设和重复建设，必须坚持统筹规划原则。当前社会发展形势变化加快，各类社会矛盾复杂交织；群众的环境权益意识不断高涨，对美好环境的需求与期望不断提升。近年来，“邻避”事件爆发环节不断前移，部分垃圾焚烧项目在选址阶段即发生“邻避”事件。为统筹解决此类问题，做好环境风险和社会风险防范工作，《固废法》第九十二条规定，国务院有关部门、县级以上地方人民政府及其有关部门在编制国土空间规划和相关专项规划时，应当统筹生活垃圾、建筑垃圾、危险废物等固体废物转运、集中处置等设施建设需求，保障转运、集中处置等设施用地。地方政府在编制国土空间规划和相关规划时，应当统筹生活垃圾处理设施建设需求，保障生活垃圾处理设施用地。

共建共享原则。《固废法》第八条规定，省、自治区、直辖市之间可以协商建立跨行政区域固体废物污染环境的联防联控机制，统筹规划制定、设施建设等工作。第五十五条第二款进一步规定，鼓励相邻地区统筹生活垃圾处理设施建设，促进生活垃圾处理设施跨行政区域共建共享。共建共享生活垃圾处理设施，是《固废法》确立的联防联控机制的一个具体体现。我国生活垃圾处理水平发展不平衡，在空间地域上存在很大差异，东部地区由于经济发展水平高、投入力度大，生活垃圾处理设施数量相对较多，处理率较高，而经济欠发达地区，受财力限制，生活垃圾处理设施数量相对较少，生活垃圾处理水平较低。尤其对于偏远的交界地区，通过共建共享生活垃圾处理设施，可以更加高效地配置资源，防范长距离运输生活垃圾带来的环境风险隐患。2017 年，住房和城乡建设部、环境保护部联合发布的《关于规范城市生活垃圾跨界清运处理的通知》（建城〔2017〕108 号）提出，加快推进垃圾处理设施一体化建设和网络化运营，鼓励生活垃圾处理设施共建共享，提高设施利用效率，扩大服务覆盖面。《“十四五”城镇生活垃圾分类和处理设施发展规划》（发改环资〔2021〕642 号）明确提出，不具备建设规模化垃圾焚烧处理设施条件的地区，可通过跨区域共建共享方式建设焚烧处理设施；鼓励相邻地区统筹生活垃圾处理设施建设，促进生活垃圾处理设施跨行政区域共建共享。

市场导向原则。《固废法》第四十五条规定，县级以上人民政府应当促进生活垃圾收集、处理的产业化发展，逐步建立和完善生活垃圾污染环境防治的社会服务体系。推进生活垃圾处理产业化，必须充分发挥市场在资源配置中的决定性作用，健全市场机制，加大政策引导和支持力度，激发各类市场主体活力，破除不合理壁垒，规范垃圾处理第三方服务市场行为，着力促进行业自律，营造良好的市场环境。早在 2002 年，国家计委印发《关于实行城市生活垃圾处理收费制度促进垃圾处理产业化的通知》（计价格〔2002〕872 号），要求改革垃圾处理运行机制，促进垃圾处理产业化，通过引入竞争机制，推动垃圾处理单位应实行政企、政事分开。

（三）生活垃圾处理设施的环境监测要求

近年来，我国生活垃圾逐步形成以填埋、焚烧发电为主的处理方式。为推动垃圾焚烧等处置设施高标准建设、高水平运营和达标排放，相关部门在实际工作中探索出很多有效举措。针对生活垃圾焚烧过程存在的污染物排放超标等问题，2017年，环境保护部印发《关于生活垃圾焚烧厂安装污染物排放自动监控设备和联网有关事项的通知》，组织全国垃圾焚烧企业全面开展“装、树、联”3 项任务，即依法依规安装污染物排放自动监测设备、厂区门口树立电子显示屏实时公布污染物排放和焚烧炉运行数据、自动监测设备与环保部门联网。在推动垃圾焚烧发电行业实施“装、树、联”的基础上，2019 年生态环境部印发《生活垃圾焚烧发电厂自动监测数据应用管理规定》（生态环境部令　第 10 号），进一步规范生活垃圾焚烧发电厂自动监测数据使用，推动生活垃圾焚烧发电厂达标排放。

《固废法》第五十六条规定，生活垃圾处理单位应当按照国家有关规定，安装使用监测设备，实时监测污染物的排放情况，将污染排放数据实时公开。监测设备应当与所在地生态环境主管部门的监控设备联网。本条针对“装、树、联”等在实践中证明行之有效的举措，通过国家法律的方式固定下来，并进一步扩张相关义务主体范围。按照本条要求，不仅生活垃圾焚烧单位，采取填埋、堆肥等方式处理生活垃圾的单位也应当履行监测义务。生活垃圾处理单位安装使用监测设备，这是监测污染物排放、实现信息公开、推动社会监督的必要前提。实时监测污染物的排放情况，将污染排放数据实时公开，这就要求生活垃圾处理单位在安装监测设备之后，必须投入运行，同时要在厂区门口树立信息公示牌、公开数据信息。与此同时，监测设备应当与所在地生态环境主管部门的监控设备联网，确保监管部门能够及时掌握生活垃圾处理企业的污染物排放信息。

（四）关闭、闲置或者拆除生活垃圾处理设施核准

生活垃圾的处理，无论是填埋、焚烧、堆肥还是回收利用，都离不开各种设施、场所。这些设施、场所一旦关闭、闲置或拆除，就意味着生活垃圾处理过程的结束。《固废法》第五十五条第三款规定，禁止擅自关闭、闲置或者拆除生活垃圾处理设施、场所；确有必要关闭、闲置或者拆除的，应当经所在地的市、县级人民政府环境卫生主管部门商所在地生态环境主管部门同意后核准，并采取防止污染环境的措施。

为了防止造成生活垃圾随意倾倒、堆放、贮存等造成环境污染，原则上，对各种生活垃圾的处理设施、场所是禁止关闭、闲置或者拆除的。这里所说的关闭，是指封闭生活垃圾处理设施、场所，使其不再继续运行；闲置，是指将生活垃圾处理设施、场所处在空闲的状态，不运行或不正常运行；拆除，是指将生活垃圾处理设施、场所整体或其核心部件拆毁，使其在空间、地理和实物上都不再存在或不能正常运行和使用。上述 3 种行为，都是法律所禁止的。

如果确有必要，关闭、闲置或者拆除生活垃圾处理设施、场所，应该经过核准。本款规定属于行政许可，许可机关是所在地的市、县级人民政府环境卫生主管部门，而非生态环境主管部门。有关单位拟关闭、闲置或拆除生活垃圾处理设施、场所的，应向所在地环境卫生主管部门提出申请，经环境卫生主

管部门协商生态环境部门同意后，方可关闭、闲置或拆除。《城市生活垃圾管理办法》（建设部令　第157号）规定，确有必要关闭、闲置或者拆除的，必须经所在地县级以上地方人民政府建设（环境卫生）主管部门和环境保护主管部门核准。此处规定的许可机关是环境卫生主管部门和环境保护主管部门，这与《固废法》的规定并不一致。考虑到《固废法》是上位法且是新法，应当优先适用《固废法》的规定。关于本项许可的许可条件，《固废法》并未作出具体规定。至于何为“确有必要”，实践中存在不同情形，应当由地方立法作出具体规定。

应当注意的是，即便经过核准以后，可以关闭、闲置或者拆除生活垃圾处理设施、场所，但还有一项义务不能忽略，即采取防止污染环境的措施。例如，生活垃圾填埋场终止运行后，要进行封场处理和生态环境恢复，封场系统应包括气体导排层、防渗层、雨水导排层、最终覆土层、植被层。

四、生活垃圾清扫、收集、运输和处理经营许可

《固废法》第四十八条规定，县级以上地方人民政府环境卫生等主管部门应当组织对城乡生活垃圾进行清扫、收集、运输和处理，可以通过招标等方式选择具备条件的单位从事生活垃圾的清扫、收集、运输和处理。

（一）生活垃圾清扫、收集、运输和处理的主管部门

《固废法》第九条规定，国务院生态环境主管部门对全国固体废物污染环境防治工作实施统一监督管理。国务院发展改革、工业和信息化、自然资源、住房城乡建设、交通运输、农业农村、商务、卫生健康、海关等主管部门在各自职责范围内负责

固体废物污染环境防治的监督管理工作。本条规定确立了生态环境主管部门统一监督管理、其他有关部门分别监督管理的体制。具体对于生活垃圾而言，《固废法》第四十八条进一步明确，由环境卫生等主管部门负责组织对城乡生活垃圾进行清扫、收集、运输和处理，这是对第九条规定的具体细化。在国家层面，环境卫生管理职责属于住房和城乡建设部；但在地方层面，由于体制改革等众多因素的影响，各地环境卫生管理职责归属部门不一，有的属于城市管理和综合执法局，有的属于绿化和市容管理局。

（二）生活垃圾清扫、收集、运输和处理经营许可

《固废法》并未针对生活垃圾清扫、收集、运输和处理设定行政许可，但国务院以决定的方式设定了行政许可。《行政许可法》第十四条规定，必要时，国务院可以采用发布决定的方式设定行政许可。2004 年，国务院以第 412 号令公布了《国务院对确需保留的行政审批项目设定行政许可的决定》，并于 2016 年作了修订。其中第一百零二条规定，从事城市生活垃圾经营性清扫、收集、运输、处理服务由所在城市的市人民政府市容环境卫生行政主管部门审批。《国务院办公厅关于全面实行行政许可事项清单管理的通知》（国办发〔2022〕2 号）公布了《法律、行政法规、国务院决定设定的行政许可事项清单》（2022 年版），再次确认了城市生活垃圾经营性清扫、收集、运输、处理服务审批的行政许可性质。《城市生活垃圾管理办法》（建设部令　第 157 号）规定，从事城市生活垃圾经营性清扫、收集、运输、处置的企业，应当取得城市生活垃圾经营性清扫、收集、运输、处置服务许可证；直辖市、市、县建设（环境卫生）主

管部门应当通过招投标等公平竞争方式作出城市生活垃圾经营性清扫、收集、运输、处置许可的决定，向中标人颁发城市生活垃圾经营性清扫、收集、运输、处置服务许可证；直辖市、市、县建设（环境卫生）主管部门应当与中标人签订城市生活垃圾清扫、收集、运输、处置经营协议，明确约定经营期限、服务标准等内容，并作为城市生活垃圾经营性清扫、收集、运输、处置服务许可证的附件。

第四十八条规定不仅涉及行政许可，还涉及特许经营。《市政公用事业特许经营管理办法》（建设部令　第126号）对生活垃圾处理等行业实施特许经营作了具体规定。从地方实践来看，有些地方将取得政府的特性经营权协议作为该项行政许可的申请材料之一。例如，东莞市城市管理和综合执法局公开的《从事城市生活垃圾经营性处理服务审批办事指南》显示，申请材料必须具备特许经营协议或相关生活垃圾经营性处理服务合同文件。

五、生活垃圾地方立法

生活垃圾管理工作是一项复杂的系统工程，不仅需要明确目标、导向和原则，也需要根据实际情况提出具体的工作措施。《固废法》在对生活垃圾作出原则性规定的基础上，更注重发挥地方的积极性，给地方因地制宜确定管理措施留有空间。《固废法》第五十九条规定，省、自治区、直辖市和设区的市、自治州可以结合实际，制定本地方生活垃圾具体管理办法。

《立法法》第七十二条规定，设区的市的人民代表大会及其常务委员会根据本市的具体情况和实际需要，在不同宪法、法律、行政法规和本省、自治区的地方性法规相抵触的前提下，可以对城乡建设与管理、环境保护、历史文化保护等方面的事项制定地方性法规；自治州的人民代表大会及其常务委员会可以依照本条第二款规定行使设区的市制定地方性法规的职权。因此，《固废法》第五十九条规定地方立法的主体既包括省、自治区、直辖市，也包括设区的市、自治州。还应当注意的是，第五十九条要求“制定本地方生活垃圾具体管理办法”，并未限定在“地方性法规”。因此，既可以由地方人大出台生活垃圾的地方性法规，也可以由地方人民政府制定地方政府规章。截至2022 年 2 月，全国共有 16 个省份出台了 21 部生活垃圾的地方性法规和规章，在设区的市级层面，共出台地方性法规 62 部、地方政府规章 48 部。其中，46 个重点城市全部出台了垃圾分类相关的地方性法规或地方政府规章。

第二节　农村生活垃圾

农村生活垃圾管理的特别规定

随着农村经济的发展和农民生活水平的提高，农村生活垃圾的构成发生了显著的变化，组分也不再“单纯”。一是增加了大量报废的塑料、玻璃、废纸、砖瓦等难以降解的废物；二是垃圾中出现了盛装农药、洗涤剂、油漆等有毒有害物质的包装物；三是在一些经济发达地区农村，餐厨垃圾等家庭有机垃圾大量增加。由于农村生活垃圾处理方式和处理能力较为落后，村民相关环保意识和专业知识相对缺乏，在很多地方农村生活垃圾已经造成比较严重的环境问题和卫生问题。《固废法》第四十六条第一款规定，地方各级人民政府应当加强农村生活垃圾污染环境的防治，保护和改善农村人居环境。

（一）农村生活垃圾与农业固体废物

农村生活垃圾是指在农村地区产生的生活垃圾，其来源仍然是日常生活中或者为日常生活提供服务的活动。农业固体废物虽然很多也是在农村地区产生，但其来源是农业生产活动。因此，农村生活垃圾和农业固体废物在来源、内容、性质上属于两类固体废物。就法律适用而言，农村生活垃圾适用《固废法》第四章的规定，农业固体废物适用《固废法》第五章的规定。

（二）农村生活垃圾治理是农村人居环境改善的重要内容

我国是传统的农业大国，农业、农村和农民问题，始终是关系我国经济和社会发展全局的重大问题。改善农村人居环境，是实施乡村振兴战略的重点任务，事关广大农民根本福祉，事关农民群众健康，事关美丽中国建设。农村生活垃圾治理是农村人居环境改善的重要内容，也是农村人居环境整治的顽疾。农村生活垃圾存在数量大、不集中、回收体系尚不完善、处理技术落后等诸多问题。《固废法》第四十六条规定强调，地方各级政府必须从统筹推进城乡人居环境整治的角度出发，抓好农村生活垃圾污染环境防治工作。

2017 年以来，党中央、国务院及有关部门相继印发了《中共中央 国务院关于实施乡村振兴战略的意见》《农村人居环境整治提升五年行动方案（2021—2025 年）》《农业农村污染治理攻坚战行动方案（2021—2025 年）》（环土壤〔2022〕8 号）、《关于建立健全农村生活垃圾收集、转运和处置体系的指导意见》（建村规〔2019〕8号）等相关政策文件，为推进农村生活垃圾治理、改善农村人居环境提出了相关要求和指明了方向。农村生活垃圾处理技术规范和标准体系也在不断健全，《农村生活垃圾处理导则》（GB/T 37066—2018）、《农村生活垃圾收运和处理技术标准》（GB/T 51435—2021）等发布实施，规定了农村生活垃圾分类投放与收集、运输、处理和运行管理的基本要求，对农村生活垃圾处理技术路径、农村生活垃圾处理工艺技术分类作出了相关规定。

（三）城乡统筹是生活垃圾治理的基本原则

《固废法》第六条规定，生活垃圾分类坚持政府推动、全民参与、城乡统筹、因地制宜、简便易行的原则。第四十六条第二款进一步规定，城乡接合部、人口密集的农村地区和其他有条件的地方，应当建立城乡一体的生活垃圾管理系统。“城乡接合部”是指接近或者毗邻城市，并具有某些城市化特征的城市和乡村地区的过渡地带、城市边缘地区、城乡结合地或者城乡交错带。“人口密集的农村地区”是指人员居住相对集中、人口密度接近或者超过全国县城建成区平均人口密度的农村地区。“其他有条件的地方”是指与城市生活垃圾特性相近，具备生活垃圾处理设施、集中处理经济效益较优、技术工艺可行、环境污染治理成本低，地方自主确定纳入城乡生活垃圾统筹的农村地区。对于上述地区，应当按照城乡一体的原则，推进生活垃圾收集、运输、处理等设施统筹谋划、统一管护运营，加快实现城乡人居环境基础设施共建共享、互联互通。建立城乡一体的生活垃圾管理系统，即生活垃圾以“村集中、镇转运、县处理”或“村集中、镇转运、区清运、市处理”的模式纳入城镇生活垃圾处理系统进行处理。

（四）分类施策是农村生活垃圾治理的必然要求

农村生活垃圾和城市生活垃圾相比，无论是组成成分还是处理方式都有不同特点。我国农村各地区的经济状况相差很大，各地的生活条件又有极大的差别，产生的垃圾种类和数量也有很大的不同，各地区要结合当地的实际情况，制定适合本地区的垃圾处理措施，因地制宜地采取“分类、分片、分级”处理模式，源头分类减量后，区分近郊、远郊、偏远村庄，因地制宜地采取农村生活垃圾处理模式。因此，《固废法》第四十六条第二款规定，除城乡接合部、人口密集的农村地区和其他有条件的地方之外，其他农村地区应当因地制宜，就近就地利用或者妥善处理生活垃圾。这也是第六条生活垃圾“因地制宜”原则的一个具体体现。《农村人居环境整治提升五年行动方案（2021—2025年）》明确提出，根据当地实际完善农村生活垃圾收集、转运、处置设施和模式，因地制宜采用小型化、分散化的无害化处理方式，降低收集、转运、处置设施建设和运行成本；以乡镇或行政村为单位建设一批区域农村有机废弃物综合处置利用设施，探索就地就近处理和资源化利用的路径。

第三节 厨余垃圾

厨余垃圾管理的特别规定

我国饮食服务业、单位食堂以及家庭等每天都产生大量厨余垃圾。推动厨余垃圾减量化、资源化、无害化，不仅是环境治理的重要内容，也是解决厨余垃圾引发的食品安全问题的根本性措施。

（一）厨余垃圾的概念及分类

《固废法》并未定义厨余垃圾，依据 2019 年新修订的《生活垃圾分类标志》（GB/T 19095），厨余垃圾是指易腐烂的、含有机质的生活垃圾，包括家庭厨余垃圾、餐厨垃圾和其他厨余垃圾等。家庭厨余垃圾是指居民家庭日常生活过程中产生的菜帮、菜叶、瓜果皮壳、剩菜剩饭、废弃食物等易腐性垃圾；餐厨垃圾是指相关企业和公共机构在食品加工、饮食服务、单位供餐等活动中，产生的食物残渣、食品加工废料和废弃食用油脂等；其他厨余垃圾是指农贸市场、农产品批发市场产生的蔬菜瓜果垃圾、腐肉、肉碎骨、水产品、畜禽内脏等。

易腐垃圾是我国生活垃圾分类的种类之一，按照《关于在全国地级及以上城市全面开展生活垃圾分类工作的通知》（建城〔2019〕56 号），易腐垃圾主要包括：餐厨垃圾；厨余垃圾；农贸市场、农产品批发市场产生的蔬菜瓜果垃圾、腐肉、肉碎骨、蛋壳、畜禽产品内脏等。可见，易腐垃圾和厨余垃圾的内涵基本一致。

家庭厨余垃圾和餐厨垃圾的责任主体较为明确，其产生者负有法定的强制投放义务。其他厨余垃圾是在农贸市场、农产品批发市场等公共场所产生，市场中的经营者、市场的管理者、环境卫生部门均负有不同的义务。《固废法》第五十二条规定，农贸市场、农产品批发市场等应当加强环境卫生管理，保持环境卫生清洁，对所产生的垃圾及时清扫、分类收集、妥善处理。

这是对市场管理者提出的要求，市场管理者应当做好内部的生活垃圾清扫、收集、分类等工作，其目的是做好与外部环境卫生系统的衔接。

（二）厨余垃圾的监督管理部门

《固废法》第五十七条规定，县级以上地方人民政府环境卫生主管部门负责组织开展厨余垃圾资源化、无害化处理工作。这是关于厨余垃圾监督管理职责的规定。厨余垃圾是生活垃圾中的一类，环境卫生主管部门作为生活垃圾的监督管理部门，应当对厨余垃圾负有监督管理责任。环境卫生主管部门组织开展厨余垃圾资源化、无害化处理工作，同样可以依照《固废法》第四十八条的规定，通过招标等方式选择具备条件的单位从事厨余垃圾的清扫、收集、运输和处理。

（三）厨余垃圾的管理要求

厨余垃圾容易腐烂变质，产生恶臭，如处理不当，会影响城市环境卫生和食品安全。《固废法》第五十七条第二款规定，产生、收集厨余垃圾的单位和其他生产经营者，应当将厨余垃圾交由具备相应资质条件的单位进行无害化处理。这里的“资质”是指“生活垃圾清扫、收集、运输和处理经营许可”。厨余垃圾属于生活垃圾，应当执行生活垃圾的相关法律规定，处理厨余垃圾同样需要取得生活垃圾清扫、收集、运输和处理经营许可。早在 2010 年，国务院办公厅印发的《关于加强地沟油整治和餐厨废弃物管理的意见》（国办发〔2010〕36 号）明确要求，各地要制定和完善餐厨废弃物管理办法，禁止将餐厨废弃物交给未经相关部门许可或备案的餐厨废弃物收运、处置单位或个人处理。部分城市以地方性法规或地方政府规章的形式，明确本地的厨余垃圾处理许可具体规定。例如，《绥化市餐厨废弃物管理条例》第十五条规定，从事餐厨废弃物收集、运输、处置项目经营的市场准入，实行特许经营制度。县级以上人民政府市容环境卫生主管部门应当按照法定程序通过招标等公平竞争的方式作出餐厨废弃物经营性收集、运输、处置许可的决定，向中标单位颁发许可证件，并向社会公布。

《固废法》第五十七条第二款规定的义务主体包括厨余垃圾的产生者和收集者。对于宾馆食堂等单位产生的厨余垃圾，如果是不经收集直接交由处理单位进行处理，则厨余垃圾的产生者应当履行该项义务；对于家庭等产生的厨余垃圾，则应当由厨余垃圾的收集单位履行该项义务。

厨余垃圾具有明显的资源特性和污染物特性，通过规范化管理，可从源头上治理用“地沟油”加工食用油的非法行为，避免将厨余垃圾直接作为饲料进入食物链的问题。《固废法》第五十七条第三款规定，禁止畜禽养殖场、养殖小区利用未经无害化处理的厨余垃圾饲喂畜禽。这是从食品安全的角度提出的禁止性规定。住房和城乡建设部发布的《餐厨垃圾处理技术规范》对厨余垃圾饲料化处理作出了多项规定，其中明确要求：①选择饲料化作为主处理工艺的厨余垃圾处理，应考虑对霉变厨余垃圾的无害化处理措施；②厨余垃圾在进入饲料化处理前，应对其进行检测，发生霉变的厨余垃圾及过期变质食品不得进入饲料化处理系统；③厨余垃圾饲料化处理必须设置病原菌杀灭工艺；④对于含有动物蛋白成分的厨余垃圾，其饲料化处理工艺应设置生物转化环节，不得生产反刍动物饲料。

第五章　建筑垃圾和农业固体废物等

我国城镇化已进入中后期发展阶段，但“大量建设、大量消耗、大量排放”的开发建设方式尚未根本转变，建筑垃圾产生量居高不下。据专家测算，全国城市建筑垃圾年产生量在20亿吨左右，几乎是生活垃圾产生量的10倍。我国农业固体废物具有量大面广、性质复杂的特性，是固体废物的重要组成部分。当前，一些地区农业面源污染严重，农业固体废物污染环境防治短板依然突出，给乡村生态环境治理和农业高质量发展造成较大压力。

《固废法》修订之后，专门增设一章规定建筑垃圾和农业固体废物等污染环境防治要求。在建筑垃圾方面，明确由环境卫生主管部门负责建筑垃圾污染环境防治，提出建立建筑垃圾分类处理制度、建筑垃圾处理方案备案制度、建筑垃圾全过程管理制度等。在农业固体废物方面，明确农业农村部门牵头指导农业固体废物回收利用、配合有关部门做好监督管理的职责，强调农业固体废物产生者的回收利用义务。除此之外，针对废弃包装物、废弃一次性塑料制品、污水污泥等社会关注的焦点问题，《固废法》也在第五章作出相应规定。

第一节　建筑垃圾

建筑垃圾产生量大、消纳困难、乱堆乱放的现象时有发生，是造成“垃圾围城”的一个重要根源。2018 年，生态环境部开展了长江经济带 11 省市沿江沿岸固体废物大排查和“清废行动 2018”专项执法行动，“清废行动 2018”挂牌督办的 1 308 个突出问题中 1 304 个完成整改，比例达 99.7%。这 1 308 个问题点位中涉及建筑垃圾点位 339 个、混合垃圾点位（多为建筑垃圾和生活垃圾混合）345 个。

一、建筑垃圾分类处理制度

《固废法》第六十条第一款规定，县级以上地方人民政府应当加强建筑垃圾污染环境的防治，建立建筑垃圾分类处理制度。

（一）建筑垃圾的分类

《建筑垃圾处理技术标准》（CJJ/T 134—2019）将建筑垃圾分为 5 类，即工程渣土、工程泥浆、工程垃圾、拆除垃圾和装修垃圾。工程渣土是指各类建筑物、构筑物、管网等基础开挖过程中产生的弃土。工程泥浆是指钻孔桩基施工、地下连续墙施工、泥水盾构施工、水平定向钻及泥水顶管等施工产生的泥浆。工程垃圾是指各类建筑物、构筑物等建设过程中产生的弃料。拆除垃圾是指各类建筑物、构筑物等拆除过程中产生的弃料。装修垃圾是指装饰装修房屋过程中产生的废弃物。

（二）建筑垃圾分类的意义

上述分类并非从建筑垃圾管理工作需要出发作出的分类。《固废法》第六十条规定的建筑垃圾分类处理制度，其分类的目的在于推进建筑垃圾处理。《建筑垃圾处理技术标准》（CJJ/T 134—2019）对建筑垃圾分类处理提出了具体技术要求。建筑垃圾应从源头分类，按照工程渣土、工程泥浆、工程垃圾、拆除垃圾和装修垃圾，分类收集、分类运输、分类处理处置。工程渣土、工程泥浆、工程垃圾和拆除垃圾应优先就地利用，工程渣土和工程泥浆约占建筑垃圾总量的 75%，这两类建筑垃圾可用于土方平衡和回填，在工程建设领域需求量大；拆除垃圾约占建筑垃圾总量的 20%，成分主要是砖石、混凝土和少量钢筋、木材等物料，可在施工现场就地利用或分选拆解后再生利用。拆除垃圾和装修垃圾宜按金属、木材、塑料、其他等分类收集、分类运输、分类处理处置。

二、建筑垃圾污染环境防治工作规划

《固废法》第六十条第二款规定，县级以上地方人民政府应当制定包括源头减量、分类处理、消纳设施和场所布局及建设等在内的建筑垃圾污染环境防治工作规划。

（一）建筑垃圾污染环境防治规划的内容

消纳设施选址难、落地难是当前建筑垃圾处理面临的难题之一。一些城市建筑垃圾末端处理能力不足，没有正规的消纳场所，“建筑垃圾乱堆乱放”问题突出，甚至侵占道路、农田堆放。《固废法》第六十二条规定，县级以上地方人民政府环境卫生主管部门应当加强建筑垃圾处置设施、场所建设，保障处置安全，防止污染环境。因此，建筑垃圾污染环境防治工作规划的首要任务，就是解决建筑垃圾消纳设施建设的问题。但是，本条规定的规划，其定位仍然是污染环境防治，而不是简单的治理工作规划；其对象是面向建筑垃圾产生、收集、运输、贮存、利用、处置全过程，而不是简单地针对某个环节。建筑垃圾污染环境防治工作规划应当从建筑垃圾减量化、资源化、无害化出发，围绕设施建设、制度建设、体制机制建设等方面，面向建筑垃圾产生、收集、运输、贮存、利用、处置全过程设定任务和目标。

《固废法》第六十条涉及的“消纳设施”，是一个统称的概念，意思是消解收纳的场所，属于建筑垃圾的专用术语。例如，建筑垃圾资源化处理厂、回填利用的场所、一些临时贮存和长期填埋的场所，都属于建筑垃圾消纳设施。

（二）建筑垃圾污染环境防治规划的实施情况

目前，尚未见发布实施建筑垃圾污染环境防治规划的省市。已有的建筑垃圾相关规划，多为建筑垃圾治理工作规划或建筑垃圾利用发展规划，详见表 5-1。

表 5-1　各地建筑垃圾相关规划

序号	规划层级	发布主体	状态	规划名称
1	省级	湖南省住房和城乡建设厅	正式印发	《湖南省建筑垃圾资源化利用发展规划（2020—2030）》
2	省级	重庆市城市管理局	正式印发	《重庆市城市管理局印发中心城区建筑垃圾专项治理规划（2021—2035）》

序号	规划层级	发布主体	状态	规划名称
3	市级	深圳市住房和建设局	正式印发	《深圳市建筑废弃物治理专项规划（2020—2035）》
4	市级	郴州市城市管理和综合执法局	正式印发	《郴州市建筑垃圾资源化利用规划》
5	市级	南宁市市政园林局	正式印发	《南宁市建筑垃圾治理及资源化利用专项规划（2019—2035）》
6	市级	绵阳市城乡规划局	正式印发	《绵阳中心城区建筑垃圾处理专项规划（2017—2030）》
7	市级	常熟市城市管理局	正式印发	《常熟市城市建筑垃圾处理规划（2015—2030 年）》
8	市级	镇江市城市管理局	正式印发	《镇江市城市建筑垃圾处理规划（2017—2020）》
9	市级	洛阳市城市监察管理局	正式印发	《洛阳市建筑垃圾资源化利用专项规划（2016—2020 年）》
10	市级	启东市城市管理行政执法局	正式印发	《启东市城市建筑垃圾处理规划（2017—2030）》
11	市级	南通市城市管理局	正式印发	《南通市城市建筑垃圾处理规划（2016—2030）》
12	市级	如皋市城市管理局	正式印发	《如皋市城市建筑垃圾处理规划（2017—2030）》

三、建筑垃圾的减量化和资源化

《固废法》第六十一条规定，国家鼓励采用先进技术、工艺、设备和管理措施，推进建筑垃圾源头减量，建立建筑垃圾回收利用体系。县级以上地方人民政府应当推动建筑垃圾综合利用产品应用。

（一）建筑垃圾的源头减量

解决建筑垃圾产生量大、消纳困难的问题，必须从源头上推动建筑垃圾减量化。2020年，住房和城乡建设部印发《关于推进建筑垃圾减量化的指导意见》（建质〔2020〕46号），从开展绿色策划、实施绿色设计、推广绿色施工等3个方面，提出有效减少工程建设过程建筑垃圾产生和排放的任务措施，建立健全建筑垃圾减量化工作机制，加强建筑垃圾源头管控，推动工程建设生产组织模式转变。为指导施工现场建筑垃圾减量化工作，住房和城乡建设部组织编制了《施工现场建筑垃圾减量化指导手册（试行）》（建办质〔2020〕20号）和《施工现场建筑垃圾减量化指导图册》（建办质函〔2020〕505号），从施工现场建筑垃圾减量化专项方案的编制、施工现场建筑垃圾的源头减量、施工现场建筑垃圾的分类收集与存放、施工现场建筑垃圾的就地处置等方面，提出如何促进建筑垃圾源头减量的具体指导措施。

（二）建筑垃圾的资源化利用

解决建筑垃圾的问题，一方面要抓源头减量防患于未然；另一方面针对已经产生的建筑垃圾，必须大力推进资源化利用。《固废法》第六十一条提出，鼓励建立建筑垃圾回收利用体系。本条的回收利用体系，包含回收和利用两个方面的内容。在回收方面，通过健全统筹协调和全过程监管机制，可以解决建筑垃圾出路不畅的问题。例如，工程渣土在工程建设领域需求量大，但不少地方尚未建立统筹调配机制，无法解决工程渣土产生与利用在时空上不匹配的问题，影响了就地就近利用。在促进建筑垃圾利用方面，工业和信息化部、住房和城乡建设部制定了《建筑垃圾资源化利用行业规范条件（暂行）》和《建筑垃圾资源化利用行业规范条件公告管理暂行办法》（工业和信息化部、住房和城乡建设部公告 2016 年第 71 号），引导建筑垃圾综合利用产业高质量发展，提高建筑垃圾资源化利用水平，先后共计发布了三批符合《建筑垃圾资源化利用行业规范条件》企业名单，共计 13 家企业。

建筑垃圾资源化利用投入大、产出低、投资回报期长，加上鼓励生产和使用再生品的政策体系不健全，再生产品质量标准缺乏，导致再生产品没有价格优势，建筑垃圾制备的再生产品市场认可度低，大众接受度低，市场出路不畅，大规模推广应用困难。因此，《固废法》第六十一条规定县级以上地方人民政府应当推动建筑垃圾综合利用产品应用。例如，将建筑垃圾综合利用产品纳入绿色建材目录和政府采购目录，要求政府投资工程按一定比例强制使用综合利用产品等。

四、工程施工单位的法律义务

（一）工程施工单位的法律地位

在建筑行业，建设单位通常委托工程施工单位开展建筑施工，建设单位是建筑物的所有权人，工程施工单位与建设单位之间存在承揽合同关系。工程施工单位根据合同约定，向建设单位提供施工服务并交付工作成果，建筑垃圾是在工程施工单位提供服务过程中产生的。因此，应当将工程施工单位认定为建筑垃圾的产生者。《固废法》第六十三条即是针对工程施工单位设定的法律义务，工程施工单位在《固废法》上享有固体废物产生者的法律地位。

（二）编制建筑垃圾处理方案并备案

《固废法》第六十三条第一款规定，工程施工单位应当编制建筑垃圾处理方案，采取污染防治措施，并报县级以上地方人民政府环境卫生主管部门备案。关于建筑垃圾处理方案的内容以及备案的程序，在国家层面目前尚未出台配套规定进一步明确。

部分地方以地方性法规的形式对建筑垃圾处理方案的内容提出要求。例如，《深圳市建筑废弃物减排与利用条例》第二十一条规定，新建工程项目的建筑废弃物减排及处理方案应当包括以下内容：（1）工程名称、建筑面积、地点；（2）建设单位、施工单位、监理单位、运输单位的名称及其法定代表人姓名；（3）建筑废弃物的种类、数量；（4）建筑废弃物减量措施、现场分类以及回收利用方案、污染防治措施；（5）建筑废弃物的运输路线、受纳场所。拆除工程项目的建筑废弃物减排及处理方案除前款内容外，还应当包括拆除步骤和方法。

《固废法》第六十三条第一款规定的备案，并非行政许可，行政相对人只需告知行政机关即可，无须取得行政机关的同意。但是要注意的是，备案也是一项强制性义务。工程施工单位未编制建筑垃圾处理方案报备案的，由县级以上地方人民政府环境卫生主管部门依据《固废法》第一百一十一条进行处罚。

（三）及时清运建筑垃圾等

《固废法》第六十三条第二款规定，工程施工单位应当及时清运工程施工过程中产生的建筑垃圾等固体废物，并按照环境卫生主管部门的规定进行利用或者处置。新建工程施工中产生的建筑垃圾，以工程渣土、工程泥浆、工程垃圾为主，具备现场综合利用条件的建设工程，应当进行建筑废弃物现场综合利用。现场无法利用的建筑垃圾要及时清运，并按照当地环境卫生主管部门的规定，送至具备相应利用处置能力的设施场所进行综合利用或处置。《城市建筑垃圾管理规定》（建设部令 第139号）第十三条规定，施工单位不得将建筑垃圾交给个人或者未经核准从事建筑垃圾运输的单位运输。

《固废法》第六十三条第三款规定，工程施工单位不得擅自倾倒、抛撒或者堆放工程施工过程中产生的建筑垃圾。本条属于禁止性义务规定，是在建筑垃圾领域对《固废法》第二十条规定的进一步细化。未及时清运施工过程中产生的固体废物的，擅自倾倒、抛撒或者堆放工程施工过程中产生的建筑垃圾，或者未按照规定对施工过程中产生的固体废物进行利用或者处置的，由县级以上地方人民政府环境卫生主管部门依据《固废法》第一百一十一条进行处罚。

五、建筑垃圾全过程管理制度

《固废法》第六十二条规定，县级以上地方人民政府环境卫生主管部门负责建筑垃圾污染环境防治工作，建立建筑垃圾全过程管理制度，规范建筑垃圾产生、收集、贮存、运输、利用、处置行为，推进综合利用，加强建筑垃圾处置设施、场所建设，保障处置安全，防止污染环境。

（一）建筑垃圾的监督管理部门

2010年，中央机构编制委员会办公室印发了《关于建筑垃圾资源化再利用部门职责分工的通知》(中央编办发〔2010〕106号)，明确作出以下规定：住房和城乡建设部为建筑垃圾资源化再利用的主管部门，牵头会同有关部门制定建筑垃圾资源化再利用的整体规划和政策措施，综合协调建筑垃圾资源化再利用工作；制定建筑垃圾集中回收处置的政策措施并监督实施；组织协调建筑垃圾资源化再利用技术创新和示范工程。国家发展改革委负责将建筑垃圾资源化再利用规划纳入循环经济、资源综合利用规划，研究促进建筑垃圾资源化再利用的政策措施，确保政策之间的衔接平衡；安排建筑垃圾资源化再利用重大项目。工业和信息化部负责制定利用建筑垃圾生产建材的政策、标准和产业专项规划，组织开展建筑垃圾资源化再利用技术及装备研发，参与制定产业扶持政策。环境保护部负责制定建筑垃圾污染防治政策、标准和技术规范，对建筑垃圾资源化再利用过程中的环境污染实施监督管理。

在此基础上，《固废法》进一步规定，环境卫生主管部门负责建筑垃圾污染环境防治工作。这表明，在固体废物各个子领域，环境卫生主管部门是生活垃圾（含厨余垃圾）和建筑垃圾污染环境防治的监督管理部门。《城市建筑垃圾管理规定》（建设部令　第139号）规定，国务院建设主管部门负责全国城市建筑垃圾的管理工作。省、自治区建设主管部门负责本行政区域内城市建筑垃圾的管理工作。城市人民政府市容环境卫生主管部门负责本行政区域内建筑垃圾的管理工作。

（二）建筑垃圾全过程管理制度的内涵

固体废物的全过程管理，也称“从摇篮到坟墓”的全生命周期管理，是国际上通行的一条准则。对建筑垃圾实施全过程管理，就必须针对建筑垃圾产生、收集、贮存、运输、利用、处置行为建立相应的管理制度。根据《固废法》第六十二条规定，建筑垃圾全过程管理制度由县级以上地方人民政府环境卫生主管部门负责建立。

在产生环节，《固废法》第六十三条已明确要求，工程施工单位应当编制建筑垃圾处理方案，并报县级以上地方人民政府环境卫生主管部门备案；及时清运工程施工过程中产生的建筑垃圾等固体废物，并按照环境卫生主管部门的规定进行利用或者处置。

在收集运输环节，国家层面尚未提出法定要求，可以通过地方立法加以规定。例如，《深圳市建筑废弃物减排与利用条例》规定，实行建筑废弃物联单管理制度。联单由市主管部门统一制作，一式多联。施工单位应当在建筑废弃物运出工地前如实填写联单内容，经现场工程监理人员签字确认后交运输单位随车携带。建筑废弃物运输车辆进入建筑废弃物受纳场所后，受纳场所管理单位应当核实联单记载事项，并将第一联交回施工单位，将第二联于每月月底前送主管部门。《深圳市建筑废弃物运输和处置管理办法》规定，建筑废弃物运输单位应当依法取得道路货物运输营运资质，按照《道路货物运输及站场管理规定》建立建筑废弃物运输车辆技术档案，并到交通部门办理运输单位及车辆的管理档案备案，取得备案凭证。

在贮存环节，侧重于在技术层面提出相关要求。目前，我国尚未出台专门针对建筑垃圾的污染控制技术标准。下一步，有关部门将在组织开展标准制定研究工作，对包括建筑垃圾贮存在内的行为提出相关技术要求。

在利用环节，同样需要地方立法作出规定。例如，《深圳市建筑废弃物管理办法》规定，综合利用企业消纳建筑废弃物前，应当持下列材料向区建设主管部门备案：土地使用文件；生态环境部门的批准文件；具有建筑废弃物分类利用的方案和生产工艺，配备与企业经营规模相适应的密闭化生产、消防、污染防治等设施设备的相关材料；厂区出入口路面实行硬底化、设置车辆自动识别系统的相关材料；建筑废弃物消纳量及消纳周期核算的相关材料；健全的企业运营、安全、卫生、质量管理制度材料；法律、法规、规章规定的其他材料。建筑废弃物综合利用产品实行产品认定制度。综合利用产品的生产和使用经第三方机构认定符合产品质量标准、应用技术规程等规定的，由市建设主管部门按照规定列入综合利用产品目录，并向社会公布。

在处置环节，《国务院对确需保留的行政审批项目设定行政许可的决定》第一百零一条规定，城市建筑垃圾处置需经城市人民政府市容环境卫生行政主管部门核准。《城市建筑垃圾管理规定》（建设部令　第 139 号）第七条规定，处置建筑垃圾的单位，应当向城市人民政府市容环境卫生主管部门提出申请，获得城市建筑垃圾处置核准后，方可处置。

第二节　农业固体废物

农业固体废物的管理要求

我国农村地区环保基础设施薄弱，农业固体废物处理处置存在一些问题和困难，畜禽粪污还没有得到有效处理和利用，局部地区“白色污染”问题严重，农药包装废弃物缺乏收集处理渠道，上述问题成为农业面源污染、黑臭水体和农村环境问题的重要源头。农业固体废物的处理处置，既是解决农村环境问题工作的关键一环，也是推动农业绿色发展的重要方面。

（一）农业固体废物的监督管理部门

做好固体废物污染环境防治工作，需要相关部门加强协调配合，同时也需要明确职责分工，在各自职责范围内加强监督管理。按照《固废法》第九条确立的生态环境主管部门统一监督管理、其他有关部门分别监督管理的原则，第六十四条进一步明确，农业农村主管部门作为农业固体废物污染环境防治的监督管理部门，指导农业固体废物回收利用体系建设，加强收集、贮存、运输、利用、处置农业固体废物的监督管理。

提升农业固体废物回收再利用水平，必须建立政府引导、企业主体、农户参与的回收利用体系。农业农村部通过开展秸秆、农膜回收试点示范，推进农业固体废物回收体系建设，鼓励和引导有关单位和其他生产经营者依法收集、贮存、运输、利用、处置农业固体废物。农业农村部会同工业和信息化、生态环境、市场监管等部门联合出台《农用薄膜管理办法》（农业农村部令 2020 年第 4 号），构建了全链条监管体系，加强农用薄膜使用控制，落实各主体回收废弃农膜的法律责任。农业农村部联合生态环境部印发《农药包装废弃物回收处理管理办法》（农业农村部令 2020 年第 6 号），对农药包装废弃物的贮存、运输和处置等活动进行规范。

（二）农业固体废物产生者的法律义务

《固废法》第五条规定，固体废物污染环境防治坚持污染担责的原则。产生、收集、贮存、运输、利用、处置固体废物的单位和个人，应当采取措施，防止或者减少固体废物对环境的污染，对所造成的环境污染依法承担责任。第六十五条进一步规定，产生秸秆、废弃农用薄膜、农药包装废弃物等农业固体废物的单位和其他生产经营者，应当采取回收利用和其他防止污染环境的措施。这是污染担责原则在农业固体废物领域的具体体现。农业固体废物的产生者多为农民或农业生产单位，污染环境防治意识较为薄弱，抓好农业固体废物的产生源头监管至关重要。

《固废法》第六十五条第二款规定，从事畜禽规模养殖应当按照国家有关规定收集、贮存、利用或者处置养殖过程中产生的畜禽粪污，防止污染环境。本款针对畜禽规模养殖者设定了产生者义务，即必须按照规定收集、贮存、利用或者处置养殖过程中产生的畜禽粪污。这里所指的“国家有关规定”包括2013 年国务院发布《畜禽规模养殖污染防治条例》（国务院令第 643 号）等配套法规规章。从事畜禽规模养殖未及时收集、贮存、利用或者处置养殖过程中产生的畜禽粪污等固体废物的，由生态环境主管部门依据《固废法》第一百零七条进行处罚。注意，此类违法行为的处罚机关为生态环境主管部门，而非农业农村主管部门。

（三）农药包装废弃物的管理要求

农业农村部出台的《农药包装废弃物回收处理管理办法》（农业农村部令 2020 年第 6 号）规定，农药生产者、经营者应当按照“谁生产、经营，谁回收”的原则，履行相应的农药包装废弃物回收义务。农药生产者、经营者可以协商确定农药包装废弃物回收义务的具体履行方式。农药经营者应当在其经营场所设立农药包装废弃物回收装置，不得拒收其销售农药的包装废弃物。农药生产者、经营者应当采取有效措施，引导农药使用者及时交回农药包装废弃物。

农药包装废弃物既是农业固体废物，也是危险废物，应当执行危险废物污染环境防治的特别规定。《国家危险废物名录》（2021 年版）（生态环境部令　第 15 号）将农药包装废弃物纳入"危险废物豁免管理清单"，在满足豁免条件的前提下，可以在收集、运输、利用、处置环节对危险废物实施豁免管理，即有条件地不执行危险废物相关管理要求。

第三节　产品类废物

一、生产者责任延伸制度

2016 年，国务院办公厅印发《生产者责任延伸制度推行方案》（国办发〔2016〕99 号），率先确定对电器电子、汽车、铅酸蓄电池和包装物等 4 类产品实施生产者责任延伸制度，加快建立生产者责任延伸的制度框架，不断完善配套政策法规体系，逐步形成责任明确、规范有序、监管有力的激励约束机制，通过开展产品生态设计、使用再生原料、保障废弃产品规范回收利用和安全处置、加强信息公开等，推动生产企业切实落实资源环境责任，提高产品的综合竞争力和资源环境效益，提升生态文明建设水平。

（一）生产者责任延伸制度的原理

《固废法》第六十六条规定，国家建立电器电子、铅蓄电池、车用动力电池等产品的生产者责任延伸制度。本条确立了生产者责任延伸制度的法律地位。生产者责任延伸制度是指将生产者对其产品承担的资源环境责任从生产环节延伸到产品设计、流通消费、回收利用、废物处置等全生命周期的制度。与污染担责原则强调污染责任人对环境污染承担责任不同，生产者延伸制度强调生产者在产品的生命周期内承担环境责任。

生产者承担产品废弃后的回收、利用、处置等责任，实际上是在代为履行消费者作为产生者的治理义务。通常生产者会以直接或间接的方式向消费者收取一定的费用，以支付代为履行治理义务的成本。因此，生产者责任延伸制度，其背后的原理仍然是产生者责任的一个变相体现，产生者将其行为义务转化为财产义务。注意，应当区分生产者与产生者的概念。生产者是指产品的产生者，也包括产品的销售者、进口者。产生者是废物的产生者，对于产品类废物而言，通常是指产品的消费者。生产者履行义务的方式包括直接履行和间接履行，生产者可以自行回收、利用产品类废物，也可以委托第三方回收、利用产品类废物。

（二）产品的生态设计

《固废法》第六十六条第三款规定，国家鼓励产品的生产者开展生态设计，促进资源回收利用。生态设计是按照全生命周期的理念，在产品设计开发阶段系统考虑原材料选用、生产、销售、使用、回收、处理等各个环节对资源环境造成的影响，力求产品在全生命周期中最大限度降低资源消耗、尽可能少用或不用含有有毒有害物质的原材料，减少污染物产生和排放，从而实现生态环境保护的活动。生态设计是落实生产者责任延伸制度的要求。推行工业产品生态设计可以使企业在产品设计阶段就综合考虑污染预防措施，采用合理的结构和功能设计，选择绿色环保原材料和易于拆解、利用的部件，从而更好地履行产品回收、利用和最终处置的责任，实现经济效益、环境效益和社会效益的最大化，把生产者责任延伸制度落到实处。

（三）废弃电器电子产品等回收体系

《固废法》第六十六条第二款规定，电器电子、铅蓄电池、车用动力电池等产品的生产者应当按照规定以自建或者委托等方式建立与产品销售量相匹配的废旧产品回收体系。按照本款规定，生产者可以自行建立也可以委托建立回收体系，这是生产者责任延伸制度的具体体现。电器电子产品主要对应纳入《废弃电器电子产品回收处理管理条例》管理范围的产品，包括电视机、电冰箱、洗衣机、空气调节器及微型计算机等。铅蓄电池包括作为启动电池、动力电池、工业电池等用途的各类铅蓄电池。车用动力电池也称车用动力蓄电池，是指为新能源汽车动力系统提供能量的蓄电池，由蓄电池包（组）及蓄电池管理系统组成，包括锂离子动力蓄电池、金属氢化物/镍动力蓄电池等，不含铅蓄电池。

针对废弃电器电子产品，《固废法》第六十七条第一款进一步规定，国家对废弃电器电子产品等实行多渠道回收和集中处理制度。《废弃电器电子产品回收处理管理条例》（国务院令　第551 号）第十一条提出，国家鼓励电器电子产品生产者自行或者委托销售者、维修机构、售后服务机构、废弃电器电子产品回收经营者回收废弃电器电子产品。第十四条规定，国家鼓励处理企业与相关电器电子产品生产者、销售者以及废弃电器电子产品回收经营者等建立长期合作关系，回收处理废弃电器电子产品。生产者直接建立回收体系的尚为少数，更多的是通过基金的方式，利用市场回收体系回收废弃电器电子产品。根据《废弃电器电子产品处理基金征收使用管理办法》(财综〔2012〕34 号）的规定，电器电子产品生产者、进口者应当按照规定缴纳基金，用于废弃电器电子产品回收处理费用补贴。通过建立废弃电器电子产品处理基金的方式，可以实现产生者委托建立回收体系的目的。

针对废铅蓄电池，生态环境部印发了《废铅蓄电池污染防治行动方案》(环办固体〔2019〕3 号）、《铅蓄电池生产企业集中收集和跨区域转运制度试点工作方案》(环办固体〔2019〕5 号)，完善废铅蓄电池收集体系，开展废铅蓄电池集中收集和跨区域转运制度试点，推动试点地区形成铅蓄电池领域的生产者责任延伸制度体系。

针对废动力电池，工业和信息化部联合相关部门制定《新能源汽车动力蓄电池回收利用管理暂行办法》(工信部联节〔2018〕43 号)，提出了汽车生产企业建立动力蓄电池回收渠道的有关规定，要求汽车生产企业建立回收服务网点，负责收集废旧动力蓄电池，集中贮存并移交至与其协议合作的相关企业；鼓励汽车生产企业、电池生产企业、报废汽车回收拆解企业与综合利用企业等通过多种形式，合作共建、共用废旧动力蓄电池回收渠道。

（四）废弃电器电子产品拆解管理要求

《固废法》第六十七条第三款规定，拆解、利用、处置废弃电器电子产品、废弃机动车船等，应当遵守有关法律法规的规定，采取防止污染环境的措施。针对废弃电器电子产品，我国先后出台了《废弃电器电子产品回收处理管理条例》（国务院令　第551号）、《废弃电器电子产品处理资格许可管理办法》（环境保护部令　第13号）、《电子废物污染环境防治管理办法》（国家环境保护总局令　第40号），明确对废弃电器电子产品处理实行资格许可制度，设区的市级人民政府生态环境部门审批废弃电器电子产品处理企业资格。目前，全国已建成100余家废弃电器电子产品处理企业，对废弃电器电子产品进行集中处理。

（五）废弃机动车船拆解管理要求

《固废法》第六十七条第二款规定，禁止将废弃机动车船等交由不符合规定条件的企业或者个人回收、拆解。新修订的《报废机动车回收管理办法》（国务院令　第715号）第五条规定，国家对报废机动车回收企业实行资质认定制度；未经资质认定，任何单位或者个人不得从事报废机动车回收活动；国家鼓励机动车生产企业从事报废机动车回收活动；机动车生产企业按照国家有关规定承担生产者责任。按照上述规定，机动车所有人应当向公安机关提出申请，并将报废机动车送交资质企业进行拆解。报废机动车回收企业对回收的报废机动车，应当向机动车所有人出具《报废机动车回收证明》，收回机动车登记证书、号牌、行驶证，并按照国家有关规定及时向公安机关交通管理部门办理注销登记，将注销证明转交机动车所有人。

对于报废机动车拆解，《报废机动车回收管理办法》（国务院令　第 715 号）进一步提高环境保护门槛，要求企业在存储拆解场地、设备设施、拆解操作规范等方面符合环境保护相关要求。回收、拆解报废机动车应当具备以下规定条件：具有企业法人资格；具有符合环境保护等有关法律、法规和强制性标准要求的存储、拆解场地，拆解设备、设施以及拆解操作规范；具有与报废机动车拆解活动相适应的专业技术人员。2020 年，商务部印发《报废机动车回收管理办法实施细则》（商务部令 2020 年第 2 号），进一步规范报废机动车回收拆解活动，加强报废机动车回收拆解行业管理。在技术层面，商务部印发《报废机动车回收拆解企业技术规范》（GB 22128—2019），规定了报废机动车回收、贮存和拆解的技术要求；生态环境部修订《报废机动车拆解企业污染控制技术规范》（HJ 348—2022），进一步强化报废机动车拆解的全过程污染控制技术要求。

国务院发布的《防止拆船污染环境管理条例》（2017 年修订）要求，拆船单位必须配备或者设置防止拆船污染必需的拦油装置、废油接收设备、含油污水接收处理设施或者设备、废弃物回收处置场等，并经批准环境影响报告书（表）的环境保护部门验收合格，发给验收合格证后，方可进船拆解。2009 年国务院发布的《防治船舶污染海洋环境管理条例》要求，从事船舶拆解的单位在船舶拆解作业前，应当对船舶上的残余物和废弃物进行处置，将油舱（柜）中的存油驳出，进行船舶清舱、洗舱、测爆等工作；从事船舶拆解的单位应当及时清理船舶拆解现场，并按照国家有关规定处理船舶拆解产生的污染物；禁止采取冲滩方式进行船舶拆解作业。

二、废弃包装物的管理要求

过度包装治理工作贯穿生产、流通、消费、回收的全过程，涉及发展改革委、工业和信息化、商务、生态环境、市场监督管理等多个主管部门。《固废法》第六十八条共计五款，分别从包装物的生产、流通、消费以及回收环节，作出不同的规定。

（一）废弃包装物的源头减量

随着电商行业的迅速发展，废弃包装物已经成为城市生活垃圾增量的主要因素。纸包装、塑料包装、金属包装、玻璃包装、复合包装是主要包装类别，也是废弃包装物的主要来源，由于各类包装材料的特性不同，其回收利用方式以及利用率也不同。降低废弃包装物在回收利用过程中的环境影响，限制过度包装是必然选择。《固废法》第六十八条第二款规定，生产经营者应当遵守限制商品过度包装的强制性标准，避免过度包装。县级以上地方人民政府市场监督管理部门和有关部门应当按照各自职责，加强对过度包装的监督管理。避免过度包装，有一套行之有效的技术标准是前提。第六十八条第一款规定，国务院标准化主管部门应当根据国家经济和技术条件、固体废物污染环境防治状况以及产品的技术要求，组织制定有关标准。2009 年，国务院办公厅印发《国务院办公厅关于治理商品过度包装工作的通知》（国办发〔2009〕5 号），强调治理商品过度包装要从源头抓起，有关部门要抓紧制定完善标准、法规和政策，禁止生产、销售过度包装商品，引导企业在包装设计和生产环节中减少资源消耗，降低废弃物产生，方便包装物回收再利用。在这方面，我国已经出台了《限制商品过度包装　通则》

（GB/T 31268—2014），对限制商品过度包装提出了通用性要求，另外还专门针对食品和化妆品制定了专项标准《限制商品过度包装要求　食品和化妆品》（GB 23350—2009），规范了 31 类食品、16 类化妆品的包装要求。

按照《固废法》的规定，限制商品过度包装的标准属于强制性标准，生产经营必须履行这项法定义务。生产经营者未遵守限制商品过度包装的强制性标准的，由县级以上地方人民政府市场监督管理部门或者有关部门依据《固废法》第一百零五条进行处罚。为加强对限制过度包装的监督管理，《固废法》第六十八条明确市场监督管理等部门负有监督管理责任，并且法律赋予了其对该项违法行为的处罚权。综上所述，限制过度包装标准的制定与执行，其权限主要集中在市场监督管理部门。

（二）包装物的使用和回收要求

《固废法》第六十八条第四款规定，电子商务、快递、外卖等行业应当优先采用可重复使用、易回收利用的包装物，优化物品包装，减少包装物的使用，并积极回收利用包装物；县级以上地方人民政府商务、邮政等主管部门应当加强监督管理。限制过度包装，是对生产经营者提出的要求，重点在产品生产环节，对应的监管部门是市场监督管理部门；减少包装物使用、回收利用包装物，是对电子商务、快递、外卖等行业提出的要求，重点在产品流通环节，对应的监管部门是商务、邮政主管部门。国务院办公厅转发国家发展改革委等部门《关于加快推进快递包装绿色转型的意见》（国办函〔2020〕115 号），要求有关部门推动电子商务、邮政快递等行业管理法律法规与《固废法》有效衔接，进一步明确市场主体法律责任和政府监管责任，加快形成有利于完善快递包装治理的法律法规体系。

在快递领域，国家邮政局制定出台了《邮件快件包装管理办法》（交通运输部令　2021 年第 1 号）：一是明确了邮件快件包装管理的总体要求，包括寄递企业总部统一管理责任、包装使用总体要求、关联产业协同、产学研合作、行业自律等。二是明确了包装选用要求，包括建立实施包装物管理制度、按规定使用环保材料、包装减量化措施等事项。三是细化了包装操作要求，包括操作规范制定、从业人员培训、包装操作方法、包装回收再利用等内容。四是细化了监督管理规定，包括邮政管理部门重点检查内容、具体检查措施、建立包装编码及溯源管理制度，以及组织评估、信用管理，举报处理等。同时，国家邮政局配套制定了《邮件快件绿色包装规范》（国邮发〔2020〕47 号），针对不同的邮件快件包装类别，明确了具体的操作要求，并鼓励寄递企业深化探索创新，强化产学研衔接，推广应用可循环包装，促进绿色产品、技术和模式在行业的应用，提升自动化、信息化和智能化运营水平。

在电子商务领域，商务部印发了《关于推动电子商务企业绿色发展工作的通知》（商办电函〔2021〕4 号），要求协同推进快递包装绿色供应链管理，鼓励电商企业通过产地直采、原装直发、聚单直发等模式，减少快递包装用量。引导电商企业与商品生产企业合作，设计应用满足快递物流配送需求的商品包装，减少商品在快递环节的二次包装。引导电商企业与快递企业合作，提高包装产品与寄递物品的匹配度，共同落实快递包装相关标准和规范，减少过度包装、随意包装，加大低克重、高强度快递包装纸箱、免胶纸箱用量。鼓励电商企业参与快递包装循环利用新技术、新产品研发并积极推广应用，与快递企业、商业机构、便利店和物业服务企业等创新合作，建立可循环快递包装回收渠道，探索建立上下游衔接、跨平台互认的运营体系。推动生鲜电商企业在同城配送中推广应用可循环配送箱、可复用冷藏式快递箱等。

（三）消费者的义务

《固废法》第六十八条第五款规定，国家鼓励和引导消费者使用绿色包装和减量包装。消费者的选择直接关系到生产和流通环节的行为，关系到废弃包装物的产生。消费者使用绿色包装、减量包装，有利于减少废弃包装物的产生量。考虑到消费者涉及千家万户，本款并未设置强制性法律义务，而是采取了鼓励和引导的方式。国务院办公厅发布的《国务院办公厅关于推进电子商务与快递物流协同发展的意见》（国办发〔2018〕1号）指出，国家发展改革委会同相关部门负责鼓励电子商务平台开展绿色消费活动，提供绿色包装物选择，依不同包装物分类定价，建立积分反馈、绿色信用等机制引导消费者使用绿色包装或减量包装。

（四）产品和包装物强制回收目录

《固废法》第六十八条第三款规定，生产、销售、进口依法被列入强制回收目录的产品和包装物的企业，应当按照国家有关规定对该产品和包装物进行回收。这是生产者责任延伸制度的另一种具体表现形式。《循环经济促进法》第十五条也规定，生产列入强制回收名录的产品或者包装物的企业，必须对废弃的产品或者包装物负责回收；对列入强制回收名录的产品和包装物，消费者应当将废弃的产品或者包装物交给生产者或者其委托回收的销售者或者其他组织；强制回收的产品和包装物的名录及管理办法，由国务院循环经济发展综合管理部门规定。综合两部法律来看，国家发展改革委作为循环经济主管部门，负责制定和实施强制回收目录。强制回收的范围、政策、目标、考核标准以及相关管理办法，需要有关部门制定配套规定予以明确。

三、废弃一次性塑料制品

（一）废弃包装物和废弃一次性塑料制品

包装物和一次性塑料制品是两个不同的概念。包装物是从产品的功能用途出发作出的定义，一次性塑料制品则是针对产品的材质作出的定义，二者在范围上有交叉重合的部分，但不完全相同。包装物的材质不局限于塑料，也包括纸、金属、玻璃等；塑料制品也不完全是用于包装，如塑料吸管、塑料餐具等。

（二）限塑令和禁塑令

2007 年，国务院办公厅印发《关于限制生产销售使用塑料购物袋的通知》，规定自 2008 年 6 月 1 日起，在全国范围内禁止生产、销售、使用超薄塑料袋，并实行塑料袋有偿使用制度，标志着“限塑令”在我国正式实施。十多年来，“限塑令”没有真正落到实处，塑料袋、泡沫盒等没有被限住，违规使用一次性塑料用品的情况较为普遍。使用塑料袋面广、量多，监管部门由于没有明确的法律依据，监管和执法都存在障碍。《固废法》第六十九条第一款规定，国家依法禁止、限制生产、销售和使用不可降解塑料袋等一次性塑料制品。违反本款规定的，由县级以上地方人民政府商务、邮政等主管部门依照《固废法》第一百零六条进行处罚。这是“限塑令”“禁塑令”首次写入法律，为控制一次性塑料制品生产、销售和使用提供了法律依据。

国家发展改革委和生态环境部印发的《国家发展改革委 生态环境部关于进一步加强塑料污染治理的意见》（发改环资〔2020〕80 号）提出，禁止生产和销售厚度小于 0.025 毫米的超薄塑料购物袋、厚度小于 0.01 毫米的聚乙烯农用地膜；禁止以医疗废物为原料制造塑料制品。全面禁止废塑料进口；到 2020 年年底，禁止生产和销售一次性发泡塑料餐具、一次性塑料棉签；禁止生产含塑料微珠的日化产品；到 2022 年年底，禁止销售含塑料微珠的日化产品。

实施好“限塑令”“禁塑令”，需要采取疏堵结合的方式，一方面依靠法律强制手段，另一方面增加替代产品供给。《固废法》第六十九条第三款规定，国家鼓励和引导减少使用、积极回收塑料袋等一次性塑料制品，推广应用可循环、易回收、可降解的替代产品。

（三）一次性塑料制品的使用、回收情况强制报告制度

《固废法》第六十九条第二款规定，商品零售场所开办单位、电子商务平台企业和快递企业、外卖企业应当按照国家有关规定向商务、邮政等主管部门报告塑料袋等一次性塑料制品的使用、回收情况。强制报告制度涉及 4 类主体：商品零售场所是指向消费者提供零售服务的各类超市、商场、集贸市场；电子商务平台企业是指在电子商务中为交易双方或者多方提供网络经营场所、交易撮合、信息发布等服务，供交易双方或者多方

独立开展交易活动的企业；外卖企业是指通过电子商务平台等方式提供外卖服务的零售、餐饮企业；快递企业是指从事快递业务经营的企业。其中，商品零售场所开办单位、电子商务平台企业、外卖企业属于商务部门主管，信息报告执行《商务领域一次性塑料制品使用、回收报告办法（试行）》（商务部公告2020年第61号）；快递企业属于邮政部门主管，信息报告执行《邮政业生态环境保护工作信息报告规定（试行）》（国邮发〔2022〕26号）。

按照《商务领域一次性塑料制品使用、回收报告办法（试行）》（商务部公告 2020年第61号）的规定，电子商务平台企业、跨区域经营的商品零售场所开办单位、外卖企业，由企业总部向所在地县级商务主管部门报告整体情况，初次报告期为2020年7月1日—12月31日，市场主体报告情况在报告期结束后的30日内完成。按照《邮政业生态环境保护工作信息报告规定（试行）》（国邮发〔2022〕26号）的规定，各省（区、市）邮政管理局、跨省经营的品牌寄递企业总部应当于每季度首月的25日前向国家邮政局邮政业生态环境保护工作领导小组办公室（市场监管司）报送上季度有关信息。

本款规定的报告是强制性义务，未按照国家有关规定报告塑料袋等一次性塑料制品的使用情况的，由县级以上地方人民政府商务、邮政等主管部门依照《固废法》第一百零六条进行处罚。

（四）一次性用品和一次性办公用品

减少一次性用品，不仅可以减少环境污染，还可以减少对人体健康的危害。《固废法》第七十条第一款规定，旅游、住宿等行业应当按照国家有关规定推行不主动提供一次性用品。本款规定的旅游、住宿等行业提供的一次性用品，主要指宾馆向消费者提供的诸如一次性牙刷、剃须刀等日用品，餐饮服务提供者向消费者提供一次性筷子、快餐盒等，该类用品日常消耗量大且浪费严重，不利于节约资源、降低消耗。要求旅游、住宿等行业按照国家有关规定推行不主动提供一次性用品，目的在于倡导绿色消费，推广可循环、可重复使用的日用品，促进资源的减量化和再利用。需要注意的是，“不主动提供”并非“不得提供”，其要点在于“不主动”，即不能主动配置、设置一次性用品。如果消费者要求仍可提供，但一定要有消费者明确的索要表示。

《固废法》第七十条第二款规定，机关、企业事业单位等的办公场所应当使用有利于保护环境的产品、设备和设施，减少使用一次性办公用品。2019 年，国家发展改革委印发的《绿色生活创建行动总体方案》（发改环资〔2019〕1696 号）将节约型机关创建行动作为创建内容之一，以县级及以上党政机关作为创建对象，要求加大政府绿色采购力度，带头采购更多节能、节水、环保、再生等绿色产品；推行绿色办公，使用循环再生办公用品，推进无纸化办公。

第四节　城镇污水污泥

城镇污水污泥的管理要求

“十一五”以来，随着城镇污水处理设施建设的步伐加快，我国污水处理能力显著提高的同时，污泥产生量也急剧增加，污泥污染环境防治压力逐渐显现。污泥处理处置是污水处理工作的延续，是污水处理环境效益的保障。然而，受“重水轻泥”错误思想的影响，一些地方污水污泥违规弃置、乱堆乱放、跨境倾倒、偷倒偷排等违法现象屡见不鲜。污泥处理处置不到位，污水中的污染物重新进入水体或土壤，导致二次污染，在一定程度上影响甚至抵消了污水处理所带来的环境效益。

（一）城镇污水污泥的监督管理部门

按照《固废法》第九条确立的生态环境主管部门统一监督管理、其他有关部门分别监督管理的原则，第七十一条进一步明确，城镇排水主管部门作为城镇污水污泥处理的监督管理部门，负责污泥流向等信息的备案、污泥处理设施规划和建设以及污泥处理经费的征收等工作。“城镇排水”是对部门职责的描述，并非部门的名称。《城镇排水与污水处理条例》规定，国务院住房城乡建设主管部门指导监督全国城镇排水与污水处理工作。在地方层面，具体由哪个部门主管该项工作，各地情况不一，视部门职责分工而定。

（二）城镇污水污泥处理的责任主体

明确责任主体是厘清城镇污水污泥管理体制的重要前提。《固废法》第七十一条第一款明确规定，城镇污水处理设施维护运营单位或者污泥处理单位应当安全处理污泥，保证处理后的污泥符合国家有关标准，从根本上解决了污泥处理问题的责任主体。安全处理污泥应当符合《城镇污水处理厂污泥泥质》（GB 24188）、《城镇污水处理厂污泥处置　土地改良用泥质》（GB/T 24600）、《城镇污水处理厂污泥处置　园林绿化用泥质》

（GB/T 23486）、《城镇污水处理厂污泥处置　农用泥质》（CJ/T 309）、《城镇污水处理厂污泥处置　制砖用泥质》（GB/T 25031）、《城镇污水处理厂污泥处置　单独焚烧用泥质》（GB 24602）、《城镇污水处理厂污泥处置　混合填埋用泥质》（GB/T 23485）等相关规定。

违反《固废法》第七十一条第一款规定，城镇污水处理设施维护运营单位或者污泥处理单位处理后的污泥不符合国家有关标准的，由城镇排水主管部门依据《固废法》第一百零八条进行处罚。

（三）城镇污水污泥跟踪记录和报告制度

《固废法》第七十一条第一款明确规定，城镇污水处理设施维护运营单位或者污泥处理单位应当对污泥的流向、用途、用量等进行跟踪、记录，并报告城镇排水主管部门、生态环境主管部门。这有利于推动建立城镇污水污泥的全过程管理制度，从源头上防范污泥非法倾倒的环境风险。《城镇排水与污水处理条例》第三十条规定，城镇污水处理设施维护运营单位或者污泥处理处置单位应当对产生的污泥以及处理处置后的污泥去向、用途、用量等进行跟踪、记录，并向城镇排水主管部门、生态环境主管部门报告。

违反《固废法》第七十一条第一款规定，城镇污水处理设施维护运营单位或者污泥处理单位对污泥流向、用途、用量等未进行跟踪、记录的，由城镇排水主管部门依据《固废法》第一百零八条进行处罚。

（四）城镇污水污泥处理设施和处理经费

由于历史原因，污泥处置设施建设历史欠账较多，污泥处置能力滞后。污泥缺乏规范消纳渠道，必然容易引起非法倾倒和非法处置的发生。《固废法》第七十一条第二款提出，县级以上人民政府城镇排水主管部门应当将污泥处理设施纳入城镇排水与污水处理规划，推动同步建设污泥处理设施与污水处理设施。这有利于解决长久以来污泥专项规划落地难、污泥处理处置设施不足的问题。

稳定的资金来源是保证污水污泥处理处置设施建设和稳定运行的关键。当前，污水处理费的征收和使用由各地政府具体规定。许多省市都已出台相应的污水处理费征管办法，但除个别省份外，没有考虑到污泥处理处置费用的问题。发达国家的经验表明，污泥处理处置投资占污水处理厂总投资的 50%～70%。现有的污水处理收费标准体系中没有考虑污泥的处理处置成本，从长远来看，十分不利于污泥无害化处理处置行业的健康发展。《固废法》第七十一条第二款提出，污水处理费征收标准和补偿范围应当覆盖污泥处理成本和污水处理设施正常运营成本，对于保障污泥处理处置经费来源意义重大。《城镇排水与污水处理条例》（国务院令　第 641 号）规定，污水处理费应当纳入地方财政预算管理，专项用于城镇污水处理设施的建设、运行和污泥处理处置，不得挪作他用；污水处理费的收费标准不应低于城镇污水处理设施正常运营的成本。《污水处理费征收使用管理办法》（财税〔2014〕15 号）规定，污水处理费的征收标准，按照覆盖污水处理设施正常运营和污泥处理处置成本并合理盈利的原则制定，由县级以上地方价格、财政和排水主管部门提出意见，报同级人民政府批准后执行。

（五）城镇污水污泥的禁止性义务

《固废法》第二十条规定，产生、收集、贮存、运输、利用、处置固体废物的单位和其他生产经营者，不得擅自倾倒、堆放、丢弃、遗撒固体废物。第七十二条第一款规定，禁止擅自倾倒、堆放、丢弃、遗撒城镇污水处理设施产生的污泥和处理后的污泥。这是对第二十条的进一步具化落实。违反第七十二条第一款规定，擅自倾倒、堆放、丢弃、遗撒城镇污水处理设施产生的污泥和处理后的污泥的，由城镇排水主管部门依据第一百零八条进行处罚。

超标的污泥进入农用地，会导致土壤污染。《土壤污染防治法》第二十八条规定，禁止向农用地排放重金属或者其他有毒有害物质含量超标的污水、污泥。《固废法》第七十二条第二款作出衔接性规定，禁止重金属或者其他有毒有害物质含量超标的污泥进入农用地。《农用污泥污染物控制标准》（GB 4284—2018）规定，农用污泥是指经过无害化处理达标后可用于耕地、园地、牧草地等城镇污水处理厂的污泥产物。污泥产物农用时，根据其污染物的浓度将其分为 A 级和 B 级污泥产物，其污染物浓度限度应满足标准要求。

第五节　实验室固体废物

实验室固体废物的管理要求

随着我国社会经济和科研水平的飞速发展，各种性质以及不同研究内容的实验室种类和数量越来越多，实验室产生的固体废物（特别是危险废物）问题越来越严重。由于实验室固体废物的产生量较小且较为分散，长久以来并未受到足够重视，已经成为一种典型的社会污染源。

（一）实验室固体废物的概念

《固废法》并未定义实验室固体废物。通常而言，实验室固体废物是指实验室从事研究、开发、教学、检测、诊断等活动产生的固体废物，包括废荧光灯管、废药剂、废试剂等，其中有部分属于危险废物。《国家危险废物名录》（2021 年版）将下列废物纳入危险废物，生产、研究、开发、教学、环境检测（监测）活动中，化学和生物实验室（不包含感染性医学实验室及医疗机构化验室）产生的含氰、氟、重金属无机废液及无机废液处理产生的残渣、残液，含矿物油、有机溶剂、甲醛有机废液，废酸、废碱，具有危险特性的残留样品，以及沾染上述物质的一次性实验用品（不包括按实验室管理要求进行清洗后的废弃的烧杯、量器、漏斗等实验室用品）、包装物（不包括按实验室管理要求进行清洗后的试剂包装物、容器）、过滤吸附介质等。

（二）实验室固体废物的分类管理

实验室固体废物来源多、分布广、收集难。部分实验室固体废物属于危险废物，有的实验室危险废物产生者出于处置成本的考虑，擅自委托无危险废物经营许可证的单位处置实验室危险废物，甚至将废液等实验室危险废物倒入下水道进入市政管网，环境风险较大。《固废法》第七十三条规定，各级各类实验室及其设立单位应当加强对实验室产生的固体废物的管理，依法收集、贮存、运输、利用、处置实验室固体废物；实验室固体废物属于危险废物的，应当按照危险废物管理。教育部、中宣部等六部门联合发布的《关于在学校推进生活垃圾分类管理工作的通知》（教发厅〔2018〕2 号）规定，要严格区分实验活动中产生的普通垃圾和有毒有害垃圾；对普通垃圾尽可能做到垃圾资源化；对于有毒有害垃圾，尤其是实验室危险废物，要坚守安全红线、专人管理、重点监控、定时巡查。《北京市危险废物污染环境防治条例》第三十二条规定，设立实验室的企业、学校、科研机构及其他相关单位应当建立健全实验室产生的危险废物管理制度，加强对危险废物的管理，依法收集、贮存、运输、利用、处置实验室危险废物，将危险废物处置费用纳入教学活动、科研项目预算，明确负责实验室危险废物管理的机构或者人员；实验室应当建立危险废物管理台账，危险废物管理人员应当定期对贮存设施、场所进行检查。

根据《固废法》第七十三条的规定，如果实验室废物属于危险废物，应当执行第六章的特别规定。如果实验室固体废物不属于危险废物，则应当根据其产生来源判定其所属废物种类，再执行对应的管理要求。例如，如果是工业企业实验室产生的固体废物，则应当执行本法第三章工业固体废物的有关要求。

第六章　危险废物

危险废物的危险特性较为突出，对生态环境和人体健康的影响尤为显著，必须将其作为防治的重点，比一般的固体废物采取更为严格的管理措施。通过立法对危险废物污染环境防治作出严格规定，是各国控制危险废物污染环境的基本措施和固体废物污染环境防治立法的共同经验和通行惯例，也是有关国际公约的主要内容。

《固废法》第六章是关于危险废物污染环境防治的特别规定。第七十四条规定，危险废物污染环境的防治，适用本章规定；本章未作规定的，适用本法其他有关规定。本条规定具有“例外”条款的作用，决定了本章的“特别法”地位。《立法法》第九十二条规定，同一机关制定的法律、行政法规、地方性法规、自治条例和单行条例、规章，特别规定与一般规定不一致的，适用特别规定。在法律适用上，对于危险废物，其他章节与本章均有规定的，优先适用本章的规定。例如，关于危险废物跨省转移，应当适用第六章第八十二条规定，而不是第二章第二十二条规定。如果其他章节有规定、本章无规定的，应当执行其他章节的规定。例如，第三章第三十七条设定了工业固体废物排污许可制度，工业危险废物同样应当执行。

第一节　危险废物的判定

一、国家危险废物名录

《固废法》第七十五条第一款规定，国务院生态环境主管部门应当会同国务院有关部门制定国家危险废物名录。国家危险废物名录应当动态调整。

（一）国家危险废物名录的历史

1998 年，国家环境保护总局联合国家经贸委、外经贸部、公安部颁布了我国第一部《国家危险废物名录》(1998 年版)(环发〔1998〕089 号)。由于我国危险废物种类繁多、性质复杂、变化频繁，期望一次性解决所有问题并不现实。随着我国固体废物污染特性的基础研究逐步增强，以及危险废物鉴别工作的逐步展开，在保持《国家危险废物名录》基本体系不变的基础上，国务院生态环境等主管部门采取动态修订的方式，先后三次修订《国家危险废物名录》。2008 年，环境保护部联合国家发展改革委颁布了第一次修订的《国家危险废物名录》(2008 年版)(环境保护部令　第 1 号)。2016 年，环境保护部会同国家发展改革委、公安部再次修订发布《国家危险废物名录》(2016 年版)(环境保护部令　第 39 号)。2020 年，生态环境部会同国家发展改革委、公安部、交通运输部、国家卫生健康委发布了第三次修订的《国家危险废物名录》(2021 年版)(生态环境部令　第 15 号)。

（二）国家危险废物名录的内容

《国家危险废物名录》（2021 年版）由正文、附表和附录 3 部分构成。其中，正文规定原则性要求，附表规定具体危险废物种类、名称和危险特性等，附录规定危险废物豁免管理要求。正文部分规定了纳入本名录的原则、相关术语和定义、动态调整机制等内容。附表部分列出了 46 类共计 467 种危险废物，初步形成了我国危险废物三级分类体系。

（三）国家危险废物名录的效力

《固废法》第一百二十四条规定，危险废物是指列入国家危险废物名录或者根据国家规定的危险废物鉴别标准和鉴别方法认定的具有危险特性的固体废物。因此，列入《国家危险废物名录》（2021 年版）的，一定属于危险废物。未列入《国家危险废物名录》（2021 年版）的，不一定不属于危险废物，需要根据国家规定的危险废物鉴别标准和鉴别方法进一步判定。经鉴别具有危险特性的，属于危险废物，应当根据其主要有害成分和危险特性确定所属废物类别，并按代码“900—000—××”（××为危险废物类别代码）进行归类管理。

二、危险废物鉴别

《固废法》第七十五条规定，国务院生态环境主管部门应当规定统一的危险废物鉴别标准、鉴别方法和鉴别单位管理要求。

（一）危险废物鉴别标准

危险废物鉴别标准属于实体层面的技术规定，主要解决什么是危险废物的问题。危险废物鉴别标准包括《危险废物鉴别标准　通则》（GB 5085.7—2019）、《危险废物鉴别标准　毒性物质含量鉴别》（GB 5085.6—2007）、《危险废物鉴别标准　反应性鉴别》（GB 5085.5—2007）、《危险废物鉴别标准　易燃性鉴别》（GB 5085.4—2007）、《危险废物鉴别标准　浸出毒性鉴别》（GB 5085.3—2007）、《危险废物鉴别标准　急性毒性初筛》（GB 5085.2—2007）、《危险废物鉴别标准　腐蚀性鉴别》（GB 5085.1—2007）等 7 个标准。上述标准可分为两类：一类是通则，属于总体性规定，包括危险废物鉴别的流程和判别规则等内容，是危险废物鉴别标准体系的基础；另一类是分则，涉及毒性鉴别（浸出毒性、急性毒性和毒性物质含量鉴别）、反应性鉴别、易燃性鉴别、腐蚀性鉴别，分别针对不同的危险特性界定具体标准。

（二）危险废物鉴别方法

危险废物鉴别方法属于程序层面的技术规定，主要解决如何判定危险废物的问题。目前，我国危险废物鉴别方法标准由 18 个标准组成。其中，《固体废物　浸出毒性浸出方法　翻转法》（GB 5086.1）和《固体废物　浸出毒性浸出方法　水平振荡法》（GB 5086.2）为浸出毒性鉴别标准中各项污染物浸出液制备的浸出方法标准；《固体废物　总汞的测定　冷原子吸收分光光度法》（GB/T 15555.1—1995）、《固体废物　铜、锌、铅、镉的测定　原子吸收分光光度法》（GB/T 15555.2—1995）、《固体废物　砷的测定　二乙基二硫代氨基甲酸银分光光度法》（GB/T 15555.3—1995）、《固体废物　六价铬的测定　二苯碳酰二肼分光光度法》（GB/T 15555.4—1995）、《固体废物　总铬的

测定　二苯碳酰二肼分光光度法》（GB/T 15555.5—1995）、《固体废物　总铬的测定　直接吸入火焰原子吸收分光光度法》（GB/T 15555.6—1995）、《固体废物　六价铬的测定　硫酸亚铁铵滴定法》（GB/T 15555.7—1995）、《固体废物　总铬的测定　硫酸亚铁铵滴定法》（GB/T 15555.8—1995）、《固体废物　镍的测定　直接吸入火焰原子吸收分光光度法》（GB/T 15555.9—1995）、《固体废物　镍的测定　丁二酮肟分光光度法》（GB/T 15555.10—1995）、《固体废物　氟化物的测定　离子选择电极法》（GB/T 15555.11—1995）、《水质　氰化物的测定　第一部分：总氰化物的测定》（GB 7486）、《水质　钡的测定　电位滴定法》（GB/T 14671）和《水质　烷基汞的测定　气相色谱法》（GB/T 14204）共计 14 项标准为浸出毒性鉴别标准中 13 项检测项目的检测方法；《固体废物　腐蚀性测定　玻璃电极法》（GB 15555.12）为测定固体废物腐蚀性的玻璃电极法方法标准；《危险废物鉴别技术规范》（HJ 298—2019）是规范鉴别技术方法的基本准则，规定了样品采集、制样、样品的保存和预处理、样品的检测、检测结果判断等的技术要求。

（三）危险废物鉴别单位

危险废物鉴别单位是实施危险废物鉴别的行为主体，危险废物鉴别单位的能力和水平关系到鉴别工作的质量，关系到鉴别结果的公正性和客观性。长期以来，我国危险废物鉴别机构缺乏统一管理要求，存在鉴别费用高、周期长，鉴别程序和鉴别报告内容不规范，鉴别结论应用不充分等问题，难以支撑危险废物精细化环境管理，也增加了相关企业经营成本。2020 年修订后的《固废法》要求国务院生态环境主管部门应当规定统一的鉴别单位管理要求，这为进一步强化危险废物鉴别机构管理提供了上位法依据。2021年，生态环境部印发《关于加强危险废物鉴别工作的通知》（环办固体函〔2021〕419 号），明确危险废物鉴别单位应当满足以下要求：一是基本要求，包括能够依法独立承担法律责任，对危险废物鉴别报告的真实性、规范性和准确性负责；二是专业技术能力要求，包括配备一定数量全职专业技术人员，设置专业技术负责人等；三是检验检测能力要求，包括取得检验检测机构资质认定资质等；四是组织与管理要求，包括具有完善的组织结构和管理制度，按要求编制鉴别方案和鉴别报告等；五是工作场所要求，包括具备固定的工作场所等；六是档案管理要求，包括健全档案管理制度，建立鉴别报告完整档案等。

《关于加强危险废物鉴别工作的通知》（环办固体函〔2021〕419 号）还对危险废物鉴别结果异议程序作出了规定。任何单位和个人均可对在信息平台公开的危险废物鉴别报告提出异议，提出的异议应与鉴别结论的准确性相关，且理由和依据充分，并提供有关证明材料。对危险废物鉴别报告的评估申请，应通过信息平台向鉴别委托方所在地省级危险废物鉴别专家委员会提出；对省级危险废物鉴别专家委员会评估意见的评估申请，应通过信息平台向国家危险废物鉴别专家委员会提出。

三、危险废物的豁免

（一）豁免的含义

《固废法》第七十五条第二款规定，国务院生态环境主管部门根据危险废物的危害特性和产生数量，科学评估其环境风险，实施分级分类管理。危险废物实施豁免管理，是实现分级分类管理的一个重要措施。

《国家危险废物名录》（2021 年版）第三条规定，列入本名录附录“危险废物豁免管理清单”中的危险废物，在所列的豁免环节，且满足相应的豁免条件时，可以按照豁免内容的规定实行豁免管理。因此，列入《国家危险废物名录》（2021 年版）的，一定属于危险废物，但是不一定按照危险废物进行管理。列入该名录附录“危险废物豁免管理清单”中的危险废物，在所列的豁免环节，且满足相应的豁免条件时，可以按照豁免内容的规定实行豁免管理。“危险废物豁免管理清单”中的固体废物仍属于危险废物，在某些特定条件下免予危险废物管理要求，这并不改变其危险废物的属性。

（二）豁免的适用

环境保护部 2016 年修订发布的《国家危险废物名录》（2016 年版）中，首次增加了“危险废物豁免管理清单”。《国家危险废物名录》（2021 年版）附录“危险废物豁免管理清单”共 29 种危险废物，在《国家危险废物名录》（2016 年版）附录“危险废物豁免管理清单”16 种危险废物的基础上，新增 13 种危险废物。

列入“危险废物豁免管理清单”的危险废物，只有在特定的环节、符合特定的条件，才可以免除其一定的危险废物管理要求。“危险废物豁免管理清单”仅豁免了危险废物在特定环节的部分管理要求，在豁免环节的前后环节，仍应按照危险废物进行管理；且在豁免环节内，可以豁免的内容也仅限于满足所列条件下列明的内容，其他危险废物或者不满足豁免条件的此类危险废物的管理仍须执行危险废物管理的要求。

在满足上述条件前提下，“豁免内容”含义如下：

“全过程不按危险废物管理”：全过程（各管理环节）均豁免，无须执行危险废物环境管理的有关规定。

“收集过程不按危险废物管理”：收集企业不需要持有危险废物收集经营许可证或危险废物综合经营许可证。

“利用过程不按危险废物管理”：利用企业不需要持有危险废物综合经营许可证。

“填埋过程不按危险废物管理”：填埋企业不需要持有危险废物综合经营许可证。

“水泥窑协同处置过程不按危险废物管理”：水泥企业不需要持有危险废物综合经营许可证。

“不按危险废物进行运输”：运输工具可不采用危险货物运输工具。

“转移过程不按危险废物管理”：进行转移活动的运输车辆可不具有危险货物运输资质；转移过程中可不运行危险废物转移联单，但转移活动需事后备案。

四、危险废物的排除

（一）排除的含义

危险废物名录、豁免和排除管理制度是危险废物分级分类管理体系的重要组成部分。由于危险废物的性质、进入环境的数量和方式以及所进入的环境条件不同，其最终的影响或后果也不一样，对环境风险大的危险废物需要采用危险废物名录管理实行优先控制，而对产生量小、分散、风险小的危险废物则可以采用豁免方式进行管理，对明确环境风险是可接受的固体废物采用排除的方式进行管理。注意豁免和排除的不同之处，豁免的危险废物仍然是危险废物，排除的危险废物不属于危险废物；豁免的危险废物是附条件的不按照危险废物管理，排除的危险废物是无条件的不按照危险废物管理。

（二）排除管理清单

为建立危险废物排除管理制度，进一步健全危险废物分级分类管理体系，生态环境部印发《危险废物排除管理清单（2021年版）》（生态环境部公告　2021 年第 66 号），将废弃水基钻井泥浆及岩屑等 6 种固体废物纳入其中。《危险废物排除管理清单（2021 年版）》的制定和后续动态调整均以下列范围的固体废物为重点研究对象：一是《国家危险废物名录》修订过程中直接删除或在《国家危险废物名录》中以“不包括……”方式注明的，但不能直接判定其不再属于危险废物的固体废物；二是危险废物利用处置后需要进一步明确属性的衍生固体废物；三是相关科研机构已开展系统的行业调查研究和环境风险评估的固体废物；四是各地管理尺度不一、但现有鉴别案例表明普遍不具有危险特性的固体废物。

第二节　危险废物管理

一、危险废物识别标志制度

危险废物识别标志制度适用于危险废物产生、收集、贮存、运输、利用、处置各环节。

（一）识别标志的作用

危险废物识别标志是指用文字、图像、色彩等综合形式，表明危险废物的危险特性，以便于识别和分类管制。危险废物不同于一般的固体废物，具有一定的危险性。在实际工作和生活中，对于哪些废物属于危险废物，哪些废物又是普通的固体废物，不具有这方面知识的人是无法识别的，我们普通人只能通过最直观、最容易理解的危险废物识别标志，如文字、图像、色彩分辨出危险废物。设置统一的危险废物识别标志有利于方便和严格管制危险废物，有助于人们远离危险废物，以免造成环境污染、危及人体健康。

（二）识别标志的种类和用途

《固废法》第七十五条第一款规定，国务院生态环境主管部门应当规定统一的危险废物识别标志。《危险废物贮存污染控制标准》（GB 18597—2001）对危险废物标签的内容和图案进行了规定，要求盛装危险废物的容器上必须粘贴符合本标准规定的标签。《环境保护图形标志　固体废物贮存（处置）场》（GB 15562.2—1995）对危险废物的贮存、处置场警告标识图案进行了规定。

《固废法》第七十七条规定，对危险废物的容器和包装物以及收集、贮存、运输、利用、处置危险废物的设施、场所，应当按照规定设置危险废物识别标志。根据本条规定，识别标志主要设置在危险废物的容器与包装物以及设施、场所，其中设施和场所涉及危险废物产生、收集、贮存、运输、利用、处置各个环节。为落实该条法律规定，进一步规范危险废物识别标志的设置，生态环境部组织制定了《危险废物识别标志设置技术规范》（HJ 1276—2022），规定了产生、收集、贮存、利用、处置危险废物单位需设置的危险废物识别标志的分类、内容要求、设置要求和制作方法，适用于危险废物的容器和包装物，以及收集、贮存、利用、处置危险废物的设施、场所使用的环境保护识别标志的设置。

根据危险废物收集、贮存、利用、处置不同环境管理环节中对危险废物识别标志信息需求的不同，以及不同场景下危险废物识别标志设置需求的差异，《危险废物识别标志设置技术规范》（HJ 1276—2022）将危险废物识别标志分为三大类：危险废物标签，危险废物贮存分区标志和危险废物贮存、利用、处置设施标志。危险废物标签是设置在危险废物容器或包装物上的标志，用于警示和标识危险废物，同时也向人们传递危险废物的废物名称、废物代码、主要成分、危险特性、产生日期、产生单位和联系方式等基本信息。危险废物贮存分区标志是设置在危险废物贮存设施内的标志，以平面分布图的形式标注了贮存分区的划分情况和各贮存分区存放的废物种类信息，用于警示相关人员应当按照危险废物特性分区分类贮存危险废物。危险废物贮存、利用、处置设施标志是设置在危险废物相关设施、场所的标志，由警示图形和辅助性文字构成。

《固废法》第八十三条规定，运输危险废物，应当遵守国家有关危险货物运输管理的规定。根据国家有关危险货物运输管理的规定，其运输工具的识别标志按照《道路运输危险货物车辆标志》（GB 13392）和《危险货物包装标志》（GB 190）等执行。

医疗废物作为危险废物中的特殊一类，其识别标志按照《医疗废物专用包装物、容器标准和警示标识规定》（HJ 421）执行。

（三）违法案例解析

2021年，肇庆市生态环境局四会分局执法人员对四会市龙甫镇某公司开展“双随机”执法检查，发现该公司用于贮存危险废物集成灰（HW48）的贮存仓库外，未按照《危险废物贮存污染控制标准》的要求设置危险废物识别标志。该公司上述行为涉嫌违反《固废法》第七十七条的规定，肇庆市生态环境局四会分局依据《固废法》第一百一十二条规定，责令该公司立即改正违法行为，并对该公司作出罚款11万元的行政处罚决定[①]。

一个小小的标识，竟然令企业受到11万元的处罚，不仅是经济上的损失，也是环境信用上的损害。实际上，因为危险废物识别标志违法的行为十分常见，这不得不令人深思。贴一个标识，不是难事，也不费事，深层次的原因还是主观上不够重视。《固废法》修订之后，行政处罚（罚款）的下限由1万元增至10万元，给予行政处罚的行为由“不设置危险废物识别标志的”扩张至“未按照规定设置危险废物识别标志的”。这意味着，不仅违法行为的处罚力度加大了，而且违法行为的处罚范围也拓宽了。“未按照规定设置”包含了未设置和设置不规范两种情形，结合《危险废物识别标志设置技术规范（征求意见稿）》来看，在识别标志设置方面对企业提出了更高的要求。

① 案例来源：行政处罚决定书（肇环四罚字〔2022〕3号）。

二、危险废物管理计划、管理台账和信息化申报制度

危险废物管理计划、管理台账和信息化申报3项制度适用于危险废物产生环节。

（一）危险废物管理计划制度

危险废物具有毒性、腐蚀性、反应性、易燃性等危险特性，管理不当会对环境或者人体健康造成有害影响。对危险废物产生、收集、贮存、运输、利用、处置实施“从摇篮到坟墓”的全过程管理，是国内外危险废物环境管理的通行做法。落实危险废物的产生单位主体责任，强化危险废物产生源头管理，是实现危险废物全过程管理的关键一环，对防控危险废物环境风险具有重要作用。《固废法》第七十八条规定，产生危险废物的单位，应当按照国家有关规定制定危险废物管理计划；危险废物管理计划应当报产生危险废物的单位所在地生态环境主管部门备案。

环境保护部印发的《危险废物产生单位管理计划制定指南》（环境保护部公告　2016年第7号），对管理计划的制定单位、制定形式、制定时限、主要内容等作了具体规定。2021年5月，国务院办公厅印发《强化危险废物监管和利用处置能力改革实施方案》，提出“完善国家危险废物环境管理信息系统，实现危险废物产生情况在线申报、管理计划在线备案、转移联单在线运行、利用处置情况在线报告和全过程在线监控”等要求。为更好落实上述要求，生态环境部组织制定了《危险废物管理计划和管理台账制定技术导则》（HJ 1259—2022），规定了危险废

物产生单位制定危险废物产生单位管理计划和管理台账的总体要求、危险废物管理计划填报要求、危险废物管理台账记录要求、危险废物申报执行报告要求。

根据《危险废物管理计划和管理台账制定技术导则》（HJ 1259—2022）的规定，危险废物产生单位实施分类管理，在环境风险可控前提下，根据危险废物的产生数量和环境风险等因素，产生危险废物的单位分为环境重点监管单位、简化管理单位和登记管理单位。对于危险废物环境重点监管单位，管理计划制定内容包括单位基本信息、设施信息、危险废物产生情况信息、危险废物贮存情况信息、危险废物自行利用处置情况信息、危险废物减量化计划和措施、危险废物转移情况信息；对于简化管理单位和登记管理单位，管理计划制定内容相应减少。

（二）危险废物管理台账制度

危险废物管理计划是面向未来做出的安排，危险废物管理台账是针对过去记录的事实，二者前后衔接。《固废法》第七十八条规定，产生危险废物的单位，应当建立危险废物管理台账，如实记录有关信息。

《危险废物管理计划和管理台账制定技术导则》（HJ 1259—2022）规定了危险废物管理台账记录形式、记录频次、记录内容、记录保存等要求，并且制定了危险废物管理台账参考表，包括危险废物产生环节记录表、危险废物入库环节记录表、危险废物出库环节记录表、危险废物自行利用/处置环节记录表、危险废物委外利用/处置记录表。环境重点监管单位、简化管理单位和登记管理单位均应当根据危险废物产生、贮存、利用处置等环节的动态流向，如实建立各环节的危险废物管理台账。

（三）危险废物信息化申报制度

危险废物管理台账是危险废物产生单位对自身实际情况的记录，属于内部行为。危险废物信息化申报则要求危险废物产生单位将其记录的有关情况向行政机关如实报告，属于外部行为。二者之间同样存在前后衔接关系。《固废法》第七十八条规定，产生危险废物的单位，应当通过国家危险废物信息管理系统向所在地生态环境主管部门申报危险废物的种类、产生量、流向、贮存、处置等有关资料。

《危险废物管理计划和管理台账制定技术导则》（HJ 1259—2022）要求，危险废物产生单位应根据危险废物管理台账记录归纳总结申报周期内危险废物有关情况，保证申报内容的真实性、准确性和完整性，按时在线提交至地方生态环境主管部门，台账记录留存备查。产生危险废物的单位可以自行申报，也可以委托危险废物经营许可证持有单位或者经所在地生态环境主管部门同意的第三方单位代为申报。在按年度申报的基础上，危险废物环境重点监管单位和简化管理单位还应当执行按月度和按季度申报的要求。

（四）三项制度之间的关系

危险废物管理计划、危险废物管理台账和危险废物信息化申报制度三者之间环环相扣、前后衔接。管理计划是管理台账的基础，管理台账是信息化申报的基础。对比来看，《固废法》第三十六条设定了工业固体废物管理台账制度，但并未设定管理计划和申报制度。

危险废物管理计划、危险废物管理台账和危险废物信息化申报是 3 项独立的制度。违反上述任何一项制度的，应当由生态环境主管部门依据《固废法》第一百一十二条规定进行处罚。

三、危险废物转移管理制度

危险废物转移管理制度适用于危险废物产生、收集、运输、利用、处置环节。

（一）危险废物转移联单

控制危险废物转移行为，是规范危险废物流向、防范环境风险的一个重要手段。《固废法》第八十二条第一款规定，转移危险废物的，应当按照国家有关规定填写、运行危险废物电子或者纸质转移联单。我国的危险废物转移联单制度始于 1999 年的《危险废物转移联单管理办法》（国家环境保护总局令　第 5 号），该办法对规范危险废物转移活动、防止危险废物环境污染，发挥了积极的作用。但是，随着危险废物管理形势的变化，危险废物转移过程出现了一些新问题、新情况需要研究解决，《危险废物转移联单管理办法》中的一些规定已经不能适应当前的管理工作需要。《固废法》第八十二条第三款明确规定，危险废物转移管理应当全程管控、提高效率，具体办法由国务院生态环境主管部门会同国务院交通运输主管部门和公安部门制定。2021 年，在《危险废物转移联单管理办法》基础上，生态环境部、公安部和交通运输部联合印发了重新制定的《危险废物转移管理办法》（生态环境部令　第 23 号），明确危险废物转移相关方的一般责任，增加了移出人、承运人、接受人、托运人责任，细化了从移出到接受各环节的转移管理要求；明确危险废物转移遵循就近原则，尽可能减少大规模、长距离运输；强化危险废物转移环节信息化管理，推动实现危险废物收集、转移、处置等全过程监控和信息化追溯；优化危险废物跨省转移审批服务，落实“放管服”改革要求，对申请材料、审批流程进行了简化，提高审批效率，加强服务措施。

《危险废物转移管理办法》规定，危险废物转移联单的格式和内容由生态环境部另行制定。生态环境部以《关于印发危险废物转移联单和危险废物跨省转移申请表样式的通知》（环办固体函〔2021〕577 号），对危险废物转移联单的格式作了具体规定。危险废物转移联单包含 3 部分信息：移出信息、运输信息、接受信息。3 部分信息对应 3 个主体，即移出人、承运人、接受人。移出方可以是危险废物产生单位、收集单位甚至利用单位；接受方可以是持有危险废物经营许可证的收集单位、利用单位、处置单位；运输方可以是接受方自行运输，也可以是移出方或者委托方委托第三方单位运输。

《固废法》第八十二条指出，电子联单和纸质联单同样具有法律效力，具体由国家作出规定。《危险废物转移管理办法》第七条规定，转移危险废物的，应当通过国家危险废物信息管理系统填写、运行危险废物电子转移联单。从本条规定可以看出，电子联单具有优先效力，危险废物转移主要采取电子联单方式，只有在特殊情况下，不能运行电子联单时，才可以填写、运行纸质联单。《危险废物转移管理办法》第二十条规定，因特殊原因无法运行电子联单的，可先使用纸质联单，于转移活动完成后十个工作日内在信息系统补录。

未按照国家有关规定填写、运行危险废物转移联单的，由生态环境主管部门依据《固废法》第一百一十二条进行处罚。

（二）危险废物跨省转移

《固废法》第八十二条第二款规定，跨省、自治区、直辖市转移危险废物的，应当向危险废物移出地省、自治区、直辖市人民政府生态环境主管部门申请。根据本条规定，只有危险废物跨省转移需要得到省级生态环境主管部门的批准，省内转移危险废物无须许可，执行危险废物转移联单制度即可。

根据《危险废物转移管理办法》，申请跨省转移危险废物的，移出人应当按照《关于印发危险废物转移联单和危险废物跨省转移申请表样式的通知》规定的样式，填写危险废物跨省转移申请表，并提交接受人的危险废物经营许可证复印件等相关材料。危险废物移出地省级生态环境主管部门应当自受理申请之日起五个工作日内，提出初步审核意见。初步审核同意移出的，通过信息系统向危险废物接受地省级生态环境主管部门发出跨省转移商请函。危险废物接受地省级生态环境主管部门应当自收到移出地省级生态环境主管部门的商请函之日起十个工作日内，出具是否同意接受的意见，并通过信息系统函复移出地省级生态环境主管部门。

批准跨省转移危险废物的决定，应当包括批准转移危险废物的名称，类别，废物代码，重量（数量），移出人，接受人，贮存、利用或者处置方式等信息。批准跨省转移危险废物的决定的有效期为十二个月，但不得超过移出人申请开展危险废物转移活动的时间期限和接受人危险废物经营许可证的剩余有效期限。跨省转移危险废物的申请经批准后，移出人应当按照批准跨省转移危险废物的决定填写、运行危险废物转移联单，实施危险废物转移活动。移出人可以按照批准跨省转移危险废物的决定在有效期内多次转移危险废物。

未经批准擅自转移危险废物的，由生态环境主管部门依据《固废法》第一百一十二条进行处罚。

（三）危险废物越境转移

危险废物越境转移及其处置对人类健康和环境造成的威胁日趋严重，为保护人类健康和环境免受危险废物越境转移及其处置造成的不利影响，1989 年 3 月 22 日在联合国环境规划署于瑞士巴塞尔召开的世界环境保护会议上通过了《控制危险废物越境转移及其处置巴塞尔公约》（Basel Convention on the Control of Transboundary Movements of Hazardous Wastes and Their Disposal，以下简称《巴塞尔公约》），于 1992 年 5 月正式生效。1995 年 9 月 22 日在日内瓦通过了《巴塞尔公约》的修正案，禁止发达国家以最终处置为目的向发展中国家出口危险废物，并规定发达国家在 1997 年年底前停止向发展中国家出口用于回收利用的危险废物。《巴塞尔公约》是全球首个规范危险废物越境转移和无害化管理的综合性国际文书。《巴塞尔公约》旨在加强世界各国在控制危险废物越境转移及其处置方面的国际合作，在事先知情同意程序下控制和减少公约所管制的危险废物的越境转移，防治和最大限度减少危险废物的产生，促进危险废物以环境无害化方式处理，并促进清洁生产技术的转让和使用。中国是《巴塞尔公约》的最早缔约国之一，《巴塞尔公约》已于 1992 年 8 月 20 日正式对中国生效。我国一直积极履行公约规定的义务，从各方面积极推动公约在我国的全面实施。

我国禁止过境转移危险废物。《固废法》第八十九条规定，禁止经中华人民共和国过境转移危险废物。这与《巴塞尔公约》

的要求和规定一致，是国际法在国内的转化和适用。《巴塞尔公约》在前言中声明，充分确认任何国家都享有禁止来自外国的危险废物和其他废物进入其领土或在其领土内处置的主权权利，我国有权利禁止经中华人民共和国过境转移危险废物。《固废法》第八十九条规定禁止的危险废物过境转移，是指一国途经我国境内或管辖的其他区域向第三国转移危险废物的活动。在过境转移过程中，我国虽然只是途经地（公约中的“过境国”），不是危险废物移出地或接受地，但如果转移者控制不当或不力，极易发生严重的污染事故，对我国环境和人民群众的身体健康及公共安全造成危害，使我国成为危险废物污染受害方。违反本条规定，经中华人民共和国过境转移危险废物的，由海关依照《固废法》第一百一十六条进行处罚。

我国危险废物出口实行核准制度。根据《危险废物出口核准管理办法》（国家环境保护总局令　第 47 号），在我国境内产生的危险废物应当尽量在境内进行无害化处置，减少出口量，降低危险废物出口转移的环境风险。禁止向《巴塞尔公约》非缔约方出口危险废物。产生、收集、贮存、处置、利用危险废物的单位，向中华人民共和国境外《巴塞尔公约》缔约方出口危险废物，必须取得危险废物出口核准。

我国禁止包括危险废物在内的固体废物进口。这是《巴塞尔公约》明确的国家主权权利。《固废法》第二十四条规定，国家逐步实现固体废物零进口，由国务院生态环境主管部门会同国务院商务、发展改革、海关等主管部门组织实施。自 2017 年国务院办公厅印发《禁止洋垃圾入境推进固体废物进口管理制度改革实施方案》以来，生态环境部会同海关总署等 14 个部际协调小组成员单位，认真贯彻落实习近平总书记重要指示批示精神，始终把推进改革作为一项重大政治任务，坚定不移地推动改革落实落地，经过三年多的不懈努力，全面完成各项改革任务。2017 年、2018 年、2019 年和 2020 年，我国固体废物进口量分别为 4 227 万吨、2 263 万吨、1 348 万吨和 879 万吨，相比改革前（2016 年），分别减少 9.2%、51.4%、71.0%和 81.1%；2021 年 1 月 1 日，《关于全面禁止进口固体废物有关事项的公告》正式实施，圆满完成 2020 年年底前基本实现固体废物零进口目标。

四、危险废物运输管理制度

危险废物运输管理制度适用于危险废物运输环节。

（一）危险货物运输管理规定

危险废物运输是指采用专用的交通工具，通过水路、铁路或公路转移危险废物的过程。《固废法》第八十三条规定，运输危险废物，应当遵守国家有关危险货物运输管理的规定。《危险废物转移管理办法》明确要求，承运人应当按照危险废物污染环境防治和危险货物运输相关规定运输危险废物，记录运输轨迹，防范危险废物丢失、包装破损、泄漏或者发生突发环境事件。通过道路运输危险废物的，应当执行《道路危险货物运输管理规定》（交通运输部令 2019 年第 42 号）、《危险货物道路运输安全管理办法》（交通运输部令 2019 年第 29 号）；通过水路运输的，应当执行《国内水路运输管理规定》（交通运输部令 2014 年第 2 号）、《船舶载运危险货物安全监督管理规定》（交通运输部令 2018 年第 11 号）；通过铁路运输的，应当执行《铁路危险货物运输安全监督管理规定》（交通运输部令 2015 年第

1 号）；废弃危险化学品的运输应当执行《危险化学品安全管理条例》（国务院令　第 344 号）有关规定。

（二）危险废物运输污染环境防治要求

危险废物的运输执行危险货物运输管理规定，但危险废物毕竟不同于危险货物，这些只是从交通安全的角度出发作出的规定，对于危险废物的包装、运输环节的环境污染控制没有具体的规定。因此，《固废法》第八十三条还规定，运输危险废物，应当采取防止污染环境的措施。为了有效控制危险废物在包装和运输过程对环境的污染和人身健康的影响，环境保护部印发了《危险废物收集 贮存 运输技术规范》（HJ 2025—2012），明确运输单位承运危险废物时，应当在危险废物包装和运输车辆上按照要求设置标识；危险废物的中转、装卸过程应当遵守技术规范提出的技术要求。

（三）危险废物转移运输涉及的监管部门

规范危险废物转移行为，防范非法转移带来的环境风险隐患，单独依靠生态环境主管部门难以实现。危险废物转移联单制度和跨省转移审批制度，涉及移出人、承运人和接受人。就生态环境主管部门的职责和能力而言，其监管的重点是移出人和接受人。从实际案例反映的情况来看，危险废物非法转移案件很多情况下问题出在运输环节。而对于承运人的运输行为，更多地需要依靠交通运输主管部门和公安机关进行监管。《危险废物转移管理办法》第四条规定，生态环境主管部门依法对危险废物转移污染环境防治工作以及危险废物转移联单运行实施监督管理，查处危险废物污染环境违法行为；各级交通运输主管部门依法查处危险废物运输违反危险货物运输管理相关规定的违法行为；公安机关依法查处危险废物运输车辆的交通违法行为，打击涉危险废物污染环境犯罪行为。

在实践层面，部分地方进一步细化落实相关部门职责分工。例如，《浙江省危险废物治理专项行动方案》（浙环函〔2021〕32号）明确要求，省交通运输厅牵头建立危险废物跨省运输抽查机制，加强危险废物陆路、水路跨省运输的监管；按照《危险货物道路运输安全管理办法》等要求，落实装货人充装前查验车辆、驾驶和押运人员、罐体、运单和货物等“五必查”制度。

五、危险废物经营许可制度

危险废物经营许可制度适用于危险废物收集、贮存、利用、处置环节。

（一）危险废物经营许可证的申请和审批

《固废法》第八十条规定，从事收集、贮存、利用、处置危险废物经营活动的单位，应当按照国家有关规定申请取得许可证。许可证的具体管理办法由国务院制定。根据本条规定，从事收集、贮存、利用、处置危险废物的经营活动应当取得许可证，即不只是或不是为收集、贮存、利用、处置自己产生的危险废物，而是面向社会从事专门性对外服务的经营活动。

关于许可证的申请主体。《固废法》第八十条将可从事经营活动的主体限定为“单位”，这意味着禁止个人从事危险废物的收集、贮存、利用、处置的经营活动。因为危险废物的收集、贮存、利用、处置活动，不仅需要具备专业知识和技术、设备，还需具备雄厚经济能力，而自然人作为个体工商户是难以全面具备这些资格条件的。

关于许可证的审批机关。根据《危险废物经营许可证管理办法》（国务院令　第408号），危险废物经营许可证按照经营方式，分为危险废物收集、贮存、处置综合经营许可证和危险废物收集经营许可证。领取危险废物综合经营许可证的单位，可以从事各类别危险废物的收集、贮存、处置经营活动；领取危险废物收集经营许可证的单位，只能从事机动车维修活动中产生的废矿物油和居民日常生活中产生的废镉镍电池的危险废物收集经营活动。危险废物收集经营许可证，由县级人民政府环境保护主管部门审批颁发。医疗废物集中处置单位的危险废物经营许可证，由医疗废物集中处置设施所在地设区的市级人民政府环境保护主管部门审批颁发。根据《国务院关于取消和下放一批行政审批项目的决定》（国发〔2013〕44号），原由环境保护部负责的危险废物经营许可审批事项下放至省级生态环境部门。因此，除医疗废物集中处置之外的危险废物综合经营许可证，由省级生态环境主管部门负责审批。省级生态环境主管部门应当按照《关于做好下放危险废物经营许可证审批工作的通知》（环办函〔2014〕551号）的要求，组织做好许可证的审查和许可工作。

关于许可证的审批要求。负责审批危险废物经营许可证的审批机关，应当严格依据相关法律法规和标准，对照《危险废物经营单位审查和许可指南》（环境保护部公告　2009年第65号）开展审查和许可工作。针对不同行业的特点，生态环境部（原环境保护部）印发《废氯化汞触媒危险废物经营许可证审查指南》（环境保护部公告　2014年第11号）、《废烟气脱硝催化剂危险废物经营许可证审查指南》（环境保护部公告　2014年第 54 号)、《水泥窑协同处置危险废物经营许可证审查指南（试行)》(环境保护部公告　2017 年第 22 号)、《废铅蓄电池危险废物经营单位审查和许可指南(试行)》(生态环境部公告　2020 年第 30 号)，对《危险废物经营许可证管理办法》第五条的有关许可条件，作出了进一步细化规定。对于在上述适用范围内的申请，审批机关应当按照上述技术指南的要求开展审查和许可工作。

关于试生产期间危险废物经营许可。2005 年，国家环境保护总局曾在《关于危险废物经营单位生产设备试运行期间危险废物经营许可证有关问题的复函》(环办函〔2005〕841 号)（已撤销）中要求，处于试生产阶段的危险废物经营单位，必须申请领取经营许可证后，方可从事试生产；在环境保护设施竣工验收时发现有不符合原发证条件的情形的，根据《危险废物经营许可证管理办法》的规定，可采取限期整改、暂扣或吊销危险废物经营许可证等处罚措施。2015 年 10 月，国务院发布了《关于第一批取消 62 项中央指定地方实施行政审批事项的决定》(国发〔2015〕57 号)，取消了建设项目试生产审批。2017 年，国务院《关于修改〈建设项目环境保护管理条例〉的决定》(国务院令　第 682 号)，删除了有关建设项目试生产的规定。建设项目环境影响评价审批和危险废物经营许可，是两项独立的行政许可，各自的许可条件和许可目的均不相同。建设项目环境影响评价审批通过后，即在一般意义上具备从事生产活动的法定权利。对于从事危险废物经营活动的建设项目而言，无论是否存在试生产阶段，此时均应当取得危险废物经营许可证。对此，环境保护部发布了《关于修改〈危险废物经营单位审查和许可指南〉部分条款的公告》(环境保护部公告　2016 年第

65 号）及《关于修改〈关于做好下放危险废物经营许可证审批工作的通知〉部分条款的通知》（环办土壤函〔2016〕1804 号），明确要求地方环保部门严格执行《固废法》和《危险废物经营许可证管理办法》关于危险废物经营许可证的有关规定，新建危险废物利用处置项目必须申领危险废物经营许可证后，方可投入试生产。

（二）无证从事危险废物经营活动

行政许可具有赋权性，是对一般禁止的解除。行政相对人未取得行政许可，法律禁止其从事相应行为。《固废法》第八十条第一款将可从事经营活动的主体限定为“单位”，这意味着个人绝无可能取得许可证。而只要没有许可证，当然被禁止从事危险废物的收集、贮存、利用、处置经营活动。不论单位或是个人，只要实施了上述行为，同样具有法益侵害性，都可能会对环境造成污染或带来风险隐患。相较于单位，某些情况下个人违法行为的危害性更为突出。因此，《固废法》第八十条第二款规定，禁止无许可证或者未按照许可证规定从事危险废物收集、贮存、利用、处置的经营活动。本条禁止的对象既包括可能取得许可证的单位，也包括绝无可能取得许可证的个人。

无许可证从事收集、贮存、利用、处置危险废物经营活动的，由生态环境主管部门依据《固废法》第一百一十四条的规定进行处罚。本条规定并未将无许可证从事收集、贮存、利用、处置危险废物经营活动的主体限定为单位，个人从事无证经营活动，也可以据此对其作出处罚。本条第一款设定的行政处罚包括两部分，前半部分针对单位，后半部分针对个人，对于个人从事无证经营活动的，直接适用后半部分进行处罚即可。

危险废物违法犯罪具有“链条化”特征，有从事违法经营活动的，必有违法委托的。这里存在两个违法行为，不能以一个行政处罚代替另一个行政处罚。产生危险废物的单位或个人，将危险废物提供或委托给无许可证的个人从事经营活动，二者之间存在“对向关系”。前者侵犯了法律所保护的产生者合法利益，后者侵犯了法律所保护的经营者合法利益，分别属于两个不同的违法行为，对应两个不同的法律责任。产生危险废物的单位或个人，违反了《固废法》第八十条第三款禁止将危险废物提供或委托无证者的规定，应当依据《固废法》第一百一十二条作出处罚；无证从事危险废物经营活动的个人，违反了《固废法》第八十条第二款关于无证经营活动的禁止性规定，应当依据《固废法》第一百一十四条作出处罚。

（三）不按许可证规定从事危险废物经营活动

危险废物经营企业领取许可证以后，即可以从事收集、贮存、利用、处置危险废物经营活动。但是必须注意的是，这种行为虽然经过许可，但仍然存在边界，也就是必须按照许可证规定从事危险废物经营活动。

首先是经营活动种类的限制。根据《危险废物经营许可证管理办法》，危险废物经营许可证按照经营方式，分为危险废物收集、贮存、处置综合经营许可证和危险废物收集经营许可证。领取危险废物综合经营许可证的单位，可以从事收集、贮存、利用、处置危险废物经营活动；领取危险废物收集经营许可证的单位，只能从事收集危险废物经营活动，不得从事利用、处置经营活动。

其次是危险废物类别和数量的限制。《危险废物经营许可证管理办法》第十条规定，危险废物经营许可证包括危险废物类别、年经营规模、有效期限等内容。领取危险废物经营许可证的企业，必须按照许可证载明的范围从事经营活动，不能超出许可的危险废物类别，也不能超出核准经营规模从事经营活动。

最后是许可条件的限制。根据《危险废物经营单位审查和许可指南》，应当将法律法规和标准规范的有关规定以及合理的管理要求作为许可条件写入危险废物经营许可证。持证单位应当按照许可条件，利用获得许可的设施从事危险废物贮存、利用和处置的经营活动。

未按照许可证规定从事收集、贮存、利用、处置危险废物经营活动的，由生态环境主管部门依据《固废法》第一百一十四条进行处罚。对于此类违法行为，同样实行“双罚制”。

（四）危险废物经营单位的限期贮存要求

《固废法》第八十一条第三款规定，从事收集、贮存、利用、处置危险废物经营活动的单位，贮存危险废物不得超过一年；确需延长期限的，应当报经颁发许可证的生态环境主管部门批准；法律、行政法规另有规定的除外。

《固废法》修订之前，并未明确限期贮存要求的适用主体，各地在执行过程中理解不一致，有的认为限期贮存制度应当适用于产废单位和经营单位，有的认为应当只适用于经营单位。《固废法》修订之后，明确限期贮存要求仅适用于经营单位。

（五）委托收集、贮存、利用、处置危险废物的要求

《固废法》第三十七条要求，产生工业固体废物的单位委托他人运输、利用、处置工业固体废物的，应当对受托方的主体

资格和技术能力进行核实，依法签订书面合同，在合同中约定污染防治要求。这是对工业固体废物委托行为的一般规定。第八十条规定，禁止将危险废物提供或者委托给无许可证的单位或者其他生产经营者从事收集、贮存、利用、处置活动。本条属于禁止性规定，是对第三十七条规定的具体化，也是对危险废物委托的特别规定。第八十条的“提供”和“委托”的性质相同，含义不完全一样。“提供”是指基于受托方的需要发生的委托行为，例如某些污泥含有稀贵金属，受托方可能会主动收集；“委托”是指基于委托方的需要发生的委托行为，例如生活垃圾焚烧企业自身无法处置生活垃圾焚烧飞灰，需要委托给生活垃圾填埋场处置。因此，“提供”可以作为广义的“委托”理解。提供或委托他人收集、贮存、利用、处置危险废物之前，应当查明核实对方是否持有对应范围的许可证且具备收集、贮存、利用、处置相应类别危险废物的能力和资格条件。未查明核实便提供或委托的，或者明知对方无许可证或有许可证但与许可事项不相符合而仍向对方提供或委托的，均属违法行为。具体而言，应当从以下 4 个方面把握此项规定。

委托的主体。存在两种情形，一种情形是危险废物产生单位自身不具有利用、处置危险废物的客观条件或主观意愿，因而委托他人收集、贮存、利用、处置危险废物，可以是直接委托，即委托给持有危险废物综合经营许可证的单位进行利用处置，也可以是间接委托，即委托给持有危险废物收集许可证的单位收集后，再委托进行利用处置。另一种情形是危险废物收集经营许可证持有者自身并不具有利用处置危险废物的资质和条件，必须将其收集的危险废物委托给持有危险废物综合经营许可证的单位进行利用处置。

委托的对象，必须是危险废物经营许可证持有者。从反面理解，禁止委托的对象同样存在两种情形。一种情形是禁止委托给无证的单位，包括法人组织、非法人组织。另一种情形是禁止委托给无证的其他生产经营者，我国法律并未定义其他生产经营者，从立法初衷和管理实践来看，从事经营活动的个体工商户、自然人都可以归为此类。根据《固废法》第八十条第一款的规定，只有单位才可能申请取得经营许可证，个体工商户、自然人不可能获取经营许可证。如此规定，是为了规避一种执法困境，将危险废物委托给无证的个人进行收集、贮存、利用、处置，无法对其进行处罚。综上所述，无论委托的对象是单位、个人还是其他生产经营者，只要不具备危险废物经营许可证，均属于禁止委托的对象。

委托的条件。根据《固废法》第八十条第三款规定，受托者必须持有危险废物经营许可证。要求受托者具备危险废物经营许可证，是为了保证委托的危险废物能够得到正确处理，防止污染环境。受托者不仅要具备许可证，而且许可证的种类和能力应当和委托的危险废物相匹配。因此，应当从实质层面理解“无许可证”的含义，既包括未取得许可证，也包括超出许可证的经营范围。《最高人民法院 最高人民检察院关于办理环境污染刑事案件适用法律若干问题的解释》（法释〔2016〕29号）第十七条明确，本解释所称“无危险废物经营许可证”，是指未取得危险废物经营许可证，或者超出危险废物经营许可证的经营范围。

委托的行为。第八十条第三款在《固废法》修订之前的表述为“禁止将危险废物提供或委托给无经营许可证的单位从事收集、贮存、利用、处置经营活动”，将违法行为限定为无证经营活动。在执法实务中，针对不具有经营性质的受托行为，如无偿代为贮存，行政机关无法对委托方作出处罚。本条规定保护的法益是防止委托方将危险废物交付给无证单位造成环境风险，受托方只要不具备法定的资质和能力，就有可能产生环境风险，与受托行为的性质是否属于经营活动无关。因此《固废法》修订之后，删除了“经营”二字，既禁止委托从事经营活动，也禁止委托从事非经营活动。

（六）自行贮存、利用、处置危险废物的要求

产生危险废物的单位如果委托他人收集、贮存、利用、处置危险废物，应当执行危险废物经营许可制度。如果产生单位自建设施用于且仅用于贮存、利用、处置自己产生的危险废物，不对外开放从事专门性的经营活动，不需要执行危险废物经营许可制度，但应当执行相关环境保护标准的要求。《固废法》第七十九条规定，产生危险废物的单位，应当按照国家有关规定和环境保护标准要求贮存、利用、处置危险废物，不得擅自倾倒、堆放。第八十一条第二款规定，贮存危险废物应当采取符合国家环境保护标准的防护措施。

贮存、利用、处置危险废物必须要符合一定的条件，达到一定的标准要求。这方面规定涉及危险废物处置场所的选址、设计、防护，危险废物处置设施的设计、制造、安装、操作等方面的技术标准、设计规范、操作规程、防护要求等；还包括处置活动及场所的环境监测，处置后的残余物质的收集、处理、处置，处置设施的停止使用和退役关闭的管理及残留物质的处理、处置等。我国已有许多这些方面的规定。例如，对处置工程的要求有《危险废物集中焚烧处置工程建设技术规范》

（HJ/T 176）、《危险废物集中焚烧处置设施运行监督管理技术规范（试行）》（HJ 515）、《危险废物处置工程技术导则》（HJ 2042）、《医疗废物集中处置技术规范（试行）》（环发〔2003〕206号）和《医疗废物集中焚烧处置工程建设技术规范》（HJ/T 177）；对危险废物污染控制标准主要有《危险废物贮存污染控制标准》（GB 18596）、《危险废物填埋污染控制标准》（GB 18598）、《危险废物焚烧污染控制标准》（GB 18484）。

六、危险废物集中处置设施规划

（一）危险废物集中处置设施的定位

危险废物集中处置，是指将危险废物集中于某一区域或专业性的集中处置危险废物的设施中予以处置。危险废物产生以后，按照“减量化、资源化、无害化”原则，应当优先选择对其进行利用。然而，无论技术如何进步、管理如何到位，终究有一部分危险废物无法进行利用，或者利用以后仍然有部分残余物需要处置。按照《固废法》确立的污染担责原则，危险废物产生者有义务对其不能利用的危险废物进行处置。因此，原则上应当由危险废物产生单位负责处置设施建设。但是，在现实工作中，如果每个产废单位都自行建设危险处置设施，必然导致浪费大量的人力、物力、财力，而且处置的专业化水平和效果难以保障，导致危险废物的环境风险难以防控。对于中小企业而言，选择对危险废物实行集中处置，不仅可以获得较好的处置效果，而且能够降低经营成本、减轻企业负担。

《“十三五”生态环境保护规划的通知》（国发〔2016〕65号）明确提出，将危险废物集中处置设施纳入当地公共基础设施统筹建设。2014 年修订的《环境保护法》和 2018 年印发的《"无废城市"建设试点工作方案》（国办发〔2018〕128 号）进一步明确了危险废物集中处置设施作为环境保护公共基础设施的属性。

（二）危险废物集中处置设施规划的主体和内容

《固废法》第七十六条规定，省、自治区、直辖市人民政府应当组织有关部门编制危险废物集中处置设施、场所的建设规划。本条要求，省级人民政府作为规划编制主体，应当组织有关部门根据本省危险废物产生量、危险废物产生种类和危险废物集中处置能力，结合全省国民经济发展规划、土地利用规划等相关内容，科学评估危险废物处置需求，合理规划布局危险废物集中处置设施、场所。编制危险废物集中处置设施、场所的建设规划，应当征求有关行业协会、企业事业单位、专家和公众等方面的意见，保证规划的因地制宜、科学合理、精准发力。省级人民政府是危险废物集中处置设施规划的编制主体，但并不一定是危险废物集中处置设施的建设主体。《固废法》第七条规定，地方各级人民政府对本行政区域固体废物污染环境防治负责。在实践中，多由地市一级的政府组织开展危险废物集中处置设施建设。

根据《固废法》第七十六条的规定，危险废物集中处置设施规划重点是围绕危险废物处置需求，合理布局危险废物集中处置设施、场所，确保本行政区域的危险废物得到妥善处置。此类规划的表现形式通常有两种，一种表现形式是设施规划，例如，《河北省"十四五"危险废物集中处置设施建设规划（征求意见稿）》，主要内容聚焦在设施建设方面，包括危险废物收集体系建设、利用处置设施建设和布局、利用处置设施升级改造等。另一种表现形式是污染防治规划，例如，《安徽省“十四五”危险废物、工业固体废物污染环境防治规划》，主要内容不仅包括设施建设，也包括管理制度建设、管理能力建设等方面。

编制危险废物集中处置设施规划，应当注意做好与相关规划的衔接。《固废法》第九十二条规定，国务院有关部门、县级以上地方人民政府及其有关部门在编制国土空间规划和相关专项规划时，应当统筹生活垃圾、建筑垃圾、危险废物等固体废物转运、集中处置等设施建设需求，保障转运、集中处置等设施用地。

（三）危险废物集中处置设施规划的实施情况

根据《固废法》第七十六条的规定，应当在省级层面出台危险废物专项规划。从实际情况来看，不仅大部分省份都制定了相关规划，而且延伸到很多地市。规划的内容也不仅仅局限于集中处置设施，不少地方还将其扩展到整个危险废物污染环境防治工作领域。

表 6-1　各地危险废物专项规划出台情况

序号	规划层级	发布主体	发布时间	规划名称
1	省级	浙江省生态环境厅、浙江省发展和改革委员会	2019 年 4 月	《浙江省危险废物利用处置设施建设规划（2019—2022 年）》
2	省级	安徽省生态环境厅	2021 年 9 月	《安徽省“十四五”危险废物 工业固体废物污染环境防治规划》

序号	规划层级	发布主体	发布时间	规划名称
3	省级	福建省生态环境厅	2021 年 11 月	《福建省“十四五”危险废物污染防治规划》
4	省级	内蒙古自治区生态环境厅	2021 年 12 月	《内蒙古自治区“十四五”危险废物集中处置设施建设规划》
5	省级	上海市生态环境局	2021 年 12 月	《上海市“十四五”危险废物监管和利用处置能力建设规划》
6	省级	河南省生态环境厅	2022 年 3 月	《河南省“十四五”固体废物污染环境防治和危险废物集中处置设施、场所建设规划》
7	省级	吉林省生态环境厅	2022 年 6 月	《吉林省危险废物污染防治“十四五”规划》
8	省级	贵州省生态环境厅	2022 年 7 月	《贵州省“十四五”危险废物集中处置设施建设规划》
9	省级	重庆市生态环境局	2022 年 12 月	《重庆市固体废物（含危险废物）集中处置设施建设规划（2021—2025 年）》

（四）危险废物集中处置设施的跨区域合作

我国幅员辽阔，各区域人口、产业结构、经济发展水平不同，固体废物的产生种类和数量差异较大。就危险废物而言，危险废物集中处置能力的匹配程度也不同，有的地区能力不足，危险废物“吃不下”，有的地区能力则尚有富余，危险废物“吃不饱”。《固废法》第七十六条第三款规定，相邻省、自治区、直辖市之间可以开展区域合作，统筹建设区域性危险废物集中处置设施、场所。鼓励跨省域协同规划、共享危险废物集中处置能力，统筹建设区域性危险废物集中处置设施、场所，有利于实现资源要素的市场化配置，有利于促进行业的公平竞争。

本款规定也是第八条确立的固体废物污染环境联防联控机制的具体体现之一。

生态环境部《关于提升危险废物环境监管能力、利用处置能力和环境风险防范能力的指导意见》（环固体〔2019〕92号）明确提出：要统筹危险废物处置能力建设，推动建立“省域内能力总体匹配、省域间协同合作、特殊类别全国统筹”的危险废物处置体系；鼓励开展区域合作的省域之间，探索以“白名单”方式对危险废物跨省转移审批实行简化许可。国务院办公厅印发《强化危险废物监管和利用处置能力改革实施方案》（国办函〔2021〕47号），要求到2022年年底前，京津冀、长三角、珠三角和成渝地区等区域建立完善合作机制，加强危险废物管理信息共享与联动执法，实现危险废物集中处置设施建设和运营管理优势互补。

相邻省、自治区、直辖市之间以及长三角、珠三角、京津冀等典型地区，可以开展危险废物集中处置区域合作，实现区域性危险废物集中处置设施、场所的资源共享、互通有无，从而提升危险废物集中处置的整体效率。

七、危险废物集中处置设施、场所退役规定

危险废物集中处置设施、场所退役规定制度适用于危险废物处置环节。

（一）退役前的污染防治要求

危险废物集中处置设施、场所由于其对生态环境和公众健康的特殊影响，从规划、建设、运行到退役都有相关专业要求。《固废法》第八十八条规定，重点危险废物集中处置设施、场所

退役前，运营单位应当按照国家有关规定对设施、场所采取污染防治措施。重点危险废物集中处置设施、场所退役，是指相关场所、设施已经达到设行年限或者设计处置容量，无法再发挥危险废物集中处置的作用，或者重点危险废物集中处置设施、场所虽然尚未达到设计运行年限、设计处置容量，但因为搬迁、改造等原因需要提前关闭等。只要重点危险废物集中处置设施、场所停止运营，不再承担危险废物集中处置任务，即属于退役。重点危险废物集中处置设施、场所退役前，应当按照规定采取污染防治措施。例如，《危险废物填埋污染控制标准》（GB 18598—2019）规定了填埋场封场的前提条件、柔性填埋场和刚性填埋场最终封场结构、填埋场应急封场等内容。

注意，《固废法》第八十八条规定并非面向所有的危险废物集中处置、场所，而只是针对重点危险废物集中处置设施、场所。重点危险废物集中处置设施、场所是从生态环境保护需要角度来认定的，《重点危险废物集中处置设施、场所退役费用预提和管理办法》（财资环〔2021〕92 号）将危险废物填埋场认定为重点危险废物集中处置设施、场所。

（二）退役费用的预提

《固废法》第八十八条规定，退役的费用应当预提，列入投资概算或者生产成本，专门用于重点危险废物集中处置设施、场所的退役。具体提取和管理办法，由国务院财政部门、价格主管部门会同国务院生态环境主管部门规定。本条所称退役费用，指重点危险废物集中处置设施、场所退役时所发生的费用，包括相关的污染防治费用，也包括其他费用，如对周边居民的补偿费用、对生态环境损害的赔偿费用等。所谓预提，即预先提取，属于财务会计概念，是指在受益期、运行期提前列入成本，在以后会计期间才实际支付的费用，如预提银行借款的利息费用、固定资产修理费用等。之所以要求重点危险废物集中处置设施、场所退役费用实行预提，主要是考虑到此类设施对生态环境和公众健康具有长期风险性，其风险并不随退役而消失，如果不提前安排相关费用，一旦运营单位因破产、事故等原因终止运行，退役费用很有可能出现缺口，其成本将不得不由政府甚至社会承担，必须提前作出安排。发达国家填埋场退役管理经验显示，若封场及后期维护不当会造成土壤和地下水严重污染，需要花费上亿元资金进行修复。

依照本条规定，重点危险废物集中处置设施、场所退役费用的预提有两种方式：一种是列入投资概算，即在投资建设阶段就一次性列支，退役时再实际支付，主要适用于在运营期没有收入来源的处置设施；另一种是列入生产成本，即将预计的退役费用按照处置的危险废物的数量、处置设施运行周期等因素分期计入成本，冲抵运行利润，主要适用于在运营期有经营性收入来源的处置设施。需要说明的是，重点危险废物集中处置设施、场所退役费用预提后，在会计科目上必须单独列明，专款专用，不得挪作他用。

按照本条规定，财政部、国家发展改革委、生态环境部印发了《重点危险废物集中处置设施、场所退役费用预提和管理办法》(财资环〔2021〕92 号)，对退役费用的预提、管理和使用提出具体要求。

八、危险废物行政代处置

《固废法》第一百一十三条规定，违反本法规定，危险废物产生者未按照规定处置其产生的危险废物被责令改正后拒不改正的，由生态环境主管部门组织代为处置，处置费用由危险废物产生者承担。

（一）危险废物行政代处置的行为性质

危险废物行政代处置属于行政强制执行。根据《行政强制法》，行政强制包括行政强制措施和行政强制执行。行政强制措施是指行政机关在行政管理过程中，为制止违法行为、防止证据损毁、避免危害发生、控制危险扩大等情形，依法对公民的人身自由实施暂时性限制，或者对公民、法人或者其他组织的财物实施暂时性控制的行为。行政强制执行是指行政机关或者行政机关申请人民法院，对不履行行政决定的公民、法人或者其他组织，依法强制履行义务的行为。

危险废物行政代处置属于间接强制执行。行政强制执行可以分为直接强制执行和间接强制执行。直接强制执行是指义务人拒不履行其应当履行的义务时，行政机关对其人身或财产施以强制力直接强制义务人履行义务，或者通过强制手段达到与义务人履行义务相同状态的一种执行方法。间接强制执行是指行政机关通过间接手段，迫使义务人履行其应当履行的法定义务或者达到与履行义务相同状态的执行手段。

危险废物行政代处置属于间接强制执行中的代履行。间接强制执行包括代履行和执行罚两种。代履行是指行政机关自己或委托无利害关系的第三人代替义务人履行法定义务，并在履行后向义务人收取一定费用的强制方式。执行罚是指当事人逾期不履行金钱类义务时（如不缴纳罚款、税款等），行政机关要求当事人承担一定的金钱给付义务，以促使其履行义务的强制方式。

（二）危险废物行政代处置的适用条件

《行政强制法》第五十条规定，行政机关依法作出要求当事人履行排除妨碍、恢复原状等义务的行政决定，当事人逾期不履行，经催告仍不履行，其后果已经或者将危害交通安全、造成环境污染或者破坏自然资源的，行政机关可以代履行，或者委托没有利害关系的第三人代履行。《固废法》第一百一十三条是《行政强制法》第五十条的一项具体体现，适用本条规定的危险废物行政代处置应当具备以下 3 个条件：第一，行政相对人不履行其法定义务，即危险废物产生者未按照规定处置其产生的危险废物；第二，行政机关依法作出要求当事人履行排除妨碍、恢复原状等义务的行政决定，即生态环境主管部门责令其改正；第三，行政相对人仍不履行行政决定，即危险废物产生者拒不改正，其后果已经造成或者即将造成环境污染。

（三）危险废物行政代处置的实施程序

首先，危险废物行政代处置应当执行行政强制执行程序的一般规定：①行政机关作出强制执行决定前，应当以书面形式事先催告当事人履行义务；②当事人收到催告书后有权进行陈述和申辩；③经催告，当事人逾期仍不履行行政决定，且无正当理由的，行政机关可以作出强制执行决定；④催告书、行政强制执行决定书应当直接送达当事人。

其次，危险废物行政代处置应当执行代履行的特别规定，包括：①再次催告，代履行三日前，催告当事人履行，当事人履行的，停止代履行；②派员监督，代履行时，作出决定的行政机关应当派员到场监督；③签章确认，代履行完毕，行政机关到场监督的工作人员、代履行人和当事人或者见证人应当在执行文书上签名或者盖章。

《固废法》第一百一十三条规定，生态环境主管部门“组织”代为处置。行政代执行的主体，必须是行政强制机关或指定的没有利害关系的第三人。行政强制机关自身代替义务主体履行义务，是完成其所承担任务的一种有效途径，这也是法律所允许的。行政强制执行机关成为行政代履行主体，并不意味着该机关及其公务员必须具体实施行政代履行行为，也可由第三人来代为执行。至于如何确定第三人作为代处置单位，我国目前尚无具体规定。为确保代处置工作能够合法、有序、公平、高效的展开，生态环境主管部门可以采取公开招标等方式确定代处置单位，对代处置的单位进行资格审查，并与其签订委托代处置的协议。被指定的代处置单位，必须是依法获得危险废物经营许可证的处置单位，具备与拟处置的危险废物种类和数量相符的处置能力。

（四）危险废物行政代处置的法律效果

行政代履行并不转移、改变或免除法定义务人所负担的法律义务。他人代为履行法定义务，仅仅是改变了该义务的实际实施者。在实施行政代履行后，法定义务人对他人的代为履行行为，要承担法律责任。因行政代履行而发生的全部费用，由法定义务人承担。如果危险废物产生者拒不承担代处置的费用，则产生两个法律后果。首先，生态环境主管部门可以依据《固废法》第一百一十三条规定，处代为处置费用一倍以上三倍以下的罚款；其次，生态环境主管部门可以申请人民法院强制危险废物产生者给付费用。

九、危险废物应急预案制度

危险废物应急预案制度适用于危险废物产生、收集、贮存、运输、利用、处置各环节。

（一）应急预案的适用范围

危险废物污染事故一旦发生，其控制、减轻或者消除污染危害的工作难度极大并且非常复杂。因此，有必要强调危险废物污染事件的防范工作，做到防患于未然。《固废法》第八十五条规定，产生、收集、贮存、运输、利用、处置危险废物的单位，应当依法制定意外事故的防范措施和应急预案。根据本条规定，产生、收集、贮存、运输、利用、处置危险废物的单位，都应当根据本单位所涉及危险废物的种类、性质、数量和收集、运输、利用、贮存、处置情况，预先依法制定在可能发生意外事故时所拟采取的应急措施方案和事故防范措施，并予以落实。

为指导危险废物经营单位制定应急预案，有效应对意外事故，国家环境保护总局制定了《危险废物经营单位编制应急预案指南》（国家环境保护总局公告　2007 年第 48 号），提出了危险废物应急预案的基本框架、编制步骤等要求。需要注意的是，《危险废物经营单位编制应急预案指南》属于技术指导文件，不具有法律强制效力，其目的是在技术层面为危险废物经营单位编制应急预案提供指导，不会变更法定的应急预案适用范围。《危险废物经营单位编制应急预案指南》不仅仅适用于危险废物经营单位，产生、收集、运输危险废物的单位及其他相关单位制定应急预案也可参考执行。《危险废物转移管理办法》规定，移出人、承运人、接受人应当依法制定突发环境事件的防范措施和应急预案，并报有关部门备案。《危险废物收集 贮存 运输技术规范》提出，危险废物收集、贮存、运输单位应编制应急预案，可参照《危险废物经营单位编制应急预案指南》，针对危险废物收集、贮存、运输过程中的事故易发环节应定期组织应急演练。从上述规章和规范性文件不难看出，制定应急预案并非危险废物经营单位的“专利”。

如何理解《固废法》第八十五条中的“依法制定”，是正确适用其规定的前提。其中的“依法”应当理解为环境应急方面的相关规定。《突发环境事件应急管理办法》（环境保护部令　第34号）明确规定，企业事业单位应当按照相关法律法规和标准规范的要求，制定突发环境事件应急预案并备案、演练。危险废物属于环境应急预案中的一部分内容，涉及危险废物的单位在制定环境应急预案时，应当充分考虑防范危险废物引发环境事故的相关措施，包括建立健全相关规章制度和组织体系，事故发生时拟采取的应急方案和措施，配备控制、减轻或消除污染所需的设备、器材等。危险废物经营单位也属于环境应急管理的范畴，其所编制的应急预案是环境应急预案的一种特殊形式。

（二）应急预案的备案

《固废法》第八十五条规定，有关单位应当将所制定的应急预案向所在地生态环境主管部门和其他负有固体废物污染环境防治监督管理职责的部门备案；同时，生态环境主管部门和其他负有固体废物污染环境防治监督管理职责的部门应当进行检查。这是因为，一旦事故隐患出现或者事故发生，所涉及的可能不只是上述单位，往往还会涉及社会其他方面，因此有必要预先让所在地生态环境主管部门和其他负有固体废物污染环境防治监督管理职责的部门了解这些防范措施和应急预案，以便及时采取得力、有效的措施控制污染危害的蔓延和扩大。同时，为了使所在地生态环境主管部门和其他负有固体废物污染环境防治监督管理职责的部门了解和掌握各单位的情况，检查事故防范工作和应急准备工作，也要求各单位将防范措施和应急方案报所在地生态环境主管部门和其他负有固体废物污染环境防治监督管理职责的部门备案。有关所在地生态环境主管部门和其他负有固体废物污染环境防治监督管理职责的部门应当对各单位的事故防范工作和应急准备工作进行检查，督促各单位认真准备和落实有关措施。

第三节　医疗废物管理

医疗废物的管理要求

医疗废物是指医疗卫生机构在医疗、预防、保健以及其他相关活动中产生的具有直接或者间接感染性、毒性以及其他危害性的废物。《固废法》修订之前，并没有对医疗废物的管理作专门性规定。近年来，我国非法转移、处置医疗废物事件时有发生，引发公众广泛关注，造成恶劣社会影响。此外，2020 年年初新型冠状病毒性肺炎疫情暴发，在应对疫情防控过程中，医疗废物管理与处置也暴露出一系列问题。《固废法》修订之后，专门在第六章增加了医疗废物的相关条款，以强化医疗废物的法律地位。

（一）医疗废物分类目录

首先应当厘清两个概念，医疗机构废弃物与医疗废物。医疗机构废弃物是医疗卫生机构产生的固体废物的统称，根据《医疗机构废弃物综合治理工作方案》（国卫医发〔2020〕3 号），医疗机构废弃物分为医疗废物、生活垃圾和输液瓶（袋）。医疗废物不同于生活垃圾和输液瓶（袋），医疗废物属于危险废物。

《固废法》第九十条第一款规定，医疗废物按照国家危险废物名录管理。《国家危险废物名录》（2021 年版）（生态环境部令　第 15 号）将医疗废物作为 HW01 纳入其中，这是对医疗废物属于危险废物的进一步强调，说明医疗废物除有关特殊规定外应遵守危险废物管理的基本规定。《国家危险废物名录》（2021 年版）将医疗废物分为感染性废物、损伤性废物、病理性废物、化学性废物、药物性废物，并且规定医疗废物分类按照《医疗废物分类目录》执行。《医疗废物管理条例》（国务院令　第 380 号）第二条规定，医疗废物分类目录，由国务院卫生行政主管部门和环境保护行政主管部门共同制定、公布。

2003 年，卫生部、国家环保总局出台了《医疗废物分类目录》。该目录是分类收集和处置医疗废物的重要依据，为规范管理医疗废物、维护人民健康、保护生态环境发挥了积极作用。为进一步提高医疗废物分类管理水平，实现医疗废物处置的无害化、减量化、科学化，国家卫生健康委和生态环境部对目录进行修订，形成了《医疗废物分类目录》（2021 年版）（国卫医函〔2021〕238 号）。《医疗废物分类目录》（2021 年版）对感染性废物、损伤性废物、病理性废物、药物性废物及化学性废物

5 类常见组分或废物名称进行了归类与细化，新增了收集方式，进一步明确了医疗废物的盛装方法和收集管理要求。此外，还补充说明了一些常见的废弃物不属于医疗废物，如盛装消毒剂、透析液的空容器等。

《国家危险废物名录》（2021 年版）第五条规定，列入“危险废物豁免管理清单”中的危险废物，在所列的豁免环节，且满足相应的豁免条件时，可以按照豁免内容的规定实行豁免管理。在《国家危险废物名录》（2021 年版）附录“危险废物豁免管理清单”中，对医疗废物豁免环节、条件和内容等作了规定，例如在医疗废物收集环节，对从事床位总数在 19 张以下（含 19 张）的医疗机构产生的医疗废物的收集活动，收集过程不按危险废物管理；又如处置环节，对按照《医疗废物高温蒸汽集中处理工程技术规范》（HJ/T 276—2006）、《医疗废物化学消毒集中处理工程技术规范》（HI/T 228—2006）或者《医疗废物微波消毒集中处理工程技术规范》（HI/T 229—2006）进行处理后的感染性废物，进入生活垃圾填埋场填埋处置或进入生活垃圾焚烧厂焚烧处置，处置过程不按危险废物管理。针对一些无风险或风险较低的医疗废物，《医疗废物分类目录》（2021 年版）规定，列入本目录附表“医疗废物豁免管理清单”中的医疗废物，在满足相应条件时可以按照豁免内容的规定实行豁免管理。例如，安瓿瓶、导丝等在满足豁免条件时，可不使用利器盒收集，此举可明显减少不必要的利器盒使用。

（二）医疗废物的监督管理部门

医疗废物污染环境防治的监督管理，涉及卫生健康、生态环境等部门。《固废法》第九十条第二款规定，县级以上人民政府卫生健康、生态环境等主管部门应当在各自职责范围内加强对医疗废物收集、贮存、运输、处置的监督管理，防止危害公众健康、污染环境。

《医疗废物管理条例》（国务院令　第380号）第五条规定，县级以上各级人民政府卫生行政主管部门，对医疗废物收集、运送、贮存、处置活动中的疾病防治工作实施统一监督管理；环境保护行政主管部门，对医疗废物收集、运送、贮存、处置活动中的环境污染防治工作实施统一监督管理。《中央和国家机关有关部门生态环境保护责任清单》对中央和国家机关有关部门的生态环境保护责任作了具体划分，生态环境部按职责指导做好医疗废物收集、转运、处理、处置过程中的环境污染防治工作；国家卫生健康委负责指导和监督医疗废物在医疗机构内的分类、收集、运送、暂存、交接；交通运输部负责指导做好医疗废物运输保障工作。针对违反医疗废物管理规定的不同行为，《医疗废物管理行政处罚办法》（卫生部、国家环境保护总局令　第21号）规定了县级以上人民政府卫生行政主管部门和环境保护行政主管部门各自的处罚职责。

（三）医疗卫生机构的义务

医疗卫生机构作为产生单位，应当严格做好医疗机构废弃物的分类及源头管理。《医疗机构废弃物综合治理工作方案》（国卫医发〔2020〕3号）明确要求，医疗卫生机构应当将产生的医疗废物、生活垃圾、输液瓶（袋）等进行分类管理，形成分类投放、分类收集、分类贮存、分类交接、分类转运的废弃物管理系统，确保医疗机构废弃物应分尽分和可追。

《固废法》第九十条第三款规定，医疗卫生机构应当依法分类收集本单位产生的医疗废物，交由医疗废物集中处置单位处置。《医疗废物管理条例》第三章专门对医疗卫生机构的医疗废物管理作出规定，要求医疗卫生机构暂时贮存医疗废物的时间不得超过 2 天；医疗卫生机构应当根据就近集中处置的原则，及时将医疗废物交由医疗废物集中处置单位处置。《医疗卫生机构医疗废物管理办法》（卫生部令　第 36 号）在医疗废物的管理职责、分类收集运送与暂时贮存医疗废物以及人员培训和职业安全防护等方面，对医疗卫生机构内部的医疗废物管理作出了进一步具体规定。

针对输液瓶（袋）回收利用的问题，《卫生部关于明确医疗废物分类有关问题的通知》（卫办医发〔2005〕292 号）明确，使用后的各种玻璃（一次性塑料）输液瓶（袋），未被病人血液、体液、排泄物污染的，不属于医疗废物，不必按照医疗废物进行管理，但这类废物回收利用时不能用于原用途，用于其他用途时应符合不危害人体健康的原则。《医疗机构废弃物综合治理工作方案》再次强调了“输液瓶（袋）回收利用闭环管理、定点定向、全程追溯”的原则，特别是在回收利用环节，由地方出台政策措施，确保辖区内分别至少有 1 家回收和利用企业或 1 家回收利用一体化企业，确保辖区内医疗机构输液瓶（袋）回收和利用全覆盖，并做到定点定向。

（四）医疗废物集中处置单位的义务

《固废法》第九十条第四款规定，医疗废物集中处置单位应当及时收集、运输和处置医疗废物。医疗废物属于危险废物，医疗废物集中处置单位应当申请领取危险废物经营许可证。作为危险废物经营单位，医疗废物集中处置单位有义务有责任面向医疗卫生机构提供服务。对应医疗废物机构的及时交付义务，本款规定了医疗废物集中处置单位的及时收集义务。《医疗废物管理条例》明确规定，医疗废物集中处置单位应当至少每 2 天到医疗卫生机构收集、运送一次医疗废物，并负责医疗废物的贮存、处置。

（五）医疗废物集中处置设施建设

《固废法》第九十条第一款规定，县级以上地方人民政府应当加强医疗废物集中处置能力建设。这是针对目前全国医疗废物集中处置设施能力不平衡而提出的，明确医疗废物集中处置能力建设的主体责任是县级以上人民政府，加强能力建设包括新建设施和现有设施提质扩能两个方面。为加快推进医疗废物处置能力建设，补齐医疗废物处置短板，国家发展改革委、国家卫生健康委、生态环境部研究制定了《医疗废物集中处置设施能力建设实施方案》（发改环资〔2020〕696 号），提出加快优化医疗废物集中处置设施布局、积极推进大城市医疗废物集中处置设施应急备用能力建设、大力推进现有医疗废物集中处置设施扩能提质、加快补齐医疗废物集中处置设施缺口、健全医疗废物收集转运处置体系、建立医疗废物信息化管理平台等六方面任务。

（六）医疗废物的应急处置

2020 年年初以来，新冠肺炎疫情暴发，医疗废物产生量激增，医疗废物污染环境防治形势严峻，特别是疫情发生初期，医疗废物应急处置面临着巨大压力。《固废法》第九十一条规定，重大传染病疫情等突发事件发生时，县级以上人民政府应当统筹协调医疗废物等危险废物收集、贮存、运输、处置等工作，保障所需的车辆、场地、处置设施和防护物资。卫生健康、生态环境、环境卫生、交通运输等主管部门应当协同配合，依法履行应急处置职责。本条明确了县级以上人民政府是重大传染病疫情等突发事件发生期间的第一责任主体，应当建立医疗废物等危险废物的应急管理与处置机制，并强调相关部门的协同配合职责和应急处置职责。地震、海啸、台风等自然灾害、突发环境事件过程中产生的危险废物应急管理与处置及相关部门职责也应遵守本条款规定。

为做好疫情期间医疗废物污染环境防治工作，生态环境部印发了《新型冠状病毒感染的肺炎疫情医疗废物应急处置管理与技术指南（试行）》，明确了肺炎疫情医疗废物应急处置管理要求，提出了肺炎疫情医疗废物应急处置技术路线，指出了肺炎疫情医疗废物应急处置技术要点，指导各地及时、有序、高效、无害化处置肺炎疫情医疗废物，规范肺炎疫情医疗废物应急处置的管理与技术要求。国家卫生健康委印发《关于做好新型冠状病毒感染的肺炎疫情期间医疗机构医疗废物管理工作的通知》（国卫办医函〔2020〕81 号），要求落实医疗机构主体责任，加强医疗废物的分类收集，加强医疗废物的运送贮存。《医疗机构废弃物综合治理工作方案》提出，国家卫生健康委、生态环境部牵头，完善信息交流和工作协同机制：卫生健康部门要及时向生态环境部门通报医疗机构医疗废物产生、转移或自行处置情况；生态环境部门要及时向卫生健康部门通报医疗废物集中处置单位行政审批情况，面向社会公开医疗废物集中处置单位名单、处置种类和联系方式等；住房城乡建设（环卫）

部门要及时提供生活垃圾专业处置单位名单及联系方式；商务、工业和信息化部门要共享有能力回收和利用输液瓶（袋）等可回收物的企业名单、处置种类和联系方式，并及时向卫生健康部门通报和定期向社会公布。

第七章　保障措施

固体废物污染环境防治贯穿产生、收集、贮存、运输、利用、处置的全过程，关系生产、流通、消费领域多方利益。解决固体废物的问题，固然需要通过法律明确相关方的权利义务和责任。但固体废物污染环境防治面临的部分问题，单纯依靠强制手段无法解决。例如，生活垃圾分类和快递外卖行业的过度包装问题，涉及的社会面较广，更多地需要通过宣传教育对相关方的行为给予引导。再如，有的地方生活垃圾处理、建筑垃圾消纳、危险废物集中处置等设施选址难落地难，需要政府统筹编制国土空间规划和相关专项规划，强化设施建设用地保障。

针对上述问题，《固废法》修订之后，专设“保障措施”一章，从土地、财政、税收等诸多方面，鼓励、支持有关方采取有利于固体废物污染环境防治的措施，推动建立多元共治的长效机制，加快形成全社会共同治理的保护格局。

一、建设用地保障

（一）设施建设用地保障的必要性

生活垃圾、建筑垃圾、危险废物等固体废物转运、集中处置等设施，如生活垃圾中转站、建筑垃圾消纳场、垃圾填埋场及焚烧厂等，是重要的环境保护公共服务设施。科学、合理地建设好固体废物转运、集中处置等设施，既是政府及其有关部门履行环境保护责任的重要任务，也是有效推行生活垃圾分类制度、建筑垃圾分类处理制度和危险废物污染环境防治制度的重要基础。

2017 年，全国人民代表大会常务委员会开展的《固废法》执法检查中发现，我国加快推进固体废物污染防治基础设施建设，固体废物利用处置能力有了较大提升，但仍存在处置能力不足、规划选址不合理的情况。就生活垃圾而言，受“邻避效应”影响，生活垃圾处置设施建设滞后，处理能力分布不平衡，部分城市设施仍然不足，存量设施提升改造进展缓慢，部分已建成设施甚至难以正常使用。相较于城市环境，农村更是薄弱环节，环保基础设施严重不足，全国只有 43%的村庄实现了生活垃圾集中收运，一些地方还出现城市垃圾“上山下乡”，使农村成为垃圾集聚地。就建筑垃圾而言，各地规范化的建筑垃圾消纳场建设普遍滞后于建筑垃圾产生量快速增长，现有消纳场数量、容量等均不能满足各地建筑垃圾处置需求。就危险废物而言，有些地方未将危险废物集中处置设施纳入公共基础设施规划，全国还有近 1/5 的地级城市无医疗废物集中处置单位。有些地方规划布局不科学，危险废物处置供求关系失衡，处置能力存在缺口。

鉴于此，《固废法》第九十二条规定，国务院有关部门、县级以上地方人民政府及其有关部门在编制国土空间规划和相关专项规划时，应当统筹生活垃圾、建筑垃圾、危险废物等固体废物转运、集中处置等设施建设需求，保障转运、集中处置等设施用地。

（二）国土空间规划和相关专项规划应当充分衔接

国土空间规划是对一定区域国土空间开发保护在空间和时间上作出的安排。建立国土空间规划体系并监督实施，将主体功能区规划、土地利用总体规划、城乡规划等空间规划融合为统一的国土空间规划，实现“多规合一”，强化国土空间规划对各专项规划的指导约束作用，是党中央、国务院作出的重大部署。2019 年发布的《中共中央、国务院关于建立国土空间规划体系并监督实施的若干意见》提出，国土空间规划是国家空间发展的指南、可持续发展的蓝图，是各类开发利用保护建设活动的基本依据。全国国土空间规划是对全国国土空间作出的全局安排，是全国国土空间保护、开发、利用、修复的政策和总纲，侧重战略性，由自然资源部会同相关部门组织编制，由党中央、国务院审定后印发。由于国土空间规划之外再无其他空间规划，生活垃圾、建筑垃圾、危险废物等固体废物转运、集中处置等设施建设用地需求，必须通过国土空间规划来落实。

国务院有关部门、县级以上地方人民政府及其有关部门根据工作需要，经常还会编制与生活垃圾、建筑垃圾、危险废物等固体废物转运、集中处置等设施建设密切相关的专项工作规划，例如，《固废法》第三十五条规定的工业固体废物污染环境防治工作规划，第六十条规定的建筑垃圾污染环境防治工作规划，第七十六条规定的危险废物集中处置设施、场所的建设规划等。这些专项规划基于固体废物污染环境防治的需要，会对固体废物转运、集中处置等设施建设等作出安排，包括设施建设的数量、类型、布局等。

因此，推动固体废物转运、集中处置等设施建设，必须充分衔接国土空间规划和相关专项规划。通过制定专项规划，明确设施建设的需求和目标。通过制定国土空间规划，保障设施建设用地。

二、财政资金保障

《固废法》第九十五条规定，各级人民政府应当加强固体废物污染环境的防治，按照事权划分的原则安排必要的资金用于下列事项：（1）固体废物污染环境防治的科学研究、技术开发；（2）生活垃圾分类；（3）固体废物集中处置设施建设；（4）重大传染病疫情等突发事件产生的医疗废物等危险废物应急处置；（5）涉及固体废物污染环境防治的其他事项。

（一）资金与基金的区别

固体废物污染环境的防治工作，一方面是产废单位和个人的责任，另一方面也具有公益的属性，以追求利益最大化为目的的商业资本很少涉足这些领域，从这个角度出发，国家和地方财政应投入足够的资金引导开展固体废物污染环境防治相关的工作。

这里应当注意到，财政资金与财政基金两个概念之间的区别与联系。财政资金是指国家运用价值形式参与社会产品分配，形成归国家集中或非集中支配，并用于指定用途的资金。财政资金由国家预算资金和国家预算外资金所组成。根据《预算法》，预算包括一般公共预算、政府性基金预算、国有资本经营预算、社会保险基金预算，预算资金的收入和支出应当执行《预算法》的规定。根据《国务院关于加强预算外资金管理的决定》（国发

〔1996〕29 号），预算外资金是指国家机关、事业单位和社会团体为履行或代行政府职能，依据国家法律、法规和具有法律效力的规章而收取、提取和安排使用的未纳入国家预算管理的各种财政性资金。

政府性基金预算是对依照法律、行政法规的规定在一定期限内向特定对象征收、收取或者以其他方式筹集的资金，专项用于特定公共事业发展的收支预算。政府性基金预算应当根据基金项目收入情况和实际支出需要，按基金项目编制，做到以收定支。《固废法》第六十六条规定，国家建立电器电子、铅蓄电池、车用动力电池等产品的生产者责任延伸制度。为落实生产者责任延伸制度，《废弃电器电子产品回收处理管理条例》（国务院令　第 551 号）规定，国家建立废弃电器电子产品处理基金，用于废弃电器电子产品回收处理费用的补贴。废弃电器电子产品处理基金应当纳入预算管理，其征收、使用、管理的具体办法由国务院财政部门会同国务院生态环境、资源综合利用、工业信息产业主管部门制定，报国务院批准后施行。目前，我国共设有 21 项政府性基金，废弃电器电子产品处理基金是其中唯一一项生态环境保护类基金。

（二）资金的使用范围

《固废法》第九十五条规定了各级政府安排必要资金的义务，并且明确了财政资金的使用范围。具体使用范围包括以下 5 个方面。

（1）固体废物污染环境防治的科学研究、技术开发。推进固体废物治理大有可为，关键在于强有力的科技支撑。固体废物种类繁多、数量巨大、污染类型复杂，需要切实加大对不同种类固体废物污染成因、治理机理、防治技术等的研究开发，通过科学技术进步推动固体废物污染防治工作水平的不断提升。《固废法》第十条规定，国家鼓励、支持固体废物污染环境防治的科学研究、技术开发、先进技术推广和科学普及，加强固体废物污染环境防治科技支撑。为此，通过各级政府安排资金投入来推动固体废物污染环境防治的科学研究、技术开发，十分重要。

（2）生活垃圾分类。有效推行生活垃圾分类制度，需要扎实做好建立分类投放、分类收集、分类运输、分类处理的管理系统，广泛开展宣传教育，统筹安排收集、运输、处理设施，需要研究制定生活垃圾清扫、收集、贮存、运输和处理设施、场所运行规范，研究发布分类指导目录等公共服务工作，这些都需要各级政府安排资金予以保障，才能保证生活垃圾分类制度真正落地。

（3）固体废物集中处置设施建设。我国固体废物产生量大、积存量多，再加上有些地方政府治理和监管责任落实不到位，不少地方未将固体废物集中处置设施纳入公共基础设施规划。2017 年全国人民代表大会常务委员会《固废法》执法检查报告指出，全国还有近 1/5 的地级城市无医疗废物集中处置设施，导致实际工作中固体废物处置供求关系失衡，大量固体废物因处置能力存在缺口长期得不到有效处置。为此，修订后的《固废法》第三十五条要求组织建设工业固体废物集中处置等设施，第五十五条要求统筹安排建设城乡生活垃圾处理设施，第六十二条要求加强建筑垃圾处置设施、场所建设，第七十六条要求合理布局危险废物集中处置设施，这些都要求有必要的资金保障。

（4）重大传染病疫情等突发事件产生的医疗废物等危险废物应急处置。重大传染病疫情等突发事件产生的医疗废物等危险废物、污染性强、危害大，处置不当很容易导致环境污染事故的发生。而且由于事发突然，往往会超出当地的正常处置能力。《固废法》第九十一条规定，重大传染病疫情等突发事件发生时，县级以上人民政府应当统筹协调医疗等危险废物处置工作，保障所需的处置设施等。落实上述职责，需要各级政府安排必要资金用于重大传染病疫情等突发事件产生的医疗废物等危险废物应急处置。

（5）涉及固体废物污染环境防治的其他事项。固体废物污染环境防治工作涉及内容繁多，除上述 4 项外，还有不少其他工作也需要各级政府安排资金予以保障，具体内容由各级政府根据本地区固体废物污染环境防治工作的需要予以安排。

（三）资金的使用现状

我国目前在国家层面设立了大气、水、土壤污染防治专项资金，由中央一般公共预算安排，专门用于支持地方开展大气、水、土壤污染防治等领域工作。财政部制定了《大气污染防治资金管理办法》（财资环〔2021〕46 号）、《水污染防治资金管理办法》（财资环〔2021〕36 号）、《土壤污染防治资金管理办法》（财资环〔2022〕28 号），以规范和加强污染防治资金管理，提高财政资金使用效益。

在固体废物领域，我国尚未设立统一的固体废物污染环境防治专项资金。发展改革、科技、生态环境、工业和信息化、住房和城乡建设、农业农村等不同部门在各自职能分工范围内，分散安排资金支持生活垃圾分类、厨余垃圾治理、农业固体废物综合利用、大宗工业固体废物综合利用等示范试点项目。例如，2011 年国家发展改革委、财政部印发《循环经济发展专项资金支持餐厨废弃物资源化利用和无害化处理试点城市建设实施方案》（发改办环资〔2011〕1111 号），利用循环经济发展专项资金支持餐厨废弃物资源化利用和无害化处理试点城市建设工作。《污染治理和节能减碳中央预算内投资专项管理办法》（发改环资规〔2021〕655 号）规定，专项资金重点支持污水垃圾处理等环境基础设施建设、节能减碳、资源节约与高效利用、突出环境污染治理等 4 个方向，国家生态文明试验区建设重大事项需安排资金支持，且不属于既有资金支持范围的项目建设，以及围绕落实党中央、国务院交办重大事项需安排支持的项目建设。

三、税收优惠政策

固体废物污染环境防治相关产业是政策驱动型产业，税收优惠是助推其发展的最为有效且易于操作的扶持措施。通过经济手段引导工业企业、社会各界主动开展固体废物污染环境防治工作，能够有效促进固体废物减量化、资源化、无害化。《固废法》第九十八条规定，从事固体废物综合利用等固体废物污染环境防治工作的，依照法律、行政法规的规定，享受税收优惠。根据税收法定原则，税种的设立、税率的确定和税收征收管理等税收基本制度，只能由法律设定。我国目前现存 18 个税种，其中 11 个税种已完成立法。本条规定中的“依照法律、行政法规”，是指税收相关立法。涉及固体废物税收优惠的税种主要有增值税、所得税、环境保护税、资源税、消费税。

（一）增值税优惠政策

1．再生资源回收增值税

为了促进再生资源回收行业的健康有序发展，促进税收公平和税制规范，财政部、国家税务总局印发《关于再生资源增值税政策的通知》（财税〔2008〕157 号），决定调整再生资源回收与利用的增值税政策，自 2009 年 1 月 1 日起，取消“废旧物资回收经营单位销售其收购的废旧物资免征增值税”和“生产企业增值税一般纳税人购入废旧物资回收经营单位销售的废旧物资，可按废旧物资回收经营单位开具的由税务机关监制的普通发票上注明的金额，按 10%计算抵扣进项税额”的政策。单位和个人销售再生资源，应当依照国家相关规定缴纳增值税。但个人（不含个体工商户）销售自己使用过的废旧物品免征增值税。增值税一般纳税人购进再生资源，应当凭取得的扣税凭证抵扣进项税额，原印有“废旧物资”字样的专用发票停止使用，不再作为增值税扣税凭证抵扣进项税额。在 2010 年年底以前，对符合条件的增值税一般纳税人销售再生资源缴纳的增值税实行先征后退政策。对符合退税条件的纳税人 2009 年销售再生资源实现的增值税，按 70%的比例退回给纳税人；对其 2010 年销售再生资源实现的增值税，按 50%的比例退回给纳税人。

2．资源综合利用增值税

根据《关于印发〈资源综合利用产品和劳务增值税优惠目录〉的通知》（财税〔2015〕78 号），自 2015 年 7 月 1 日起，纳税人销售自产的资源综合利用产品和提供资源综合利用劳务，可享受增值税即征即退政策。具体综合利用的资源名称、综合利用产品和劳务名称、技术标准和相关条件、退税比例等按照《资源综合利用产品和劳务增值税优惠目录》的相关规定执行。

（二）所得税优惠政策

《企业所得税法实施条例》第八十八条规定，企业从事符合条件的环境保护、节能节水项目的所得，自项目取得第一笔生产经营收入所属纳税年度起，第一年至第三年免征企业所得税，第四年至第六年减半征收企业所得税。

财政部、国家税务总局、国家发展改革委、工业和信息化部、环境保护部印发的《关于印发节能节水和环境保护专用设备企业所得税》（财税〔2017〕71 号）规定，自 2017 年 1 月 1 日起，对企业购置并实际使用节能节水和环境保护专用设备享受企业所得税抵免优惠政策的适用目录进行适当调整，统一按《节能节水专用设备企业所得税优惠目录》（2017 年版）和《环境保护专用设备企业所得税优惠目录》（2017 年版）执行。《环境保护、节能节水项目企业所得税优惠目录（试行）》第 2 类别“公共垃圾处理”中“工业固体废物处理项目和危险废物处理项目”项目应具备的条件包括：

（1）根据全国危险废物处置设施建设规划等全国性规划设立，但按照国家规定作为企业必备配套设施的自用的废弃物处理项目除外。

（2）专门从事工业固体废物或危险废物的收集、贮存、运输、处置。

（3）采用符合国家规定标准的卫生填埋、焚烧、热解、堆肥、水泥窑协同处置等工艺。其中，水泥窑协同处置要符合国家产业政策和准入条件。

（4）工业固体废物处理项目符合环境保护行政主管部门规定的工业固体废物类污染治理设施运营资质条件，危险废物处理项目取得县级以上人民政府环境保护行政主管部门颁发的危险废物经营许可证。

（5）项目设计、施工和运行管理人员具备国家相应职业资格。

（6）按照国家法律法规要求，通过相关验收。

（7）项目经设区的市或者市级以上环境保护行政主管部门总量核查。

（8）国务院财政、税务主管部门规定的其他条件。

（三）环境保护税政策

《环境保护税法》规定，直接向环境排放应税污染物的企业事业单位和其他生产经营者为环境保护税的纳税人，应当依照本法规定缴纳环境保护税。纳税人综合利用的固体废物，符合国家和地方环境保护标准的，暂予免征环境保护税。根据《环境保护税法实施条例》，固体废物的综合利用量，是指按照国务院发展改革、工业和信息化主管部门关于资源综合利用要求以及国家和地方环境保护标准进行综合利用的固体废物数量。2018 年，财政部、国家税务总局、生态环境部印发《关于环境保护税有关问题的通知》（财税〔2018〕23 号），明确纳税人对应税固体废物进行综合利用的，应当符合工业和信息化部制定的工业固体废物综合利用评价管理规范。

《固废法》第三十四条规定，国务院工业和信息化主管部门应当组织开展工业固体废物资源综合利用评价。工业和信息化部印发了《工业固体废物资源综合利用评价管理暂行办法》（工业和信息化部公告　2018 年第 26 号)，建立统一的工业固体废物资源综合利用评价制度、明确评价程序。开展工业固体废物资源综合利用评价的企业，可依据评价结果，按照《关于环境保护税有关问题的通知》和有关规定，申请暂予免征环境保护税。

（四）资源税优惠政策

《资源税法》规定，开发应税资源的单位和个人，为资源税的纳税人，应当依照本法规定缴纳资源税。纳税人开采共伴生矿、低品位矿、尾矿，各省（区、市）可以决定免征或者减征资源税。黑龙江省人大常委会通过了《关于实施资源税法授权事项的决定》，纳税人开采共伴生矿、低品位矿减按百分之五十征收资源税，开采尾矿免征资源税。辽宁、陕西等地也出台了类似规定。通过实施上述资源税减免优惠政策，在一定程度上能够减少矿业固体废物产生、促进尾矿等综合利用。

（五）消费税优惠政策

我国目前在消费税领域尚无立法，该税种征收管理依据《中华人民共和国消费税暂行条例》（国务院令　第 539 号）。其中第十一条规定，对纳税人出口应税消费品，免征消费税；国务院另有规定的除外。该条规定赋予了国务院免税政策制定权。为促进资源综合利用和环境保护，经国务院批准，财政部、国家税务总局印发《关于对利用废弃的动植物油生产纯生物柴油免征消费税的通知》（财税〔2010〕118 号）、《关于对废矿物油再生油品免征消费税的通知》（财税〔2013〕105 号），对利用废弃的动物油和植物油为原料生产的纯生物柴油免征消费税，对以回收的废矿物油为原料生产的润滑油基础油、汽油、柴油等工业油料免征消费税。

四、绿色金融政策

固体废物污染防治工作涉及面广，需要大量资金支持，仅靠政府、企业的力量很难满足资金需求。金融有助于实现资本积聚与集中，有助于实现大规模生产经营，有助于提升规模经济的效益，因此发展绿色金融可以有效弥补固体废物污染防治工作对资金的需求。《固废法》第九十七条规定，国家发展绿色金融，鼓励金融机构加大对固体废物污染环境防治项目的信贷投放。

（一）绿色金融体系

绿色金融政策主要包括绿色信贷、绿色债券、绿色保险等，近年来国家相关部门先后出台了一系列绿色金融政策文件，逐步构建起较为完整的绿色金融政策体系。2016 年，人民银行联合发展改革委、财政部、环境保护部、银监会、保监会、证监会共同印发《关于构建绿色金融体系的指导意见》（银发〔2016〕228 号），标志着中国成为全球首个建立了系统性绿色金融政策框架的国家。2017 年，人民银行进一步细化任务目标，出台《落实〈关于构建绿色金融体系的指导意见〉的分工方案》（银办函〔2017〕294 号），逐条落实牵头单位和成果进度，为绿色金融体系建设确定了时间表和路线图。同时，绿色债券、绿色信贷、环境信息披露、第三方评估认证等方面的具体政策也逐步落地。绿色金融发展有章可循、有据可依。

2022 年，生态环境部印发《生态环保金融支持项目储备库入库指南（试行）》（环办科财〔2022〕6 号），推动建设生态环保金融支持项目储备库，积极引导金融资金投入，加强金融对深入打好污染防治攻坚战的精准支撑，推进适宜金融支持的重大生态环保项目谋划。入库项目采用生态环境导向的开发（EOD）模式、政府和社会资本合作（PPP）模式及其他市场化方式运作的项目。在固体废物处理处置及资源综合利用领域，入库范围包括城乡生活垃圾收集与处理处置、餐厨垃圾收集与资源化利用、危险废物及医疗废物收集与处理处置、矿产资源（含尾矿）综合利用、废旧资源再生利用、农业固体废物资源化利用、工业固体废物环境风险管控、工业固体废物无害化处理处置及综合利用、建筑垃圾和道路沥青资源化利用、包装废弃物回收处理等。

（二）绿色信贷

绿色信贷是我国环境保护和绿色产业融资的主要渠道之一。2012 年 2 月，中国银行保险监督管理委员会发布《绿色信贷指引》，对绿色信贷的范围及环境和社会风险作出明确的界定，对银行业在银行内部从上至下实施绿色信贷提供更为明确的指导方向，并通过奖励和问责等机制使其具有一定程度的约束性。中国银监会印发《关于报送绿色信贷统计表的通知》（银监办发〔2013〕185 号），建立绿色信贷统计制度，将农林废弃物资源化利用项目纳入统计范畴，引导金融资源配置及信贷投放支持秸秆综合利用产业发展。截至 2020 年年末，国内 21 家主要银行绿色信贷余额超过 11 万亿元，我国绿色信贷总余额居世界首位，绿色信贷产品和服务不断丰富和扩展，为推动固体废物利用处置行业高质量发展带来政策红利和发展契机。

（三）绿色债券

2015 年 12 月，国家发展改革委印发《绿色债券发行指引》（发改办财金〔2015〕3504 号），明确绿色债券支持重点为节能减排技术改造项目、循环经济发展项目、污染防治项目、生态农林业项目、节能环保产业项目、生态文明先行示范实验项目等 12 大项，同时明确企业申请发行绿色债券，可适当调整审核准入条件，包括债券募集资金占项目总投资比例放宽至 80%，不受发债指标限制；在资产负债率低于 75%的前提下，核定发债规模时不考察企业其他公司信用类产品的规模；鼓励上市公司及其子公司发行绿色债券等。2016 年上海证券交易所、深圳证券交易所相继发布《关于开展绿色公司债券试点的通知》和《关于开展绿色公司债券业务试点的通知》，明确将开展绿色公司债券的试点，在现行公司债券规则框架内推进交易所市场绿色债券试点工作，对绿色债券的申报受理及审核建立了专门的“绿色通道”。2018 年，中国共发行绿色债券超过 2 800 亿元，绿色债券存量规模接近 6 000 亿元，位居全球前列。

（四）国家绿色发展基金

党的十八届五中全会明确提出，要加快发展绿色金融，设立绿色基金。2016 年 8 月，习近平总书记在中央全面深化改革领导小组第二十七次会议上提出，要利用绿色发展基金等金融工具和相关政策为绿色发展服务。2017 年 8 月，中共中央、国务院印发的《关于服务实体经济防控金融风险深化金融改革的若干意见》提出，设立绿色发展基金，支持低碳生产和绿色发展。2018 年 6 月，中共中央、国务院印发的《关于全面加强生

态环境保护 坚决打好污染防治攻坚战的意见》提出“设立国家绿色发展基金”。绿色基金由财政部、生态环境部和上海市人民政府三方共同发起设立，国务院授权财政部履行国家出资人职责，财政部委托上海市承担绿色基金管理的具体事宜。国家绿色发展基金首期规模 885 亿元，由中央财政和长江经济带沿线的 11 个省市地方财政共同出资，同时也吸引社会资本参与，成立“国家绿色发展基金股份有限公司”，以公司制形式参与市场化运作。绿色发展基金是国家级投资基金，按照加强生态文明建设总体要求，面向市场需求，积极引导社会资本投向大气、水、土壤、固体废物污染治理等外部性强的绿色发展领域，促进污染治理、生态修复等绿色产业发展和经济高质量发展。

五、环境污染责任保险

（一）环境污染责任保险试点

环境污染责任保险是以企业发生环境污染事故对第三方造成的损害依法应承担的赔偿责任为标的的保险。在许多国家，环境污染责任保险制度已被证明是一种参与环境管理比较有效的市场化运行机制。《环境保护法》第五十二条规定，国家鼓励投保环境污染责任保险。

我国环境污染责任保险试点工作起步于 2007 年。2013 年，环境保护部与保监会印发《关于开展环境污染强制责任保险试点工作的指导意见》（环发〔2013〕10 号），要求涉重金属企业投保环境污染责任保险，鼓励石化、危险化学品生产经营、危险废物处理处置及其他高环境风险企业投保。2015 年 9 月，党中央、国务院印发的《生态文明体制改革总体方案》明确提出：

“在环境高风险领域建立环境污染强制责任保险制度。”2016年8月，经习近平总书记主持召开的中央全面深化改革领导小组审议通过，国务院同意，由人民银行、环境保护部、保监会等七部门联合印发的《关于构建绿色金融体系的指导意见》规定：“在环境高风险领域建立环境污染强制责任保险制度。按程序推动制修订环境污染强制责任保险相关法律或行政法规，由环境保护部门会同保险监管机构发布实施性规章。选择环境风险较高、环境污染事件较为集中的领域，将相关企业纳入应当投保环境污染强制责任保险的范围。”中共中央、国务院2018年印发的《关于全面加强生态环境保护坚决打好污染防治攻坚战的意见》规定：“推动环境污染责任保险发展，在环境高风险领域建立环境污染强制责任保险制度。”中共中央、国务院2021年11月印发的《关于深入打好污染防治攻坚战的意见》规定：“在环境高风险领域依法推行环境污染强制责任保险。”

生态环境损害赔偿制度改革进一步确立了环境有价、损害担责的原则，倒逼企业增强防范环境风险的内在动力，也促使企业通过投保环责险，化解环境风险，保障企业正常生产经营。2017年，中共中央办公厅、国务院办公厅印发《生态环境损害赔偿制度改革方案》（中办发〔2017〕68号），明确生态环境损害的含义是因污染环境、破坏生态造成大气、地表水、地下水、土壤、森林等环境要素和植物、动物、微生物等生物要素的不利改变，以及上述要素构成的生态系统功能退化；明确生态环境损害赔偿范围包括清除污染费用、生态环境修复费用、生态环境修复期间服务功能的损失、生态环境功能永久性损害造成的损失以及生态环境损害赔偿调查、鉴定评估等合理费用。企业发生严重影响生态环境事件，造成生态环境损害的，将依法承担生态环境修复或者货币赔偿的责任。

目前，全国 31 个省（区、市）均已开展环境污染强制责任保险试点，覆盖涉重金属、石化、危险化学品、危险废物处置等行业，保险公司已累计为企业提供超过 1 600 亿元的风险保障。其中，“无废城市”试点地区也在推行环境污染责任保险方面取得了积极成效。许多地方性法规规定危险废物、有毒有害物质等领域环境高风险企业应当投保环境污染强制责任保险。

（二）危险废物环境污染责任保险

《固废法》第九十九条规定，收集、贮存、运输、利用、处置危险废物的单位，应当按照国家有关规定，投保环境污染责任保险。根据本条规定，生态环境部、中国银行保险监督管理委员会联合组织制定了《危险废物环境污染责任保险管理办法（征求意见稿）》。征求意见稿共计 22 条，包括 5 部分内容：第一条至第四条为基本规定，第五条至第九条规定投保前和订立保险合同过程中的有关要求，第十条至第十三条规定了保险合同有效期间的相关管理要求，第十四条至第十九条规定了出现保险事故后的处理程序和要求，第二十条至第二十二条规定了相关保障措施。

六、企业环境信用记录

《环境保护法》第五十四条规定，县级以上地方人民政府环境保护主管部门和其他负有环境保护监督管理职责的部门，应当将企业事业单位和其他生产经营者的环境违法信息记入社会诚信档案，及时向社会公布违法者名单。《固废法》第二十八条规定，生态环境主管部门应当会同有关部门建立产生、收集、贮存、运输、利用、处置固体废物的单位和其他生产经营者信用记录制度，将相关信用记录纳入全国信用信息共享平台。企业环境信用记录是指生态环境主管部门在履行环境保护职责过程中制作或者获取的，以一定形式记录、保存的，反映企业环境信用情况的环境管理信息，记入企业环境信用记录。企业环境信用评价是指生态环境主管部门根据企业环境行为信息，按照规定的指标、方法和程序，对企业遵守环保法律法规、履行环保社会责任等方面的实际表现，进行环境信用评价，确定其信用等级，并向社会公开，供公众监督和有关部门、金融等机构应用的环境管理手段。

环境保护部、国家发展改革委、中国人民银行、中国银监会印发的《企业环境信用评价办法（试行）》（环发〔2013〕150号）规定，企业的环境信用，分为环保诚信企业、环保良好企业、环保警示企业、环保不良企业4个等级，依次以绿牌、蓝牌、黄牌、红牌表示。建立健全环境保护守信激励机制和环境保护失信惩戒机制。对环保诚信企业，采取激励性措施；对环保警示企业，采取约束性措施；对环保不良企业，采取惩戒性措施。非法排放、倾倒、处置危险废物，或者向无经营许可证或者超出经营许可范围的单位或个人提供或者委托其收集、贮存、利用、处置危险废物的，实行"一票否决"，直接评定为"环保不良企业"。

为加快建立企业环保守信激励、失信惩戒机制，环境保护部、国家发展改革委印发《关于加强企业环境信用体系建设的指导意见》（环发〔2015〕161号），在建立和完善企业环境信用记录的基础上，进一步完善企业环境信用评价制度，探索企业环境信用承诺制度，加强企业环境信用信息系统建设，加强生活污水、工业废水、除尘脱硫脱硝、工业废气、工业固体废物、危险废物、生活垃圾、重金属污染治理等环境污染第三方治理机构的信用建设。

国家发展改革委、人民银行、环境保护部等 31 部门共同签署《关于对环境保护领域失信生产经营单位及其有关人员开展联合惩戒的合作备忘录》（发改财金〔2016〕1580 号），针对环境保护领域失信生产经营单位及其有关人员开展联合惩戒措施。环境保护部通过全国信用信息共享平台向签署本备忘录的各有关部门提供环境保护领域失信生产经营单位及其有关人员相关信息，并按照有关规定动态更新，同时依法在环境保护部网站、“信用中国”网站、国家企业信用信息公示系统等向社会公布。各部门按照本备忘录约定内容，依法依规对环境保护领域失信生产经营单位及其有关人员实施联合惩戒。同时，建立惩戒效果定期通报机制，各部门定期将联合惩戒实施情况通过全国信用信息共享平台反馈给国家发展改革委和环境保护部。

七、鼓励购买、使用综合利用产品和可重复使用产品

《固废法》第一百条第一款规定，国家鼓励单位和个人购买、使用综合利用产品和可重复使用产品。综合利用产品是指以固体废物作为原辅材料生产出的产品，例如，以尾矿为原料生产的建筑砂石骨料、以磷石膏为原料生产的建筑石膏类制品、以建筑垃圾为原料生产的路基材料。可重复使用产品是指可以多次使用的产品，而非一次性用品。固体废物污染环境防治工作必须从生产和消费两个环节加以推动。《固废法》第三条规定，国家推行绿色发展方式，倡导简约适度、绿色低碳的生活方式。

购买、使用综合利用产品和可重复使用产品，是推动绿色生产和绿色生活的必然要求。使用综合利用产品，可以促进固体废物综合利用、提高再生资源的利用效率。使用可重复使用产品，可以减少固体废物产生、提高原生资源的利用效率。

在生产领域，《固废法》针对产生量较大的工业固体废物和建筑垃圾，对促进使用综合利用产品作出明确规定。第三十四条规定，国务院工业和信息化主管部门应当会同国务院发展改革、生态环境等主管部门，定期发布工业固体废物综合利用技术、工艺、设备和产品导向目录。第六十一条规定，县级以上地方人民政府应当推动建筑垃圾综合利用产品应用。

在消费领域，《固废法》针对受众较为广泛的包装物和一次性塑料制品，对减少其使用作出规定。第六十八条规定，电子商务、快递、外卖等行业应当优先采用可重复使用、易回收利用的包装物，优化物品包装，减少包装物的使用，并积极回收利用包装物。国家鼓励和引导消费者使用绿色包装和减量包装。第六十九条规定，国家鼓励和引导减少使用、积极回收塑料袋等一次性塑料制品，推广应用可循环、易回收、可降解的替代产品。

鼓励单位和个人购买、使用综合利用产品和可重复使用产品，政府应当发挥示范作用，带头购买和使用。因此，《固废法》第一百条第二款规定，县级以上人民政府及其有关部门在政府采购过程中，应当优先采购综合利用产品和可重复使用产品。第七十条规定，机关、企业事业单位等的办公场所应当使用有利于保护环境的产品、设备和设施，减少使用一次性办公用品。

八、固体废物污染环境防治产业政策

产业政策是国家制定的，引导国家产业发展方向、引导推动产业结构升级、协调国家产业结构、使国民经济健康可持续发展的政策。《固废法》第九十三条规定，国家采取有利于固体废物污染环境防治的经济、技术政策和措施，鼓励、支持有关方面采取有利于固体废物污染环境防治的措施，促进固体废物污染环境防治产业专业化、规模化发展。本条规定明确，固体废物污染环境防治产业发展的方向是专业化、规模化。围绕这个目标，除了之前所述的经济、技术等措施，我国还在以下几个方面作出了努力。

（一）处理收费政策

提供固体废物处理服务并收取一定的费用，可以成为固体废物专业化治理企业的一个稳定收入来源，有利于促进固体废物污染环境防治产业持续健康发展。目前，我国并未出台面向所有固体废物的价格政策，仅在生活垃圾和危险废物领域制定了相关收费政策。关于生活垃圾处理收费，已在第四章中有详细阐述。此处重点介绍危险废物收费制度相关情况。

2003 年，国家发展改革委、国家环保总局、卫生部、财政部、建设部联合印发了《关于实行危险废物处置收费制度 促进危险废物处置产业化的通知》（发改价格〔2003〕1874 号），实行危险废物处置收费制度，变行政事业性收费为经营服务性收费，建立符合市场经济要求的危险废物处置运行机制。该通知要求，危险废物处置收费应本着简便、有效、易操作的原则，按不同收费对象采取不同的计费办法。对于医疗废物，原则上应根据医疗废物产生量，按照医疗机构病床数、按月计收；也可由处置单位和医疗机构签订协议，按医疗废物的重量计收。对于工业危险废物和社会源危险废物，原则上应按危险废物的重量计收。危险废物处置费由处置单位向产生危险废物的单位收取，并全部用于支付危险废物收集、运输、贮存、处置费用。

2008年，国家发展改革委印发了《关于创新和完善促进绿色发展价格机制的意见》（发改价格规〔2018〕943 号），进一步完善危险废物处置收费机制，并提出以下几点要求：一是按照补偿危险废物收集、运输、贮存和处置成本并合理盈利的原则，制定和调整危险废物处置收费标准，提高危险废物处置能力。二是综合考虑区域内医疗机构总量和结构、医疗废物实际产生量及处理总成本等因素，合理核定医疗废物处置定额、定量收费标准，收费方式由医疗废物处置单位和医疗机构协商确定。三是加强工业危险废物和社会源危险废物处置成本调查，合理确定并动态调整收费标准；在确保危险废物收集、运输、贮存、处置全流程监控，违法违规行为可追溯的前提下，处置收费标准可由双方协商确定。

（二）区域协同发展政策

近年来，我国工业固体废物综合利用行业发展步入快轨道，相关部门聚焦京津冀、长三角等重点产废区域，着力推进综合利用向规模化、集约化、高值化方向发展。

京津冀及周边地区重化工业集聚，工业固体废物产生强度高，综合利用潜力大，产业互补性强。工业和信息化部印发《京津冀及周边地区工业资源综合利用产业协同转型提升计划（2020—2022 年）》（工信部〔2015〕229 号），实施京津冀及周边地区工业资源综合利用产业协同发展行动计划和产业协同转型提升计划，从政策、技术、标准等方面加强跨区域协同，推动大宗工业固体废物综合利用集聚化发展。提出到 2022 年，区域年综合利用工业固废量 8 亿吨，主要再生资源回收利用量达到 1.5 亿吨，产业总产值突破 9 000 亿元，形成 30 个特色鲜明的产业集聚区，建设 50 个产业创新中心，培育 100 家创新型骨干企业。

为在长江流域进一步提高工业资源能源利用效率，全面推进绿色制造，减少工业发展对生态环境的影响，工业和信息化部印发《关于加强长江经济带工业绿色发展的指导意见》（工信部联节〔2017〕178 号），明确提出大力推进工业固体废物综合利用，重点推进中上游地区磷石膏、冶炼渣、粉煤灰、酒糟等工业固体废物综合利用，加大中下游地区化工园区废酸废盐等减量化、安全处置和综合利用力度，选择固体废物产生量大、综合利用有一定基础的地区，建设一批工业资源综合利用基地。2018 年，“长三角地区循环经济协同发展联席会议”在南京召开，共商长三角地区协同促进长江经济带循环经济高质量发展的合作方式和合作内容，并发布《长三角地区循环经济协同发展行动计划》，着力推动工业资源综合利用产业基地建设，实现区域内的资源互补优势。

（三）基地建设政策

为推进工业资源综合利用产业规模化、高值化、集约化发展，加快提升资源综合利用水平，促进工业绿色转型发展，工业和信息化部于 2001 年组织开展了工业固体废物综合利用基地建设试点工作。试点选择一批工业固体废物产生量大、堆存集中且综合利用具有一定基础的地区，通过重点工程、重点项目建设，推广一批工业固体废物综合利用先进适用技术，打造较为完整的工业固体废物综合利用产业链；探索建立符合国情、适合不同行业的工业固体废物综合利用体制机制；培育一批具有较强竞争力的工业固体废物综合利用企业，促进综合利用产业较快发展。2016 年，经评审和公示，工业和信息化部将河北省承德市等 12 个地市确定为第一批工业资源综合利用示范基地。

为促进固体废物综合利用产业集聚，提高资源综合利用水平，推动资源综合利用产业高质量发展，2019 年 1 月，国家发展改革委会同工业和信息化部印发《关于推进大宗固体废弃物综合利用产业集聚发展的通知》（发改办环资〔2019〕44 号），以尾矿、煤矸石、粉煤灰、冶金渣、建筑垃圾等大宗固废综合利用为重点，探索建设一批具有示范和引领作用的综合利用产业基地，到 2020 年，建设 50 个大宗固体废物综合利用基地、50 个工业资源综合利用基地，基地废弃物综合利用率达到 75%以上，形成多途径、高附加值的综合利用发展新格局。

2019 年 10 月，经各省、自治区、直辖市及计划单列市发展改革委、工业和信息化主管部门申报、专家评审和公示等程序，国家发展改革委、工业和信息化部发布了一批大宗固体废弃物综合利用基地和工业资源综合利用基地的名单（第二批）。河北省唐山市等 50 个地区被列为大宗固体废弃物综合利用基地，河北省曹妃甸区等 48 个地区被列为工业资源综合利用基地。

步入“十四五”时期，受资源禀赋、能源结构、发展阶段等因素影响，我国大宗固废仍将面临产生强度高、利用不充分、综合利用产品附加值低的严峻挑战，国家发展改革委等有关部门印发《关于“十四五”大宗固体废弃物综合利用的指导意见》（发改环资〔2021〕381 号），聚焦煤炭、电力、冶金、化工等重点产废行业，围绕国家重大战略实施，建设 50 个大宗固废综合利用基地和 50 个工业资源综合利用基地，推广一批大宗固废综合利用先进适用技术装备，不断促进资源利用效率提升。

第八章 法律责任

法律责任是一部法律的“牙齿”，没有法律责任的法律，是“没有牙齿的老虎”。《固废法》是一部具有强制约束力的法律，其强制性体现在，对应法律义务设定法律责任，修订之后的《固废法》更加突出严惩重罚。一是提高处罚力度，在提高罚款额度的同时增加倍率罚，新增按日连续处罚的规定。二是增加处罚种类，对擅自倾倒固体废物等 6 类违法行为，由公安机关处以行政拘留。三是强化处罚到人，对无许可证从事收集、贮存、利用、处置危险废物经营活动等违法行为实施双罚制，既处罚单位，也处罚个人。四是统筹固体废物违法行为的民事责任、行政责任和刑事责任，强化 3 种责任之间的有效衔接。

《固废法》第八章共计 23 条，其中，第一百零一条是关于行政处分的规定，第一百二十一条和第一百二十二条是关于环境诉讼的规定，第一百二十三条是关于民事责任、刑事责任和行政责任衔接的规定，其余的 19 条是本章的重点，是关于行政处罚的规定。本章对应的法律义务，前面几章已有详细介绍，本章重点从行政处罚的主体、对象、种类等方面切入进行介绍。

第一节　行政处分

监督管理部门违法行为的处分

《固废法》第一百零一条第一款规定，生态环境主管部门或者其他负有固体废物污染环境防治监督管理职责的部门违反本法规定的，由本级人民政府或者上级人民政府有关部门责令改正，对直接负责的主管人员和其他直接责任人员依法给予处分。

（一）行政处分的概念及种类

行政处分是指国家行政机关依照行政隶属关系给予有违法失职行为的国家机关公务人员的一种惩罚措施。行政处分不同于行政处罚，行政处分具有内部性，是针对行政机关内部工作人员的内部行为；行政处罚具有外部性，是针对行政相对人的外部行为。行政处分不具有可诉性，被处分人对行政处分不服，不能向法院起诉，只能依法定程序申诉；行政处罚具有可诉性，被处罚人对行政处罚不服，可以申请行政复议或提起行政诉讼。

《公务员法》（主席令　第二十号）第六十二条规定，处分分为警告、记过、记大过、降级、撤职、开除。公务员违纪违法的，应当由处分决定机关决定对公务员违纪违法的情况进行调查，并将调查认定的事实以及拟给予处分的依据告知公务员本人。公务员有权进行陈述和申辩；处分决定机关不得因公务员申辩而加重处分。处分决定机关认为对公务员应当给予处分的，应当在规定的期限内，按照管理权限和规定的程序作出处分决定。处分决定应当以书面形式通知公务员本人。

《监察法》（主席令　第三号）出台后，将处分的对象由公务员扩大到所有党政企等从事公务的工作人员，实现公职人员全覆盖。《监察法》第十五条规定，监察机关对下列公职人员和有关人员进行监察：（1）中国共产党机关、人民代表大会及其常务委员会机关、人民政府、监察委员会、人民法院、人民检察院、中国人民政治协商会议各级委员会机关、民主党派机关和工商业联合会机关的公务员，以及参照《公务员法》管理的人员；（2）法律、法规授权或者受国家机关依法委托管理公共事务的组织中从事公务的人员；（3）国有企业管理人员；（4）公办的教育、科研、文化、医疗卫生、体育等单位中从事管理的人员；（5）基层群众性自治组织中从事管理的人员；（6）其他依法履行公职的人员。

《监察法》中的处分称为政务处分，专指监察机关对违法的公职人员给予的惩戒。《监察法》第四十五条规定，监察机关根据监督、调查结果，依法对违法的公职人员依照法定程序作出警告、记过、记大过、降级、撤职、开除等政务处分决定。由此可见，政务处分与行政处分，实施主体和处分对象不同，但处分的种类完全一致。为落实《监察法》，规范监察机关政务处分活动，全国人民代表大会常务委员会出台了《公职人员政务处分法》（主席令　第四十六号），进一步明确政务处分主体、政务处分种类和适用规则等。

（二）监督管理部门的违法行为

《固废法》第一百零一条规定了5种违法行为：

（1）未依法作出行政许可或者办理批准文件。《固废法》共设定了5项行政许可事项，第二十二条第一款的固体废物跨省转移审批、第三十九条的工业固体废物排污许可、第五十五条第三款的关闭闲置或者拆除生活垃圾处理设施核准、第八十条第一款的危险废物经营许可、第八十二条第二款的危险废物跨省转移审批。对于上述行政许可事项，生态环境主管部门或者其他负有固体废物污染环境防治监督管理职责的部门应当依照法定条件、程序作出行政许可或者办理批准文件。依法应予许可而未许可，或者依法不应许可而许可的，都属于违法行政，应当依照《固废法》第一百零一条规定承担相应的法律责任。

（2）对违法行为进行包庇。生态环境主管部门或者其他负有固体废物污染环境防治监督管理职责的部门作为执法机关，对违法行为应当依法查处，严厉打击。如果有关监管部门通过作虚假证明或者帮助隐匿、毁灭证据，掩盖违法事实等方式包庇违法行为，属于执法犯法，严重违反法定职责，应当依照《固废法》第一百零一条规定承担相应的法律责任。

（3）未依法查封、扣押。《固废法》第二十七条规定，可能造成证据灭失、被隐匿或者非法转移，以及造成或者可能造成严重环境污染的，生态环境主管部门和其他负有固体废物污染环境防治监督管理职责的部门，可以对违法收集、贮存、运输、利用、处置的固体废物及设施、设备、场所、工具、物品予以查封、扣押。《行政强制法》对查封、扣押的程序等作了明确规定。有关监管部门未依法查封、扣押的，应当依照《固废法》第一百零一条规定承担相应的法律责任。

（4）发现违法行为或者接到对违法行为的举报后未予查处。《固废法》对监管部门主动发现违法行为、接受举报和查处违法行为都作了明确规定。《固废法》第二十六条第一款规定，生态环境主管部门及其环境执法机构和其他负有固体废物污染环境防治监督管理职责的部门，在各自职责范围内有权对从事产生、收集、贮存、运输、利用、处置固体废物等活动的单位和其他生产经营者进行现场检查。《固废法》第三十一条第一款规定，任何单位和个人都有权对造成固体废物污染环境的单位和个人进行举报。《固废法》第八章法律责任有关违法行为设定了行政处罚等法律责任。生态环境主管部门或者其他负有固体废物污染环境防治监督管理职责的部门，应当严格执法，发现违法行为或者接到对违法行为的举报，应当依法查处。未予查处的，应当依照第一百零一条规定承担相应的法律责任。

（5）其他滥用职权、玩忽职守、徇私舞弊等违法行为。这是兜底规定，除前四项列举的违法行为外，有其他滥用职权、玩忽职守、徇私舞弊等违法行为的，也应当依照《固废法》第一百零一条规定承担相应的法律责任。

（三）违法行为的处分适用

对于上述违法行为，如何适用行政处分，应当依据相关规定。《行政机关公务员处分条例》第二十一条规定，有下列行为之一的，给予警告或者记过处分；情节较重的，给予记大过或者降级处分；情节严重的，给予撤职处分：（1）在行政许可工作中违反法定权限、条件和程序设定或者实施行政许可的；（2）违法设定或者实施行政强制措施的；（3）违法设定或者实施行政处罚的；（4）违反法律、法规规定进行行政委托的；（5）对需要政府、政府部门决定的招标投标、征收征用、城市房屋拆迁、拍卖等事项违反规定办理的。生态环境主管部门或者其他负有固体废物污染环境防治监督管理职责的部门存在《固废法》第一百零一条第一款第一项、第三项、第四项违法行为的，应当依据《行政机关公务员处分条例》第二十一条，对直接负责的主管人员和其他直接责任人员依法给予处分。

《环境保护法》第六十八条规定："地方各级人民政府、县级以上人民政府环境保护主管部门和其他负有环境保护监督管理职责的部门有下列行为之一的，对直接负责的主管人员和其他直接责任人员给予记过、记大过或者降级处分；造成严重后果的，给予撤职或者开除处分，其主要负责人应当引咎辞职：……（二）对环境违法行为进行包庇的；……"生态环境主管部门或者其他负有固体废物污染环境防治监督管理职责的部门存在《固废法》第一百零一条第一款第二项违法行为的，应当依据《环境保护法》第六十八条，对直接负责的主管人员和其他直接责任人员依法给予处分。

《监察法》第十一条规定："监察委员会依照本法和有关法律规定履行监督、调查、处置职责：……（二）对涉嫌贪污贿赂、滥用职权、玩忽职守、权力寻租、利益输送、徇私舞弊以及浪费国家资财等职务违法和职务犯罪进行调查；……"《公职人员政务处分法》第三十九条规定："有下列行为之一，造成不良后果或者影响的，予以警告、记过或者记大过；情节较重的，予以降级或者撤职；情节严重的，予以开除：（一）滥用职权，危害国家利益、社会公共利益或者侵害公民、法人、其他组织合法权益的；（二）不履行或者不正确履行职责，玩忽职守，贻误工作的；（三）工作中有形式主义、官僚主义行为的；（四）工作中有弄虚作假，误导、欺骗行为的；（五）泄露国家秘密、工作秘密，或者泄露因履行职责掌握的商业秘密、个人隐私的。"生态环境主管部门或者其他负有固体废物污染环境防治监督管理职责的部门存在《固废法》第一百零一条第一款第五项违法行为的，应当依据《公职人员政务处分法》第三十九条，对直接负责的主管人员和其他直接责任人员依法给予处分。

行政处分和政务处分的依据、主体和程序均不相同，但对于公务员的违法行为而言，二者惩戒的对象和性质相同，不能重复适用。《公务员法》第六十一条规定，公务员因违纪违法应当承担纪律责任的，依照本法给予处分或者由监察机关依法给予政务处分。对同一违纪违法行为，监察机关已经作出政务处分决定的，公务员所在机关不再给予处分。《公职人员政务处分法》第十六条同样规定，对公职人员的同一违法行为，监察机关和公职人员任免机关、单位不得重复给予政务处分和处分。

（四）授权上级主管部门直接作出处罚

《固废法》第一百零一条第二款规定，依照本法规定应当作出行政处罚决定而未作出的，上级主管部门可以直接作出行政处罚决定。《行政处罚法》第二十二条规定，行政处罚由违法行为发生地的行政机关管辖。法律、行政法规、部门规章另有规定的，从其规定。根据《行政处罚法》和《固废法》的规定，固体废物污染环境防治违法行为的行政处罚，原则上由违法行为发生地的县级以上地方人民政府具有行政处罚权的行政机关管辖；有管辖权的行政机关依照《固废法》规定应当作出行政处罚决定而未作出的，上级主管部门除了可以责令其作出行政处罚决定外，还可以直接作出行政处罚决定。这是针对实践中部分地方和部门“不作为”问题，上级主管部门发现下级主管部门对固体废物违法问题应处罚未处罚的，上级主管部门直接作出处罚。在及时惩戒违法行为之后，再依法追究相关人员“不作为”的责任。

第二节　行政处罚

一、行政处罚的主体

《行政处罚法》第十七条规定，行政处罚由具有行政处罚权的行政机关在法定职权范围内实施。《固废法》第九条规定，地方人民政府生态环境主管部门对本行政区域固体废物污染环境防治工作实施统一监督管理。地方人民政府发展改革、工业和信息化、自然资源、住房和城乡建设、交通运输、农业农村、商务、卫生健康等主管部门在各自职责范围内负责固体废物污染环境防治的监督管理工作。与之相对应，《固废法》第八章设定的行政处罚，分别由生态环境主管部门或者其他负有固体废物污染环境防治监督管理职责的部门负责实施。第八章涉及的行政处罚实施机关主要包括生态环境主管部门、环境卫生主管部门、公安机关等。详见表 8-1。

表 8-1　固体废物违法行为行政处罚实施机关

执法机关	条款数量	涵盖领域
生态环境	9 条	工业固体废物、危险废物、农业固体废物（畜禽粪污）、进口固体废物、环境应急
市场监管	1 条	过度包装
商务、邮政	1 条	限塑
城镇排水	1 条	污水污泥
指定部门	1 条	工业固体废物
环境卫生	1 条	生活垃圾、建筑垃圾
海关	3 条	进口固体废物
公安	1 条	固体废物
原处罚机关	1 条	连日计罚

（一）生态环境主管部门

《固废法》第八章规定由生态环境主管部门负责执法的条款，包括第一百零二条、第一百零三条、第一百零四条、第一百零七条、第一百一十条、第一百一十二条、第一百一十三条、第一百一十四条、第一百一十八条。

《固废法》第一百零二条规定了 11 种违法行为，涉及工业固体废物、生活垃圾、信息公开等，其对应的法律义务分别在本书第三章、第四章、第五章中已有具体介绍。需要注意的是，由于第一百零二条第一款第十一项是兜底性条款，本条第二款专门规定:“对前款第十一项行为的处罚，有关法律、行政法规另有规定的，适用其规定。”适用第一百零二条第一款第十一项实施处罚有前提条件，即只有法律、行政法规对此类违法行为没有明确的处罚规定的，才能适用本项处罚；如果有明确规定的，就要优先适用法律、行政法规的规定。例如，《固废法》第七十二条第二款规定，禁止重金属或者其他有毒有害物质含量超标的污泥进入农用地。单位和其他生产经营者违反上述规定，污染环境、破坏生态，即构成“前款第十一项行为”，由于《土壤污染防治法》第八十七条对向农用地排放重金属或者其他有毒有害物质含超标的污泥规定了处罚，对这种行为适用《土壤污染防治法》处罚，而不适用《固废法》第一百零二条第一款第十一项规定。

《固废法》第一百零三条规定了 1 种违法行为，即拒绝、阻挠监督检查，或者在接受监督检查时弄虚作假。该项违法行为对应《固废法》第二十六条规定，生态环境主管部门及其环境执法机构和其他负有固体废物污染环境防治监督管理职责的部门，在各自职责范围内有权对从事产生、收集、贮存、运输、利用、处置固体废物等活动的单位和其他生产经营者进行现场检查。被检查者应当如实反映情况，并提供必要的资料。第二十六条明确了相关部门的监督检查权和被检查者如实配合执法的义务。

《固废法》第一百零四条规定了 1 种违法行为，即未依法取得排污许可证产生工业固体废物。该项违法行为对应的法律义务，在本书第三章中已有具体介绍。需要注意的是，《排污许可管理条例》对未按照排污许可证规定排放大气污染物、水污染物等行为设定了行政处罚，但本条并未针对不符合排污许可证规定的固体废物污染环境防治行为设定行政处罚。

《固废法》第一百零七条规定了 1 种违法行为，即从事畜禽规模养殖未及时收集、贮存、利用或者处置养殖过程中产生的畜禽粪污等固体废物。该项违法行为对应的法律义务，在本书第五章中已有具体介绍。需要注意的是，根据《固废法》第五章的规定，农业农村主管部门是畜禽粪污的监督管理部门，但根据本条设定，此类违法行为的处罚主体是生态环境主管部门。

《固废法》第一百一十条规定了 1 种违法行为，即矿业固体废物贮存设施停止使用后、未按照国家有关环境保护规定进行封场。该项违法行为对应的法律义务，在本书第三章中已有具体介绍。还应当注意的是，本条与第一百零二条第一款款第十项存在竞合关系，应当根据案件具体情况择一适用。

《固废法》第一百一十二条规定了 13 种违法行为，均是针对危险废物的违法行为，其对应的法律义务在本书第六章中已有具体介绍。

《固废法》第一百一十三条规定了 1 种违法行为，即拒不承担危险废物代为处置费用。该项违法行为对应的法律义务，在本书第六章中已有具体介绍。

《固废法》第一百一十四条规定了 2 种违法行为，即无许可证从事危险废物经营活动和未按照许可证规定从事危险废物经营活动。这 2 种违法行为对应的法律义务，在本书第六章中已有具体介绍。

《固废法》第一百一十八条规定了 1 种违法行为，即违反《固废法》规定造成固体废物污染环境事故。突发环境事件按照事件严重程度，分为特别重大、重大、较大和一般 4 级。不同等级的固体废物污染环境事故，本条规定了不同的法律责任。固体废物污染环境事故的等级，应当依据《突发环境事件应急管理办法》（环境保护部令　第 34 号）、《企业突发环境事件风险分级方法》（HJ 941—2018）进行认定。

（二）市场监督管理部门

《固废法》第八章规定由市场监督管理部门负责执法的条款，为第一百零五条。该条规定了 1 种违法行为，即生产经营者未遵守限制商品过度包装的强制性标准。该项违法行为对应的法律义务，在本书第五章中已有具体介绍。

（三）商务、邮政等主管部门

《固废法》第八章规定由商务、邮政等主管部门负责执法的条款，为第一百零六条。该条规定了 2 种违法行为，即未遵守国家有关禁止、限制使用不可降解塑料袋等一次性塑料制品的规定，以及未按照国家有关规定报告塑料袋等一次性塑料制品的使用情况。上述 2 项违法行为对应的法律义务，在本书第五章中已有具体介绍。上述两项违法行为涉及商品零售场所开办单位、电子商务平台企业和快递企业、外卖企业，根据部门职责分工，商品零售场所开办单位、电子商务平台企业和外卖企业的监督管理和执法由商务主管部门负责，快递企业的监督管和执法由邮政主管部门负责。

（四）城镇排水主管部门

《固废法》第八章规定由城镇排水主管部门负责执法的条款，为第一百零八条。该条规定了 2 种违法行为，即对污泥流向、用途、用量等未进行跟踪、记录，以及处理后的污泥不符合国家有关标准。上述 2 项违法行为对应的法律义务，在本书第五章中已有具体介绍。城镇排水主管部门，并非一个确定的部门。

（五）环境卫生主管部门

《固废法》第八章规定由环境卫生主管部门负责执法的条款，为第一百一十一条。该条规定了 7 种违法行为，涉及生活垃圾、厨余垃圾和建筑垃圾，其对应的法律义务在本书第四章、第五章中已有具体介绍。

（六）海关

《固废法》第八章规定由海关负责执法的条款，包括第一百一十五条、第一百一十六条、第一百一十七条。

《固废法》第一百一十五条规定了 1 种违法行为，即将中华人民共和国境外的固体废物输入境内。该项违法行为对应的法律义务，在本书第六章中已有具体介绍。

《固废法》第一百一十六条规定了1种违法行为，即经中华人民共和国过境转移危险废物。该项违法行为对应的法律义务，在本书第六章中已有具体介绍。

《固废法》第一百一十七条规定了1种违法行为，即已经非法将固体废物输入境内。该项违法行为对应的法律义务，与第一百一十五条相同，因此行政处罚也相同。本条规定的违法行为与第一百一十五条的违法行为区别在于，前者已经入境，后者尚未入境。对于这2种违法行为，海关应当依照本法第一百一十五条的规定作出处罚决定。

（七）公安机关

《固废法》第八章规定由公安机关负责执法的事项，为第一百二十条。本条设定的行政处罚种类为拘留。《行政处罚法》第十八条规定，限制人身自由的行政处罚权只能由公安机关和法律规定的其他机关行使。《固废法》第一百二十条规定了6种违法行为，其中有4项涉及危险废物，其对应的法律义务，在本书第六章中已有具体介绍。

（八）指定的部门

《固废法》第八章第一百零九条规定，违反本法规定，生产、销售、进口或者使用淘汰的设备，或者采用淘汰的生产工艺的，由县级以上地方人民政府指定的部门进行处罚。本条规定的违法行为，其对应的法律义务在本书第三章中已有具体介绍。该条对应的行政处罚实施机关，具体由各地政府根据部门职责分工指定。

二、行政处罚的对象

在《行政处罚法》中，行政处罚的对象包括公民、法人或者其他组织。公民是指具有一国国籍的自然人。法人是指有独立的财产、独立人格、能够独立承担责任的组织。其他组织是指法人以外的不具有法人人格的组织，如个人合伙、事业单位等。在《固废法》中，并未对行政处罚的对象作以上区分，而是将其分为单位、个人和其他生产经营者。

（一）单位

单位一词源自改革开放之前，通常是指机关、团体、事业单位、企业等非自然人的实体或其下属部门。然而，在法律层面，并没有对“单位”作出法律定义。《刑法》第三十条规定，公司、企业、事业单位、机关、团体实施的危害社会的行为，法律规定为单位犯罪的，应当负刑事责任。从该条规定来看，刑法上单位的内涵与通常语境下的理解基本一致。在我国行政法领域，并没有如同《刑法》第三十条类似的规定。只能结合上述内容，理解《固废法》中的“单位”，是与个人相对的一个概念。

《固废法》第八章规定的处罚对象，有些明确为单位，例如，产生工业固体废物的单位未建立固体废物管理台账并如实记录的、工程施工单位未编制建筑垃圾处理方案报备案的；有些并未明确为单位，但包括单位，例如，贮存工业固体废物未采取符合国家环境保护标准的防护措施的、未经批准擅自转移危险废物的。在实务中，固体废物违法行为处罚的对象，大部分均为单位。

（二）个人

个人通常是指自然人，即生物学意义上的人，基于自然规律出生的人。个人与行政法上公民的概念约略相同，但并不完全一致。公民是指具有国籍的自然人，但个人不一定具有国籍。

《固废法》修订之后，强化处罚到人，主要体现在两个方面：一是设立双罚制，既处罚单位，又处罚个人；另一个则是直接处罚个人。例如，第一百一十一条第二款规定，个人有前款第一项、第五项、第七项行为之一，处一百元以上五百元以下的罚款。

（三）其他生产经营者

其他生产经营者在我国环境法中使用颇广，但并无明确的法律定义。《环境保护法》《环境保护税法》《大气污染防治法》《水污染防治法》《土壤污染防治法》《噪声污染防治法》《固废法》中，均有“企业事业单位和其他生产经营者”等类似的表述。1989 年的《环境保护法》的管理对象限定在“企业事业单位”，2014 年的《环境保护法》的管理对象扩展为“企业事业单位和其他生产经营者”，2020 年修订的《固废法》在第八章共有 5 个条款涉及其他生产经营者的处罚，在法律条款中的表述是“单位和其他生产经营者”。从法律修订的前后变化来分析，“其他生产经营者”是对“企业事业单位”的补充。“企业事业单位”是组织，“其他生产经营者”则是非组织化的主体，包括个人、个体工商户等。

三、行政处罚的种类

《行政处罚法》第九条规定，行政处罚的种类：（1）警告、通报批评；（2）罚款、没收违法所得、没收非法财物；（3）暂扣许可证件、降低资质等级、吊销许可证件；（4）限制开展生产经营活动、责令停产停业、责令关闭、限制从业；（5）行政拘留；（6）法律、行政法规规定的其他行政处罚。

（一）申诫罚（名誉罚）

警告和通报批评都属于申诫罚，只具有精神上的制裁作用。警告是指行政机关对违法情节轻微的相对人，通过告诫和谴责其行为违法性的一种处罚方式。通报批评是指行政机关将行为人的有关缺点和错误在一定范围内予以公布，希望行为人或其他人吸取教训、引以为戒的一种措施。

《固废法》第八章只有 1 条涉及警告，没有涉及通报批评的条款。第一百零八条规定，城镇污水处理设施维护运营单位或者污泥处理单位对污泥流向、用途、用量等未进行跟踪、记录，或者处理后的污泥不符合国家有关标准的，由城镇排水主管部门责令改正，给予警告。

（二）财产罚

罚款和没收属于财产罚。罚款是指行政机关对违法相对人强制收取一定数量金钱，剥夺一定财产权利的制裁方法。没收违法所得、没收非法财物统称为没收，违法所得是指因相对人从事违法行为而获得的财产性利益，非法财物是指相对人直接用于违法行为且属于本人所有的物品。

1．罚款

罚款是最常见的行政处罚方式，《固废法》第八章共计 19 个行政处罚的条款，除第一百二十条之外，其余均涉及罚款的设定。

罚款数额的设定方式有概括式、数值式和倍率式三大类。概括式是指法律只是笼统地规定“处以罚款”或者“并处罚款”，但未规定罚款的具体数值或者计算方式。数值式是指将罚款设定为某一固定数额、某数值区间或者某个固定数值以下。倍率式是指将罚款设定为某特定基数与倍率之乘积。如果对以上三大类再加以细分的话，在理论上则有概括式、固定数值式、数值数距式、数值封顶式、数值保底式、固定倍率式、倍率数距式、倍率封顶式和倍率保底式 9 种方式。

《固废法》大致采用了以下 6 种设定方式：①概括式，此种方式仅存在于第一百一十一条第三款，即未在指定地点分类投放生活垃圾且情节严重的，“对个人依法处以罚款”。②数值数距式，此为使用最多的设定方式，采用此种方式的最小额罚款为第一百一十一条第二款规定的处“一百元以上五百元以下的罚款”，最高额罚款则是第一百一十五至一百一十七条规定的处“五十万元以上五百万元以下的罚款”。③数值封顶式，此种方式仅存在于第一百零七条，即未及时收集、贮存、利用或者处置养殖过程中产生的畜禽粪污等固体废物的，“可以处十万元以下的罚款”。④倍率数距式，例如，第一百一十三条规定“处代为处置费用一倍以上三倍以下的罚款”。⑤倍率封顶式，此种方式仅存在于第一百一十八条第二款，造成固体废物污染环境事故的，对有关责任人员处“上一年度从本单位取得的收入百分之五十以下的罚款”。⑥倍率数距+数值保底式，例如，第一百一十二条第二款规定“处所需处置费用三倍以上五倍以下的罚款，所需处置费用不足二十万元的，按二十万元计算”。应当注意的是，对于此类违法行为，处罚的下限是所需处置费用的三倍，而处置费用最少按照二十万元计算，因此处罚的下限至少是六十万元。

表 8-2 《固废法》中的罚款设定方式

<table>
<tr><th colspan="2">罚款设定方式</th><th>涉及条款</th></tr>
<tr><td colspan="2">概括式</td><td>第一百一十一条第三款</td></tr>
<tr><td rowspan="2">数值式</td><td>数值数距式</td><td>第一百零二条第二款，第一百零三至一百零六条，第一百零八至一百一十条，第一百一十一条第二款、第三款，第一百一十二条第二款，第一百一十四条至第一百一十七条</td></tr>
<tr><td>数值封顶式</td><td>第一百零七条</td></tr>
<tr><td rowspan="2">倍率式</td><td>倍率数距式</td><td>第一百一十三条，第一百一十八条第二款</td></tr>
<tr><td>倍率封顶式</td><td>第一百一十八条第二款</td></tr>
<tr><td colspan="2">倍率数距＋数值保底式</td><td>第一百零二条第二款，第一百一十二条第二款</td></tr>
</table>

2．没收违法所得

《固废法》第八章共有 4 个条款设定了没收违法所得，分别是第一百零二条、第一百零九条、第一百一十一条和第一百一十二条，没有涉及没收非法财物的条款。

（三）资格罚

暂扣许可证件、吊销许可证件和降低资质等级属于资格罚。上述 3 种处罚方式是以限制或剥夺相对人从事特定行为的能力和资格为目的处罚方式，暂扣是暂时限制，吊销是永久剥夺，降低资质等级是针对建设单位、设计单位、施工单位等具有一定等级资质的行业，通过减低其资质等级限制其从业行为的处罚方式。

《固废法》第八章只有 1 个条款涉及吊销许可证件的处罚，没有涉及暂扣许可证件、降低资质等级的条款。第一百一十四条第二款规定，未按照许可证规定从事收集、贮存、利用、处置危险废物经营活动且情节严重的，可以由发证机关吊销许可证。

（四）行为罚

责令停产停业、责令关闭等处罚方式属于行为罚。有些经营活动或其他活动不以许可证件和资质为前提，在这种情况下，通过限制开展生产经营活动、限制从业来实现行政目的。责令停产停业是指行政机关暂时或永久地停止违法行为人生产经营活动和其他活动的制裁方法。责令关闭是指取消当事人的主体资格，包括对企业的关闭和组织的取缔。

1．限制生产、停产整治

《固废法》第八章共有 2 个条款涉及限制生产、停产整治，分别是第一百零四条和第一百一十四条第一款，没有涉及限制从业的条款。

2．责令停业、责令关闭

《固废法》第八章共有 7 个条款涉及责令停业、责令关闭，分别是第一百零二条第一款、第一百零四条、第一百零七条、第一百零九条、第一百一十二条第一款、第一百一十四条和第一百一十八条。

（五）人身罚

行政拘留属于人身罚。行政拘留是指公安机关对违法行为人短期剥夺其人身自由的制裁方法，拘留的决定和执行主体只能是公安机关。《固废法》第八章仅有 1 个条款涉及行政拘留，即第一百二十条。

1.《固废法》第一百二十条规定的拘留无须移送

首先，第一百二十条设定的拘留乃是行政拘留，而非刑事拘留。有些涉嫌环境污染犯罪的行政案件，生态环境主管部门需要将案件移送公安机关，以启动刑事司法程序。但在第一百二十条中并不涉及行政案件转刑事案件的问题，不存在“移送”一说。

其次，第一百二十条设定的行政拘留并不以生态环境主管部门实施行政处罚为前提。《环境保护法》第六十三条规定，企业事业单位和其他生产经营者存在相关违法行为，尚不构成犯罪的，除依照有关法律法规规定予以处罚外，由县级以上人民政府环境保护主管部门或者其他有关部门将案件移送公安机关，对其直接负责的主管人员和其他直接责任人员，处十日以上十五日以下拘留；情节较轻的，处五日以上十日以下拘留。《土壤污染防治法》第八十七条规定，违反本法规定，向农用地排放重金属或者其他有毒有害物质含量超标的污水、污泥等，情节严重的，处五十万元以上二百万元以下的罚款，并可以将案件移送公安机关，对直接负责的主管人员和其他直接责任人员处五日以上十五日以下的拘留。从上述两条规定可以看出，《环境保护法》和《土壤污染防治法》设定的行政拘留具有断后性的特点，是由两个执法机关对同一个违法案件实施两个行政处罚，生态环境主管部门在先，公安机关在后。《土壤污染防治法》设定的行政拘留还具有或然性的特点，即生态环境主管部门对案件是否移送公安机关具有裁量权，并非必然要移送。与《环境保护法》和《土壤污染防治法》的有关条款相比，《固废法》第一百二十条并未设定行政拘留的前置条件。

综上所述，当事人实施了《固废法》第一百二十条六种违法行为中的任何一种，尚不构成犯罪的，均可以由公安机关直接实施行政拘留。

2.《固废法》第一百二十条规定的拘留可以并罚

第一百二十条设定的6种违法行为，同时也是第八章其他条款设定的处罚行为。第一项“擅自倾倒、堆放、丢弃、遗撒固体废物，造成严重后果的”，在第一百零二条、第一百零八条、第一百一十一条、第一百一十二条中也有规定。第二项“在生态保护红线区域、永久基本农田集中区域和其他需要特别保护的区域内，建设工业固体废物、危险废物集中贮存、利用、处置的设施、场所和生活垃圾填埋场的”，在第一百零二条中也有规定。第三项“将危险废物提供或者委托给无许可证的单位或者其他生产经营者堆放、利用、处置的”，第五项“未经批准擅自转移危险废物的”，以及第六项“未采取防范措施，造成危险废物扬散、流失、渗漏或者其他严重后果的”，在第一百一十二条中也有规定。第四项“无许可证或者未按照许可证规定从事收集、贮存、利用、处置危险废物经营活动的”，在第一百一十四条中也有规定。这意味着，当事人如果实施了第一百二十条违法行为中的任何一种，必然导致同时违反两个法律责任条款。那么此时，是择一适用还是同时适用？作者认为，应当同时适用，并罚。理由如下：

首先，这并不违反一事不二罚原则。《行政处罚法》第二十九条规定，对当事人的同一个违法行为，不得给予两次以上罚款的行政处罚。这是针对“罚款”这个处罚措施而言，而《固废法》第一百二十条设定行政处罚乃是“拘留”，并非罚款。因此，针对同一个违法行为，可以同时适用第一百二十条和其他条款的规定，作出两个处罚决定。

其次，第一百二十条和其他条款的处罚对象不尽相同。行政拘留只能适用于个人，无法适用于单位。第一百二十条的处罚对象明确为 4 类主体，即法定代表人、主要负责人、直接负责的主管人员和其他责任人员。而其他条款的处罚对象，不一定是针对个人，更多的是以单位为对象，采取罚款、责令关闭等处罚措施。

四、按日连续处罚

《环境保护法》第五十九条规定，企业事业单位和其他生产经营者违法排放污染物，受到罚款处罚，被责令改正，拒不改正的，依法作出处罚决定的行政机关可以自责令改正之日的次日起，按照原处罚数额按日连续处罚。《固废法》第一百一十九条规定，单位和其他生产经营者违反本法规定排放固体废物，受到罚款处罚，被责令改正的，依法作出处罚决定的行政机关应当组织复查，发现其继续实施该违法行为的，依照《环境保护法》的规定按日连续处罚。

设置按日连续处罚制度，其目的不是罚款，而是督促企业改正违法行为。而且考虑到按日连续处罚的罚款额度较高，对企业影响较大，为规范处罚自由裁量权，防范行政执法风险，保护行政相对人合法权益，按日连续处罚制度在适用条件、计罚标准等方面都有严格限制。

（一）按日连续处罚的适用条件

为防止滥用，按日计罚适用应当同时具备下述3个条件：

（1）企业事业单位和其他生产经营者违反本法规定排放固体废物，这里有两点需要注意：第一，违反的是本法，而不是其他法律。例如，《土壤污染防治法》第二十五条规定，建设和运行污水集中处理设施、固体废物处置设施，应当依照法律法规和相关标准的要求，采取措施防止土壤污染。如果当事人违反了上述规定，则不能适用《固废法》第一百一十九条进行按日连续处罚。第二，是排放固体废物，而不是产生、收集、贮存、运输、利用、处置固体废物。

（2）企业事业单位和其他生产经营者实施上述违法行为后，受到罚款处罚，被责令改正。这就要求，执法机关必须针对当事人作出两个行政决定，即罚款的行政处罚和责令改正的行政命令。这里同样需要注意两点：首先，行政处罚的措施必须是罚款，不能是其他类型的处罚，否则无法按日连续处罚。其次，执法部门必须作出责令改正的决定，处罚不是目的，处罚是为了制止或消除当事人的违法行为，没有责令改正的决定，就失去了发生第三个适用条件的前提。

（3）行政机关复查发现，企业事业单位和其他生产经营者拒不改正，该违法行为仍在继续。与之前常规的环保行政处罚种类相比，按日连续处罚的亮点在于针对的是违法者拒不改正的情形，重点惩治主观恶性较大，违法行为持续较长的严重违法行为。

（二）固体废物的排放

固体废物污染环境防治涉及产生、贮存、转移、运输、利用、处置等多个环节，《固废法》针对不同种类的固体废物在不同的环节提出了不同的要求。不同于水污染物排放和大气污染物排放，《固废法》并没有定义何为固体废物的排放，更没有规定排放的管理要求。这是因为，排放是一个负面的行为，有别于产生、贮存、转移、运输、利用、处置。

《环境保护税法实施条例》第五条规定，应税固体废物的计税依据，按照固体废物的排放量确定。固体废物的排放量为当期应税固体废物的产生量减去当期应税固体废物的贮存量、处置量、综合利用量的余额。上述规定中的固体废物的贮存量、处置量，是指在符合国家和地方环境保护标准的设施、场所贮存或者处置的固体废物数量；固体废物的综合利用量，是指按照国务院发展改革、工业和信息化主管部门关于资源综合利用要求以及国家和地方环境保护标准进行综合利用的固体废物数量。这里实际间接定义了排放的概念，产生固体废物以后，不能合法合规地进行贮存、利用、处置，就是排放。所以，从这个角度来说，不能够按照《固废法》的要求贮存、利用、处置固体废物，且不能够及时改正违法行为，必将对环境造成持续的侵害，对这种行为适用《固废法》第一百一十九条，符合按日连续处罚的立法初衷。

（三）按日连续处罚的计罚方式

计罚起始期限，既关系到违法行为持续时间长短，也关系到按日连续处罚额度的高低。为了保障合理的改正时间，规范行政执法，《环境保护主管部门实施按日连续处罚办法》（环境保护部令　第28号）第十条规定，环境保护主管部门应当在送达责令改正违法行为决定书之日起30内，以暗查方式组织对排污者违法排放污染物行为的改正情况实施复查。第十七条规定，按日连续处罚的计罚日数为责令改正违法行为决定书送达排污者之日的次日起，至环境保护主管部门复查发现违法排放污染物行为之日止。再次复查仍拒不改正的，计罚日数累计执行。

五、双罚制

（一）刑法上的双罚制

双罚制源自刑法中的单位犯罪。《刑法》第三十一条规定，单位犯罪的，对单位判处罚金，并对其直接负责的主管人员和其他直接责任人员判处刑罚。在《刑法》中，单位犯罪包括纯正的单位犯罪和不纯正的单位犯罪。纯正的单位犯罪只能由单位构成而不能由自然人构成，不纯正的单位犯罪既可由单位也可由自然人构成。对于不纯正的单位犯罪，由单位构成的，适用双罚制；由自然人构成的，适用单罚制。例如，污染环境罪即属于不纯正的单位犯罪，单位和个人都可以构成污染环境罪。《最高人民法院 最高人民检察院关于办理环境污染刑事案件适用法律若干问题的解释》（法释〔2016〕29号）第十一条规定，单位实施本解释规定的犯罪的，依照本解释规定的定罪量刑标准，对直接负责的主管人员和其他直接责任人员定罪处罚，并对单位判处罚金。《刑法》第三百三十八条的刑罚包括有期徒刑（拘役）和罚金，如果是单位实施环境污染犯罪，应当对单位直接负责的主管人员和其他直接责任人员判处有期徒刑（拘役），对单位判处罚金。如果是个人实施环境污染犯罪的，直接依法判处有期徒刑（拘役）和罚金即可。

（二）环境法上的双罚制

1995 年版的《固废法》第六十九条规定，违反本法规定，造成固体废物污染环境事故的，由县级以上人民政府环境保护行政主管部门处十万元以下的罚款；造成重大损失的，按照直接损失的百分之三十计算罚款，但是最高不超过五十万元；对负有直接责任的主管人员，由其所在单位或者政府主管机关给予行政处分。2004 年版的《固废法》第八十二条基本延续了这一规定。这两条规定在对单位环境违法行为处罚的同时，也规定了单位成员的个人责任，但个人责任的体现形式是行政处分而非行政处罚。因此，这两条规定并不是真正意义上的双罚制。

2008 年修订的《水污染防治法》在环保领域首次确立“双罚制”，其第八十三条规定，企事业单位违法造成水污染事故的，除对单位进行处罚（包括罚款）外，对直接负责的主管人员和其他直接责任人员可以处上一年度从本单位取得的收入百分之五十以下的罚款。此后，2015 年修订的《大气污染防治法》第一百二十二条以及 2018 年颁布的《土壤污染防治法》第九十条、第九十一条、第九十三条和第九十四条均设定了双罚制。从上述立法的历史变迁来看，双罚制的适用范围在不断拓展，但是双罚制的适用对象（单位成员）始终局限于“直接负责的主管人员和其他直接责任人员”。

（三）《固废法》上的双罚制

《固废法》修订之后，在第一百零三条、第一百零八条、第一百一十四条和第一百一十八条均设定了双罚制。在适用范围上,《固废法》从《水污染防治法》最早确立的环境污染事故扩大到了“拒绝、阻扰监督检查或者接受监督检查时弄虚作假”等情形。在适用对象上，第一百一十四条和第一百一十八条从“直接负责的主管人员和其他直接责任人员”扩大为“法定代表人、主要负责人、直接负责的主管人员和其他责任人员”。“双罚制条款”的适用范围和适用对象，详见表 8-3。

表 8-3　《固废法》涉及“双罚制”的条款

法条	适用范围	适用对象
第一百零三条	拒绝、阻扰监督检查或者接受监督检查时弄虚作假	直接负责的主管人员和其他责任人员
第一百零八条	擅自倾倒、堆放、丢弃、遗撒城镇污水处理设施产生的污泥和处理后的污泥	直接负责的主管人员和其他责任人员
第一百一十四条	无许可证或者未按照许可证规定从事收集、贮存、利用、处置危险废物经营活动	法定代表人、主要负责人、直接负责的主管人员和其他责任人员
第一百一十八条	违法造成固体废物污染环境事故	法定代表人、主要负责人、直接负责的主管人员和其他责任人员

作为双罚制处罚对象的“法定代表人、主要负责人、直接负责的主管人员和其他责任人员”，具有特定的内涵。“法定代表人”适用于法人单位,“主要负责人”适用于非法人单位，是指代表该单位从事相关活动的负责人。《最高人民法院、最高人

民检察院、公安部、司法部、生态环境部关于办理环境污染刑事案件有关问题座谈会纪要》指出，单位犯罪中的“直接负责的主管人员”，一般是指对单位犯罪起决定、批准、组织、策划、指挥、授意、纵容等作用的主管人员，包括单位实际控制人、主要负责人或者授权的分管负责人、高级管理人员等；“其他直接责任人员”，一般是指在直接负责的主管人员的指挥、授意下积极参与实施单位犯罪或者对具体实施单位犯罪起较大作用的人员。

第三节　环境诉讼

一、环境公益诉讼

环境公益诉讼是指符合条件的社会组织或者检察机关，对污染环境、破坏生态，损害社会公共利益的行为提起的诉讼。环境公益诉讼对引入公众监督和司法介入，弥补行政执法之不足，形成“政府、企业、社会共治”的现代环境治理体系，具有重要意义。环境公益诉讼不同于一般的环境民事侵权诉讼或普通的行政诉讼，它所针对的不是环境污染或生态破坏行为对特定权利人合法权利的侵害，而是对不特定多数人造成的损害，即对社会公共利益的损害。因此，环境公益诉讼并非所有权利人都可以提起，其主体和范围受到法律的限制。按照我国现行法律，环境公益诉讼可以分为民事公益诉讼和行政公益诉讼两大类，有权提起诉讼的主体包括环境保护社会组织和检察机关。

《固废法》第一百二十一条规定，固体废物污染环境、破坏生态，损害国家利益、社会公共利益的，有关机关和组织可以依照《中华人民共和国环境保护法》《中华人民共和国民事诉讼法》《中华人民共和国行政诉讼法》等法律的规定向人民法院提起诉讼。固体废物污染环境防治领域的公益诉讼，是环境公益诉讼的一部分。本条规定属于衔接性的规定。在固体废物污染环境防治领域，有关机关和组织可以依法提起环境公益诉讼。至于什么样的机关和组织可以起诉，如何起诉等，应当适用《环境保护法》《民事诉讼法》《行政诉讼法》，以及有关司法解释等规定。根据我国现行法律，有关机关和组织，主要是指相关法律规定的环境保护社会组织和检察机关，提起环境行政公益诉讼的权限专属于检察机关。

（一）民事公益诉讼

《民事诉讼法》第五十八条规定，对污染环境、侵害众多消费者合法权益等损害社会公共利益的行为，法律规定的机关和有关组织可以向人民法院提起诉讼。人民检察院在履行职责中发现破坏生态环境和资源保护、食品药品安全领域侵害众多消费者合法权益等损害社会公共利益的行为，在没有上述规定的机关和组织或者上述规定的机关和组织不提起诉讼的情况下，可以向人民法院提起诉讼。上述规定的机关或者组织提起诉讼的，人民检察院可以支持起诉。

《环境保护法》第五十八条进一步规定，对污染环境、破坏生态，损害社会公共利益的行为，符合下列条件的社会组织可以向人民法院提起诉讼：（1）依法在设区的市级以上人民政府民政部门登记；（2）专门从事环境保护公益活动连续五年以上且无违法记录。符合上述规定的社会组织向人民法院提起诉讼，人民法院应当依法受理。

为落实法律规定，最高人民法院出台了相关司法解释和文件。《最高人民法院关于审理环境公益诉讼案件的工作规范（试行）》明确了社会组织提起的民事公益诉讼、检察机关提起的民事公益诉讼和行政公益诉讼相关程序问题，《最高人民法院关于审理环境民事公益诉讼案件适用法律若干问题的解释》（法释〔2020〕20 号）进一步明确了环境民事公益诉讼的主体资格、诉讼管辖、诉讼程序等。

（二）江苏省泰州市环保联合会诉泰兴锦汇化工有限公司等水污染民事公益诉讼案[①]

2012 年 1 月至 2013 年 2 月，锦汇公司等 6 家企业将生产过程中产生的危险废物废盐酸、废硫酸总计 2.5 万余吨，以每吨 20～100 元不等的价格，交给无危险废物处理资质的相关公司偷排进泰兴市如泰运河、泰州市高港区古马干河中，导致水体严重污染。泰州市环保联合会诉请法院判令 6 家企业赔偿环境修复费 1.6 亿余元、鉴定评估费用 10 万元。

江苏省泰州市中级人民法院一审认为，泰州市环保联合会作为依法成立的参与环境保护事业的非营利性社团组织，有权提起环境公益诉讼。6 家被告企业将副产酸交给无处置资质和处置能力的公司，导致大量副产酸未经处理倾倒入河，造成严重环境污染，应当赔偿损失并恢复生态环境。遂判决 6 家被告企业赔偿环境修复费用共计 1.6 亿余元，并承担鉴定评估费用 10 万元及诉讼费用。

江苏省高级人民法院二审认为，泰州市环保联合会依法具

① 案例来源：最高人民法院环境公益诉讼典型案例。

备提起环境公益诉讼的原告资格，一审审判程序合法。6 家被告企业处置副产酸的行为与造成古马干河、如泰运河环境污染损害结果之间存在因果关系。一审判决对赔偿数额的认定正确，修复费用计算方法适当，6 家被告企业依法应当就其造成的环境污染损害承担侵权责任。二审判决维持一审法院关于 6 家被告企业赔偿环境修复费用共计 1.6 亿余元的判项，并对义务的履行方式进行了调整。如 6 家被告企业能够通过技术改造对副产酸进行循环利用，明显降低环境风险，且一年内没有因环境违法行为受到处罚的，其已支付的技术改造费用可经验收后在判令赔偿环境修复费用的 40%额度内抵扣。6 家被告企业中的 3 家在二审判决后积极履行了判决的全部内容。锦汇公司不服二审判决，向最高人民法院申请再审。

最高人民法院认为，环境污染案件中，危险化学品和化工产品生产企业对其主营产品及副产品均需具有较高的注意义务，需要全面了解其主营产品和主营产品生产过程中产生的副产品是否具有高度危险性，是否会造成环境污染；需要使其主营产品的生产、出售、运输、储存和处置符合相关法律规定，也需使其副产品的生产、出售、运输、储存和处置符合相关法律规定，避免对生态环境造成损害或者产生造成生态环境损害的重大风险。最高人民法院最终裁定驳回了锦汇公司的再审申请。

泰州水污染公益诉讼案被媒体称为“天价”环境公益诉讼案。该案由社会组织作为原告、检察机关支持起诉，参与主体特殊、涉案被告多，判赔金额大、探索创新多、借鉴价值高。一审法院正确认定泰州市环保联合会的主体资格，确认锦汇公司等 6 家公司主观上具有非法处置危险废物的故意，客观上造成了环境严重污染的结果，应该承担对环境污染进行修复的赔偿责任。同时，结合鉴定结论和专家证人意见认定环境修复费用，判令 6 家被告企业共计赔偿 1.6 亿余元环境修复费用。二审法院衡平企业良性发展与环境保护目标，创新了修复费用支付方式，鼓励企业加大技术改造力度，处理好全局利益与局部利益、长远利益与短期利益的关系，承担起企业环境保护主体责任和社会责任。最高人民法院肯定了二审法院创新修复费用支付方式的做法，鼓励企业积极开展技术创新和改造，促进区域生态环境质量改善。同时明确了危险化学品和化工产品生产企业在生产经营过程中应具有较高的注意义务，应承担更多的社会责任。

（三）行政公益诉讼

2017 年修改的《行政诉讼法》增加了公益诉讼制度，人民检察院在履行职责中发现生态环境和资源保护、食品药品安全、国有财产保护、国有土地使用权出让等领域负有监督管理职责的行政机关违法行使职权或者不作为，致使国家利益或者社会公共利益受到侵害的，应当向行政机关提出检察建议，督促其依法履行职责。行政机关不依法履行职责的，人民检察院依法向人民法院提起诉讼。

2020 年 12 月，最高人民法院、最高人民检察院联合发布了最新修订的《关于检察公益诉讼案件适用法律若干问题的解释》（法释〔2020〕20 号）。检察机关在提起环境行政公益诉讼之前，有一个诉前程序的制度安排。检察机关应当先向行政机关发送检察建议，督促行政机关纠正违法行为或者依法履行职责。行政机关应当在收到检察建议后 2 个月内依法办理，并将办理情况及时书面回复人民检察院。经过诉前程序，行政机关拒不纠正违法行为或者不履行法定职责，国家和社会公共利益仍处于受侵害状态的，检察机关可以提起行政公益诉讼。

2019年，最高人民检察院与生态环境部等九部委联合印发《关于在检察公益诉讼中加强协作配合依法打好污染防治攻坚战的意见》（高检会〔2019〕1号），就在检察公益诉讼中加强协作配合，合力打好污染防治攻坚战，共同推进生态文明建设形成协作意见，从线索移送、立案管辖、调查取证、司法鉴定、诉前程序、提起诉讼、日常联络、人员交流等8个方面作出了明确规范，为依法办理公益诉讼案件、合力打好污染防治攻坚战提供了有力的制度支撑。

（四）内蒙古自治区呼和浩特市赛罕区人民检察院督促履行环境保护监管职责行政公益诉讼起诉案[①]

自2010年开始，呼和浩特市玉泉区世纪十九路道路两侧长期违法堆放大量建筑垃圾形成渣土堆，该地块2015年划入城区范围。该渣土堆长期堆存严重污染周围环境，侵害社会公共利益。2018年10月初，呼和浩特市人民检察院（以下简称呼和浩特市院）经群众举报发现该案件线索，于2018年10月9日立案。经调查，涉案地块自2010年起开始堆放建筑垃圾，原不属于呼和浩特城区范围，也非建筑垃圾规划堆放处。该地块自2015年划入城区范围，但建筑垃圾渣土堆一直没有相关部门进行清理。

2018年10月18日，呼和浩特市院向呼和浩特市城市管理

① 案例来源：最高人民检察院行政公益诉讼典型案例。

综合执法局（以下简称市城管局）发出诉前检察建议，建议该局依法全面履行职责，及时清理涉案地块上堆放的建筑垃圾渣土堆，并加强对市区内建筑垃圾乱堆乱放问题进行全面严格监管。2018 年 12 月 18 日，市城管局书面回复称，涉案建筑垃圾系 2015 年之前形成，2015 年该地块划入城区范围后，并未形成新的“增量”，该局已经履行了监管职责，2015 年以前形成的建筑垃圾不属于其监管职责。检察机关收到回复后对涉案现场进行了多次跟进调查，查明行政机关对该建筑垃圾渣土堆一直未采取任何监管措施，严重污染周边环境，侵害社会公共利益。

根据《行政诉讼法》地域管辖相关规定，本案应由呼和浩特市玉泉区人民检察院管辖。呼和浩特市院在综合考虑办案力量、办案经验的基础上，经与呼和浩特市中级人民法院协商，将该案交由呼和浩特市赛罕区人民检察院办理。2019 年 5 月 27 日，赛罕区检察院向呼和浩特市赛罕区人民法院提起行政公益诉讼。2019 年 6 月 13 日，赛罕区法院开庭审理本案。庭审围绕市城管局是否已经履行监管职责展开辩论。市城管局认为：一是建筑垃圾渣土堆形成时，案涉地块并不属于该局管辖范围。二是案涉地块划入城区规划管理后，建筑垃圾渣土堆并未形成新的增量，该局既无职责也无能力对案涉渣土堆进行清理。三是该局在辖区内综合整治建筑垃圾渣土堆方面做了大量的工作，取得了良好的社会效果。检察机关认为，虽然涉案地块原为非城区，但 2015 年后区划调整为城区，案涉环境污染问题始终没有得到治理。《城市建筑垃圾管理规定》《呼和浩特市城市建筑垃圾管理规定》《呼和浩特市市容环境卫生管理条例》等相关法律法规、权责清单已明确了市城管局具有法定监管职责，并未对其监管范围内的建筑垃圾的形成时间作出限定，作为执法机关不能擅自对监管职责作出“限缩解释”。市城管局提到其在综合整治辖区内渣土堆方面做过大量工作，恰恰证明其具有相应的法定职责。

2019 年 7 月 23 日，赛罕区法院作出一审判决，判决支持了检察机关的诉讼请求，认为市城管局具有对案涉建筑垃圾渣土堆进行清理的法定监管职责，判决责令市城管局于判决生效后 60 日内对建筑垃圾违法堆放行为履行监管职责。案件审理过程中，检察机关邀请 40 余名县处级行政职能部门负责人旁听了庭审，将本次庭审作为一次生动的“法治公开课”。本案判决生效后，呼和浩特市院就案件的执行问题召开了圆桌会议，督促行政机关及时履行生效判决内容。

环境问题具有隐蔽性和累积性的特点，容易形成历史遗留损害追责难等问题，在确实无法确定担责主体的情况下，行政机关应当承担治理和修复法律责任，《环境保护法》《固体废物污染环境防治法》等法律对此均作了相关规定。行政机关不能对公益损害以存量和增量区分其履职范围，不能以环境违法情形发生时间早于其承继监管职责的时间为由拒绝履职。检察机关注重以案释法，将诉讼过程作为一次生动的“法治公开课”，提升了当地行政机关依法行政的法治意识。环境行政公益诉讼中，行政机关履职标准应当以是否全面履行其法定职责，环境损害问题是否得到治理为标准。对于历史遗留的环境问题，区划调整后承继环境监管职能的行政机关，也应全面履行其法定职责，不能以环境违法情形发生时间早于其承继监管职责的时间为由拒绝履职。

二、生态环境损害赔偿诉讼

（一）生态环境损害赔偿制度

建立健全生态环境损害赔偿制度，是生态文明制度体系建设的重要组成部分，是党中央、国务院作出的重大决策。2013年党的十八届三中全会通过的《中共中央关于全面深化改革若干重大问题的决定》明确提出："建设生态文明，必须建立系统完整的生态文明制度体系，实行最严格的源头保护制度、损害赔偿制度、责任追究制度，完善环境治理和生态修复制度，用制度保护生态环境。""对造成生态环境损害的责任者严格实行赔偿制度，依法追究刑事责任。"2015年11月，中共中央办公厅、国务院办公厅印发《生态环境损害赔偿制度改革试点方案》（中办发〔2015〕57号），在吉林等7个省市开展试点。在上述试点的基础上，中共中央办公厅、国务院办公厅于2017年12月印发《生态环境损害赔偿制度改革方案》，提出自2018年起，在全国试行生态环境损害赔偿制度；到2020年，力争在全国范围内初步构建责任明确、途径畅通、技术规范、保障有力、赔偿到位、修复有效的生态环境损害赔偿制度。

为贯彻落实《生态环境损害赔偿制度改革方案》，加强对改革工作的业务指导，推动解决地方在试行工作中发现的问题，生态环境部、司法部、财政部、自然资源部、住房和城乡建设部、水利部、农业农村部、国家卫生健康委、国家林草局、最高人民法院、最高人民检察院联合印发了《关于推进生态环境损害赔偿制度改革若干具体问题的意见》（环法规〔2020〕44号），进一步明确具体负责工作的部门或机构、赔偿措施、与公益诉讼衔接等问题。

生态环境损害赔偿制度设计的初衷是为了破解实践中普遍存在的“企业污染、公众受害、政府埋单”困局，是以“环境有价、损害担责”为原则作出的制度创新。《固废法》第一百二十二条规定，固体废物污染环境、破坏生态给国家造成重大损失的，由设区的市级以上地方人民政府或者其指定的部门、机构组织与造成环境污染和生态破坏的单位和其他生产经营者进行磋商，要求其承担损害赔偿责任。该条首次在生态环境法律中对生态环境损害赔偿制度作了明确规定，这是生态环境损害赔偿制度立法的重大突破。2021 年实施的《民法典》，明确规定生态环境损害赔偿责任，将改革成果上升为国家基本法律。

为落实国家法律、指导实践工作，经中央全面深化改革委员会审议通过，生态环境部联合最高人民法院、最高人民检查院和科技部、公安部等 11 个相关部门共 14 家单位印发了《生态环境损害赔偿管理规定》（环法规〔2022〕31 号），明确部门任务分工、地方党委和政府职责，对案件线索筛查、案件管辖、索赔启动、损害调查、鉴定评估、索赔磋商、司法确认、赔偿诉讼、修复效果评估等重点工作环节作出明确细化的规定，完善鉴定评估机构建设、鉴定评估技术方法、资金管理、公众参与和信息公开等保障机制。

（二）生态环境损害赔偿诉讼

生态环境损害赔偿诉讼和环境公益诉讼的适用范围和诉讼目的具有高度相似性，二者关系密切，都是我国生态文明法律体系的重要组成部分。环境公益诉讼的适用范围直接体现在《民事诉讼法》第五十八条中的“对污染环境……损害社会公共利益的行为”“破坏生态环境和资源保护……损害社会公共利益”、《环境保护法》第五十八条中的“对污染环境、破坏生态，损害社会公共利益的行为”以及《最高人民法院关于审理环境民事公益诉讼案件适用法律若干问题的解释》第一条中的“对已经损害社会公共利益或者具有损害社会公共利益重大风险的污染环境、破坏生态的行为提起诉讼”。《生态环境损害赔偿制度改革方案》第三条明确规定生态环境损害赔偿诉讼的适用范围：发生较大及以上突发环境事件的；在国家和省级主体功能区规划中划定的重点生态功能区、禁止开发区发生环境污染、生态破坏事件的；发生其他严重影响生态环境后果的。各地区应根据实际情况，综合考虑造成的环境污染、生态破坏程度以及社会影响等因素，明确具体情形。综上可以看出，这两种诉讼都是指向污染环境、破坏生态、损害社会公共利益的行为，旨在救济涉及环境的社会公共利益。

有学者研究指出，虽然生态环境损害赔偿诉讼和环境公益诉讼的适用范围和诉讼目的高度相似，但两者在起诉主体、诉讼顺位、程序设计等方面存在差异。

关于起诉主体。生态环境损害赔偿诉讼限于政府主体，主要是省级和市地级政府，实践中多为其所指定的、负有环境资源相关监督管理职责的部门或机构。环境民事公益诉讼的起诉主体主要有两类，一是符合《环境保护法》第五十八条规定的环境保护社会组织，二是作为其后位补充的检察机关。

关于诉讼程序。生态环境损害赔偿诉讼早期是作为生态文明体制改革重要举措的“生态环境损害赔偿制度”的一部分，依国家政策文件来探索实践的。《民法典》出台后，第一千二百三十五条的规定“违反国家规定造成生态环境损害的，国家规定的机关或者法律规定的组织有权请求侵权人赔偿损失和费用”，成为生态环境损害赔偿诉讼的法律依据。环境民事公益诉讼则主要依据《民事诉讼法》第五十八条、《环境保护法》第五十八条等的规定。

关于二者之间的顺位和衔接。《最高人民法院关于审理生态环境损害赔偿案件的若干规定（试行）》第十六条规定，在生态环境损害赔偿诉讼案件审理过程中，同一损害生态环境行为又被提起民事公益诉讼，符合起诉条件的，应当由受理生态环境损害赔偿诉讼案件的人民法院受理并由同一审判组织审理。第十七条规定，人民法院受理因同一损害生态环境行为提起的生态环境损害赔偿诉讼案件和民事公益诉讼案件，应先中止民事公益诉讼案件的审理，待生态环境损害赔偿诉讼案件审理完毕后，就民事公益诉讼案件未被涵盖的诉讼请求依法作出裁判。

（三）山东省生态环境厅诉山东金诚重油化工有限公司、山东弘聚新能源有限公司生态环境损害赔偿诉讼案[①]

2015 年 8 月，弘聚公司委托无危险废物处理资质的人员将其产生的 640 吨废酸液倾倒至济南市章丘区普集街道办上皋村的一个废弃煤井内。2015 年 10 月 20 日，金诚公司采取相同手段将其产生的 23.7 吨废碱液倾倒至同一煤井内，因废酸、废碱发生剧烈化学反应，4 名涉嫌非法排放危险废物人员当场中毒身亡。经监测，废液对井壁、井底土壤及地下水造成污染。事件发生后，原章丘市人民政府进行了应急处置，并开展生态环境修复工作。山东省人民政府指定山东省环境保护厅为具体工

① 案例来源：人民法院保障生态环境损害赔偿制度改革典型案例。

作部门，开展生态环境损害赔偿索赔工作。山东省环境保护厅与金诚公司、弘聚公司磋商未能达成一致，遂向济南市中级人民法院提起诉讼，请求判令被告承担应急处置费用、生态环境服务功能损失、生态环境损害赔偿费用等共计 2.3 亿余元，两被告对上述各项费用承担连带责任，并请求判令两被告在省级以上媒体公开赔礼道歉。

济南市中级人民法院经审理认为，弘聚公司生产过程中产生的废酸液和金诚公司生产过程中产生的废碱液导致案涉场地生态环境损害，应依法承担生态环境损害赔偿责任。就山东省环境保护厅请求的赔偿金额，山东省环境保护厅提交了《环境损害评估报告》，参与制作的相关评估及审核人员出庭接受了当事人的质询，环境保护部环境规划院的专家也出庭对此给出说明，金诚公司、弘聚公司未提供充分证据推翻该《环境损害评估报告》，故对鉴定评估意见依法予以采信。弘聚公司、金诚公司生产过程中产生的危险废液造成环境污染，严重损害了国家利益和社会公共利益，为警示和教育环境污染者，增强公众环境保护意识，依法支持山东省生态环境厅要求弘聚公司、金诚公司在省级以上媒体公开赔礼道歉的诉讼请求。

本案系因重大突发环境事件导致的生态环境损害赔偿案件。污染事件发生后，受到社会广泛关注。因二被告排放污染物的时间、种类、数量不同，认定二被告各自行为所造成的污染范围、损害后果及相应的治理费用存在较大困难。人民法院充分借助专家专业技术优势，在查明专业技术相关事实，确定生态环境损害赔偿数额，划分污染者责任等方面进行了积极探索。一是由原、被告分别申请专家辅助人出庭从专业技术角度对案件事实涉及的专业问题充分发表意见；二是由参与《环境损害评估报告》的专业人员出庭说明并接受质询；三是由人民法院另行聘请 3 位咨询专家参加庭审，并在庭审后出具《损害赔偿责任分担的专家咨询意见》；四是在评估报告基础上，综合专家辅助人和咨询专家的意见，根据主观过错、经营状况等因素，合理分配二被告各自应承担的赔偿责任。同时，人民法院在受理就同一污染环境行为提起的生态环境损害赔偿诉讼和环境民事公益诉讼后，先行中止环境公益诉讼案件审理，待生态环境损害赔偿案件审理完毕后，就环境公益诉讼中未被前案涵盖的诉讼请求依法作出裁判，对妥善协调两类案件的审理进行了有益探索。

三、固体废物违法行为的三种法律责任

（一）上海市松江区叶榭镇人民政府诉蒋某等水污染责任纠纷案[①]

浩盟公司、日新公司与佳余公司存在盐酸买卖关系，并委托佳余公司处理废酸。佳余公司委托未取得危险废物经营许可证的蒋某从上述两公司运输和处理废酸。2011 年 2 月至 3 月，蒋某多次指派其雇用的驾驶员董某将从三公司收集的共计 6 车废酸倾倒至叶榭镇叶兴路红先河桥南侧的雨水井中，导致废酸经雨水井流入红先河，造成严重污染。污染事故发生后，上海市松江区叶榭镇人民政府（以下简称叶榭镇政府）为治理污染，拨款并委托松江区叶榭水务管理站对污染河道进行治理，河道污染治理工程款等合计 887 266 元。因本次污染事故，蒋某、

① 案例来源：最高人民法院公报案例。

董某分别被判处有期徒刑二年和一年三个月，佳余公司、浩盟公司、日新公司分别被上海市环境保护局罚款 46 万元、16 万元、16 万元。叶榭镇政府提起诉讼，请求判令蒋某、董某、佳余公司、浩盟公司、日新公司连带赔偿经济损失 887 266 元。

上海市松江区人民法院一审认为，本案中叶榭镇政府作为被污染河道的主管单位，有权对污染河道进行治理，也有权作为原告提起诉讼。蒋某以营利为目的，在未取得危险废物经营许可证的情况下，指派其雇员将废酸倾倒至叶榭镇政府境内通向红先河的雨水井中，造成严重污染，应当承担民事赔偿责任。董某盲目听从蒋某的指派，故意将废酸倒入雨水井中导致红先河严重污染，应当与其雇主蒋某承担连带赔偿责任。佳余公司、浩盟公司、日新公司在生产过程中所产生的废酸属于危险废物，应向当地环境保护行政主管部门申报，并移交到有相应资质的单位进行处理。但上述三公司均未办理法定手续，擅自处理废酸，与此后红先河严重污染有直接的因果关系，对本次污染事故具有重大过错，理应与蒋某承担连带赔偿责任。一审法院于 2012 年 6 月作出判决，判令蒋某赔偿叶榭镇政府各项经济损失 887 266 元，董某承担连带赔偿责任；佳余公司、浩盟公司、日新公司分别对蒋某应当赔偿的款项承担 20%、65%、15%的连带赔偿责任。

（二）由该案引发的思考：三种责任可以并存

刑事责任、行政责任、民事责任都是法律责任的具体表现形式，但是 3 种不同性质的法律责任。首先，责任的实现依据不同。民事责任的法律依据可以是民事法律规定，可以是当事人约定。而刑事责任和行政责任只能由刑事法律和行政法律规范规定。民事责任的适用对象是违反民事义务的人，而刑事责任和行政责任是违反刑事法律和行政法律规范的行为人。其次，责任的实现程序不同。民事责任、刑事责任、行政责任的行为人是否承担法律责任，分别由民事诉讼法、刑事诉讼法、行政诉讼法规定。最后，责任的实现方式不同。民事责任主要以财产责任为主，刑事责任主要采用限制或剥夺犯罪分子的人身自由权利的刑罚方式，而行政责任可采取对行政违法行为人给予警告、罚款、拘留等行政处罚方式。

行为人的同一违法行为具有民事违法、行政违法以及刑事违法等两个以上的属性，触及两个以上不同性质法律责任，存在责任竞合和责任重合两种情况。前者是指行为人的违法行为同时触犯不同性质的法律规范，但只追究其中一种法律责任的情况；后者是指行为人的违法行为同时符合不同的责任构成要件，需要追究两种以上责任的情况。《固废法》第一百二十三条明确，违反本法规定，构成违反治安管理行为的，由公安机关依法给予治安管理处罚；构成犯罪的，依法追究刑事责任；造成人身、财产损害的，依法承担民事责任。根据本条规定，当事人实施固体废物污染环境防治违法行为的，可以同时追究其行政责任、刑事责任以及民事责任。

在上海市松江区叶榭镇人民政府诉蒋某等水污染责任纠纷案中，蒋某在未取得危险废物经营许可证的情况下擅自倾倒废酸，致使红先河严重污染，应承担全部赔偿责任。董某作为蒋某雇用的驾驶员，对未经处理的废酸倾倒至雨水井可能造成的危害后果应当具有预见能力，但其盲目听从蒋某的指派，故意将废酸倒入雨水井中，应与蒋某承担连带赔偿责任。佳余公司、浩盟公司与日新公司未办理法定手续，擅自将废酸交由不具备资质的个人运输并排放，应根据各自违法处理危险废物的数量以及对事故发生所起作用等因素按份额与蒋某共同承担责任。虽然环境保护行政主管部门已对上述三公司进行了行政罚款，蒋某、董某也被处以刑罚，但均不能免除或减轻其民事赔偿责任。通过刑事责任、行政责任、民事责任 3 种责任方式的综合运用，提高污染者的违法成本，并对潜在的污染者形成有效震慑，达到防治危险废物污染的目的。

参考文献

[1] 解振华. 关于《中华人民共和国固体废物污染环境防治法（草案）》的说明——1995 年 8 月 23 日在第八届全国人民代表大会常务委员会第十五次会议上[J]. 中华人民共和国全国人民代表大会常务委员会公报，1995，7：74-78.

[2] 张德江. 全国人民代表大会常务委员会执法检查组关于检查《中华人民共和国固体废物污染环境防治法》实施情况的报告——2017 年 11 月 1 日在第十二届全国人民代表大会常务委员会第三十次会议上[J]. 中国人大，2017，21：11-18.

[3] 黄建初. 中华人民共和国固体废物污染环境防治法释义[M]. 北京：法律出版社，2005.

[4] 袁杰，黄祎，别涛，等. 中华人民共和国固体废物污染环境防治法释义[M]. 北京：中国民主法制出版社，2020.

[5] 胡建淼. 《行政处罚法》通识十讲[M]. 北京：中国法律图书有限公司，2021.

[6] 邹成俊，赖长浩，邹元龙，等. 用代处置手段加强危险废物的管理[J]. 环境保护，2005，7：16-18.

[7] 陈瑛，滕婧杰，王永明，等. 浅析固体废物污染环境防治原则之变化[J]. 中国环境监测，2020，36（6）：14-18.

[8] 吴卫星. 我国环保立法行政罚款制度之发展与反思——以新《固体废物污染环境防治法》为例的分析[J]. 法学评论，2021，39（3）：163-172.
[9] 巩固. 生态环境损害赔偿诉讼与环境民事公益诉讼关系探究——兼析《民法典》生态赔偿条款[J]. 法学论坛，2022，37（1）：129-139.

附件一

中华人民共和国固体废物污染环境防治法

（1995年10月30日第八届全国人民代表大会常务委员会第十六次会议通过　2004年12月29日第十届全国人民代表大会常务委员会第十三次会议第一次修订　根据2013年6月29日第十二届全国人民代表大会常务委员会第三次会议《关于修改〈中华人民共和国文物保护法〉等十二部法律的决定》第一次修正　根据2015年4月24日第十二届全国人民代表大会常务委员会第十四次会议《关于修改〈中华人民共和国港口法〉等七部法律的决定》第二次修正　根据2016年11月7日第十二届全国人民代表大会常务委员会第二十四次会议《关于修改〈中华人民共和国对外贸易法〉等十二部法律的决定》第三次修正　2020年4月29日第十三届全国人民代表大会常务委员会第十七次会议第二次修订）

第一章　总　则

第一条　为了保护和改善生态环境，防治固体废物污染环境，保障公众健康，维护生态安全，推进生态文明建设，促进经济社会可持续发展，制定本法。

第二条　固体废物污染环境的防治适用本法。

固体废物污染海洋环境的防治和放射性固体废物污染环境的防治不适用本法。

第三条　国家推行绿色发展方式，促进清洁生产和循环经济发展。

国家倡导简约适度、绿色低碳的生活方式，引导公众积极参与固体废物污染环境防治。

第四条 固体废物污染环境防治坚持减量化、资源化和无害化的原则。

任何单位和个人都应当采取措施，减少固体废物的产生量，促进固体废物的综合利用，降低固体废物的危害性。

第五条 固体废物污染环境防治坚持污染担责的原则。

产生、收集、贮存、运输、利用、处置固体废物的单位和个人，应当采取措施，防止或者减少固体废物对环境的污染，对所造成的环境污染依法承担责任。

第六条 国家推行生活垃圾分类制度。

生活垃圾分类坚持政府推动、全民参与、城乡统筹、因地制宜、简便易行的原则。

第七条 地方各级人民政府对本行政区域固体废物污染环境防治负责。

国家实行固体废物污染环境防治目标责任制和考核评价制度，将固体废物污染环境防治目标完成情况纳入考核评价的内容。

第八条 各级人民政府应当加强对固体废物污染环境防治工作的领导，组织、协调、督促有关部门依法履行固体废物污染环境防治监督管理职责。

省、自治区、直辖市之间可以协商建立跨行政区域固体废物污染环境的联防联控机制，统筹规划制定、设施建设、固体废物转移等工作。

第九条 国务院生态环境主管部门对全国固体废物污染环

境防治工作实施统一监督管理。国务院发展改革、工业和信息化、自然资源、住房城乡建设、交通运输、农业农村、商务、卫生健康、海关等主管部门在各自职责范围内负责固体废物污染环境防治的监督管理工作。

地方人民政府生态环境主管部门对本行政区域固体废物污染环境防治工作实施统一监督管理。地方人民政府发展改革、工业和信息化、自然资源、住房城乡建设、交通运输、农业农村、商务、卫生健康等主管部门在各自职责范围内负责固体废物污染环境防治的监督管理工作。

第十条　国家鼓励、支持固体废物污染环境防治的科学研究、技术开发、先进技术推广和科学普及，加强固体废物污染环境防治科技支撑。

第十一条　国家机关、社会团体、企业事业单位、基层群众性自治组织和新闻媒体应当加强固体废物污染环境防治宣传教育和科学普及，增强公众固体废物污染环境防治意识。

学校应当开展生活垃圾分类以及其他固体废物污染环境防治知识普及和教育。

第十二条　各级人民政府对在固体废物污染环境防治工作以及相关的综合利用活动中作出显著成绩的单位和个人，按照国家有关规定给予表彰、奖励。

第二章　监督管理

第十三条　县级以上人民政府应当将固体废物污染环境防治工作纳入国民经济和社会发展规划、生态环境保护规划，并采取有效措施减少固体废物的产生量、促进固体废物的综合利用、降低固体废物的危害性，最大限度降低固体废物填埋量。

第十四条　国务院生态环境主管部门应当会同国务院有关部门根据国家环境质量标准和国家经济、技术条件，制定固体废物鉴别标准、鉴别程序和国家固体废物污染环境防治技术标准。

第十五条　国务院标准化主管部门应当会同国务院发展改革、工业和信息化、生态环境、农业农村等主管部门，制定固体废物综合利用标准。

综合利用固体废物应当遵守生态环境法律法规，符合固体废物污染环境防治技术标准。使用固体废物综合利用产物应当符合国家规定的用途、标准。

第十六条　国务院生态环境主管部门应当会同国务院有关部门建立全国危险废物等固体废物污染环境防治信息平台，推进固体废物收集、转移、处置等全过程监控和信息化追溯。

第十七条　建设产生、贮存、利用、处置固体废物的项目，应当依法进行环境影响评价，并遵守国家有关建设项目环境保护管理的规定。

第十八条　建设项目的环境影响评价文件确定需要配套建设的固体废物污染环境防治设施，应当与主体工程同时设计、同时施工、同时投入使用。建设项目的初步设计，应当按照环境保护设计规范的要求，将固体废物污染环境防治内容纳入环境影响评价文件，落实防治固体废物污染环境和破坏生态的措施以及固体废物污染环境防治设施投资概算。

建设单位应当依照有关法律法规的规定，对配套建设的固体废物污染环境防治设施进行验收，编制验收报告，并向社会公开。

第十九条　收集、贮存、运输、利用、处置固体废物的单位和其他生产经营者，应当加强对相关设施、设备和场所的管理和维护，保证其正常运行和使用。

第二十条　产生、收集、贮存、运输、利用、处置固体废物的单位和其他生产经营者，应当采取防扬散、防流失、防渗漏或者其他防止污染环境的措施，不得擅自倾倒、堆放、丢弃、遗撒固体废物。

禁止任何单位或者个人向江河、湖泊、运河、渠道、水库及其最高水位线以下的滩地和岸坡以及法律法规规定的其他地点倾倒、堆放、贮存固体废物。

第二十一条　在生态保护红线区域、永久基本农田集中区域和其他需要特别保护的区域内，禁止建设工业固体废物、危险废物集中贮存、利用、处置的设施、场所和生活垃圾填埋场。

第二十二条　转移固体废物出省、自治区、直辖市行政区域贮存、处置的，应当向固体废物移出地的省、自治区、直辖市人民政府生态环境主管部门提出申请。移出地的省、自治区、直辖市人民政府生态环境主管部门应当及时商经接受地的省、自治区、直辖市人民政府生态环境主管部门同意后，在规定期限内批准转移该固体废物出省、自治区、直辖市行政区域。未经批准的，不得转移。

转移固体废物出省、自治区、直辖市行政区域利用的，应当报固体废物移出地的省、自治区、直辖市人民政府生态环境主管部门备案。移出地的省、自治区、直辖市人民政府生态环境主管部门应当将备案信息通报接受地的省、自治区、直辖市人民政府生态环境主管部门。

第二十三条　禁止中华人民共和国境外的固体废物进境倾倒、堆放、处置。

第二十四条　国家逐步实现固体废物零进口，由国务院生态环境主管部门会同国务院商务、发展改革、海关等主管部门组织实施。

第二十五条　海关发现进口货物疑似固体废物的，可以委托专业机构开展属性鉴别，并根据鉴别结论依法管理。

第二十六条　生态环境主管部门及其环境执法机构和其他负有固体废物污染环境防治监督管理职责的部门，在各自职责范围内有权对从事产生、收集、贮存、运输、利用、处置固体废物等活动的单位和其他生产经营者进行现场检查。被检查者应当如实反映情况，并提供必要的资料。

实施现场检查，可以采取现场监测、采集样品、查阅或者复制与固体废物污染环境防治相关的资料等措施。检查人员进行现场检查，应当出示证件。对现场检查中知悉的商业秘密应当保密。

第二十七条　有下列情形之一，生态环境主管部门和其他负有固体废物污染环境防治监督管理职责的部门，可以对违法收集、贮存、运输、利用、处置的固体废物及设施、设备、场所、工具、物品予以查封、扣押：

（一）可能造成证据灭失、被隐匿或者非法转移的；

（二）造成或者可能造成严重环境污染的。

第二十八条　生态环境主管部门应当会同有关部门建立产生、收集、贮存、运输、利用、处置固体废物的单位和其他生产经营者信用记录制度，将相关信用记录纳入全国信用信息共享平台。

第二十九条　设区的市级人民政府生态环境主管部门应当会同住房城乡建设、农业农村、卫生健康等主管部门，定期向社会发布固体废物的种类、产生量、处置能力、利用处置状况等信息。

产生、收集、贮存、运输、利用、处置固体废物的单位，应当依法及时公开固体废物污染环境防治信息，主动接受社会监督。

利用、处置固体废物的单位，应当依法向公众开放设施、场所，提高公众环境保护意识和参与程度。

第三十条　县级以上人民政府应当将工业固体废物、生活垃圾、危险废物等固体废物污染环境防治情况纳入环境状况和环境保护目标完成情况年度报告，向本级人民代表大会或者人民代表大会常务委员会报告。

第三十一条　任何单位和个人都有权对造成固体废物污染环境的单位和个人进行举报。

生态环境主管部门和其他负有固体废物污染环境防治监督管理职责的部门应当将固体废物污染环境防治举报方式向社会公布，方便公众举报。

接到举报的部门应当及时处理并对举报人的相关信息予以保密；对实名举报并查证属实的，给予奖励。

举报人举报所在单位的，该单位不得以解除、变更劳动合同或者其他方式对举报人进行打击报复。

第三章　工业固体废物

第三十二条　国务院生态环境主管部门应当会同国务院发展改革、工业和信息化等主管部门对工业固体废物对公众健康、生态环境的危害和影响程度等作出界定，制定防治工业固体废物污染环境的技术政策，组织推广先进的防治工业固体废物污染环境的生产工艺和设备。

第三十三条　国务院工业和信息化主管部门应当会同国务院有关部门组织研究开发、推广减少工业固体废物产生量和降低工业固体废物危害性的生产工艺和设备，公布限期淘汰产生严重污染环境的工业固体废物的落后生产工艺、设备的名录。

生产者、销售者、进口者、使用者应当在国务院工业和信息化主管部门会同国务院有关部门规定的期限内分别停止生产、销售、进口或者使用列入前款规定名录中的设备。生产工艺的采用者应当在国务院工业和信息化主管部门会同国务院有关部门规定的期限内停止采用列入前款规定名录中的工艺。

列入限期淘汰名录被淘汰的设备，不得转让给他人使用。

第三十四条　国务院工业和信息化主管部门应当会同国务院发展改革、生态环境等主管部门，定期发布工业固体废物综合利用技术、工艺、设备和产品导向目录，组织开展工业固体废物资源综合利用评价，推动工业固体废物综合利用。

第三十五条　县级以上地方人民政府应当制定工业固体废物污染环境防治工作规划，组织建设工业固体废物集中处置等设施，推动工业固体废物污染环境防治工作。

第三十六条　产生工业固体废物的单位应当建立健全工业固体废物产生、收集、贮存、运输、利用、处置全过程的污染环境防治责任制度，建立工业固体废物管理台账，如实记录产生工业固体废物的种类、数量、流向、贮存、利用、处置等信息，实现工业固体废物可追溯、可查询，并采取防治工业固体废物污染环境的措施。

禁止向生活垃圾收集设施中投放工业固体废物。

第三十七条　产生工业固体废物的单位委托他人运输、利用、处置工业固体废物的，应当对受托方的主体资格和技术能力进行核实，依法签订书面合同，在合同中约定污染防治要求。

受托方运输、利用、处置工业固体废物，应当依照有关法律法规的规定和合同约定履行污染防治要求，并将运输、利用、处置情况告知产生工业固体废物的单位。

产生工业固体废物的单位违反本条第一款规定的，除依照有关法律法规的规定予以处罚外，还应当与造成环境污染和生态破坏的受托方承担连带责任。

第三十八条　产生工业固体废物的单位应当依法实施清洁生产审核，合理选择和利用原材料、能源和其他资源，采用先进的生产工艺和设备，减少工业固体废物的产生量，降低工业固体废物的危害性。

第三十九条　产生工业固体废物的单位应当取得排污许可证。排污许可的具体办法和实施步骤由国务院规定。

产生工业固体废物的单位应当向所在地生态环境主管部门提供工业固体废物的种类、数量、流向、贮存、利用、处置等有关资料，以及减少工业固体废物产生、促进综合利用的具体措施，并执行排污许可管理制度的相关规定。

第四十条　产生工业固体废物的单位应当根据经济、技术条件对工业固体废物加以利用；对暂时不利用或者不能利用的，应当按照国务院生态环境等主管部门的规定建设贮存设施、场所，安全分类存放，或者采取无害化处置措施。贮存工业固体废物应当采取符合国家环境保护标准的防护措施。

建设工业固体废物贮存、处置的设施、场所，应当符合国家环境保护标准。

第四十一条　产生工业固体废物的单位终止的，应当在终止前对工业固体废物的贮存、处置的设施、场所采取污染防治措施，并对未处置的工业固体废物作出妥善处置，防止污染环境。

产生工业固体废物的单位发生变更的，变更后的单位应当按照国家有关环境保护的规定对未处置的工业固体废物及其贮存、处置的设施、场所进行安全处置或者采取有效措施保证该设施、场所安全运行。变更前当事人对工业固体废物及其贮存、处置的设施、场所的污染防治责任另有约定的，从其约定；但是，不得免除当事人的污染防治义务。

对2005年4月1日前已经终止的单位未处置的工业固体废物及其贮存、处置的设施、场所进行安全处置的费用，由有关人民政府承担；但是，该单位享有的土地使用权依法转让的，应当由土地使用权受让人承担处置费用。当事人另有约定的，从其约定；但是，不得免除当事人的污染防治义务。

第四十二条　矿山企业应当采取科学的开采方法和选矿工艺，减少尾矿、煤矸石、废石等矿业固体废物的产生量和贮存量。

国家鼓励采取先进工艺对尾矿、煤矸石、废石等矿业固体废物进行综合利用。

尾矿、煤矸石、废石等矿业固体废物贮存设施停止使用后，矿山企业应当按照国家有关环境保护等规定进行封场，防止造成环境污染和生态破坏。

第四章　生活垃圾

第四十三条　县级以上地方人民政府应当加快建立分类投放、分类收集、分类运输、分类处理的生活垃圾管理系统，实现生活垃圾分类制度有效覆盖。

县级以上地方人民政府应当建立生活垃圾分类工作协调机制，加强和统筹生活垃圾分类管理能力建设。

各级人民政府及其有关部门应当组织开展生活垃圾分类宣传，教育引导公众养成生活垃圾分类习惯，督促和指导生活垃圾分类工作。

第四十四条　县级以上地方人民政府应当有计划地改进燃料结构，发展清洁能源，减少燃料废渣等固体废物的产生量。

县级以上地方人民政府有关部门应当加强产品生产和流通过程管理，避免过度包装，组织净菜上市，减少生活垃圾的产生量。

第四十五条　县级以上人民政府应当统筹安排建设城乡生活垃圾收集、运输、处理设施，确定设施厂址，提高生活垃圾的综合利用和无害化处置水平，促进生活垃圾收集、处理的产业化发展，逐步建立和完善生活垃圾污染环境防治的社会服务体系。

县级以上地方人民政府有关部门应当统筹规划，合理安排回收、分拣、打包网点，促进生活垃圾的回收利用工作。

第四十六条　地方各级人民政府应当加强农村生活垃圾污染环境的防治，保护和改善农村人居环境。

国家鼓励农村生活垃圾源头减量。城乡结合部、人口密集的农村地区和其他有条件的地方，应当建立城乡一体的生活垃圾管理系统；其他农村地区应当积极探索生活垃圾管理模式，因地制宜，就近就地利用或者妥善处理生活垃圾。

第四十七条　设区的市级以上人民政府环境卫生主管部门应当制定生活垃圾清扫、收集、贮存、运输和处理设施、场所建设运行规范，发布生活垃圾分类指导目录，加强监督管理。

第四十八条　县级以上地方人民政府环境卫生等主管部门应当组织对城乡生活垃圾进行清扫、收集、运输和处理，可以通过招标等方式选择具备条件的单位从事生活垃圾的清扫、收集、运输和处理。

第四十九条　产生生活垃圾的单位、家庭和个人应当依法履行生活垃圾源头减量和分类投放义务，承担生活垃圾产生者责任。

任何单位和个人都应当依法在指定的地点分类投放生活垃圾。禁止随意倾倒、抛撒、堆放或者焚烧生活垃圾。

机关、事业单位等应当在生活垃圾分类工作中起示范带头作用。

已经分类投放的生活垃圾，应当按照规定分类收集、分类运输、分类处理。

第五十条　清扫、收集、运输、处理城乡生活垃圾，应当遵守国家有关环境保护和环境卫生管理的规定，防止污染环境。

从生活垃圾中分类并集中收集的有害垃圾，属于危险废物的，应当按照危险废物管理。

第五十一条　从事公共交通运输的经营单位，应当及时清扫、收集运输过程中产生的生活垃圾。

第五十二条　农贸市场、农产品批发市场等应当加强环境卫生管理，保持环境卫生清洁，对所产生的垃圾及时清扫、分类收集、妥善处理。

第五十三条　从事城市新区开发、旧区改建和住宅小区开发建设、村镇建设的单位，以及机场、码头、车站、公园、商场、体育场馆等公共设施、场所的经营管理单位，应当按照国家有关环境卫生的规定，配套建设生活垃圾收集设施。

县级以上地方人民政府应当统筹生活垃圾公共转运、处理设施与前款规定的收集设施的有效衔接，并加强生活垃圾分类收运体系和再生资源回收体系在规划、建设、运营等方面的融合。

第五十四条　从生活垃圾中回收的物质应当按照国家规定的用途、标准使用，不得用于生产可能危害人体健康的产品。

第五十五条　建设生活垃圾处理设施、场所，应当符合国务院生态环境主管部门和国务院住房城乡建设主管部门规定的环境保护和环境卫生标准。

鼓励相邻地区统筹生活垃圾处理设施建设，促进生活垃圾处理设施跨行政区域共建共享。

禁止擅自关闭、闲置或者拆除生活垃圾处理设施、场所；确有必要关闭、闲置或者拆除的，应当经所在地的市、县级人民政府环境卫生主管部门商所在地生态环境主管部门同意后核准，并采取防止污染环境的措施。

第五十六条　生活垃圾处理单位应当按照国家有关规定，安装使用监测设备，实时监测污染物的排放情况，将污染排放数据实时公开。监测设备应当与所在地生态环境主管部门的监控设备联网。

第五十七条　县级以上地方人民政府环境卫生主管部门负责组织开展厨余垃圾资源化、无害化处理工作。

产生、收集厨余垃圾的单位和其他生产经营者，应当将厨余垃圾交由具备相应资质条件的单位进行无害化处理。

禁止畜禽养殖场、养殖小区利用未经无害化处理的厨余垃圾饲喂畜禽。

第五十八条 县级以上地方人民政府应当按照产生者付费原则，建立生活垃圾处理收费制度。

县级以上地方人民政府制定生活垃圾处理收费标准，应当根据本地实际，结合生活垃圾分类情况，体现分类计价、计量收费等差别化管理，并充分征求公众意见。生活垃圾处理收费标准应当向社会公布。

生活垃圾处理费应当专项用于生活垃圾的收集、运输和处理等，不得挪作他用。

第五十九条 省、自治区、直辖市和设区的市、自治州可以结合实际，制定本地方生活垃圾具体管理办法。

第五章 建筑垃圾、农业固体废物等

第六十条 县级以上地方人民政府应当加强建筑垃圾污染环境的防治，建立建筑垃圾分类处理制度。

县级以上地方人民政府应当制定包括源头减量、分类处理、消纳设施和场所布局及建设等在内的建筑垃圾污染环境防治工作规划。

第六十一条 国家鼓励采用先进技术、工艺、设备和管理措施，推进建筑垃圾源头减量，建立建筑垃圾回收利用体系。

县级以上地方人民政府应当推动建筑垃圾综合利用产品应用。

第六十二条 县级以上地方人民政府环境卫生主管部门负责建筑垃圾污染环境防治工作，建立建筑垃圾全过程管理制度，规范建筑垃圾产生、收集、贮存、运输、利用、处置行为，推进综合利用，加强建筑垃圾处置设施、场所建设，保障处置安全，防止污染环境。

第六十三条　工程施工单位应当编制建筑垃圾处理方案，采取污染防治措施，并报县级以上地方人民政府环境卫生主管部门备案。

工程施工单位应当及时清运工程施工过程中产生的建筑垃圾等固体废物，并按照环境卫生主管部门的规定进行利用或者处置。

工程施工单位不得擅自倾倒、抛撒或者堆放工程施工过程中产生的建筑垃圾。

第六十四条　县级以上人民政府农业农村主管部门负责指导农业固体废物回收利用体系建设，鼓励和引导有关单位和其他生产经营者依法收集、贮存、运输、利用、处置农业固体废物，加强监督管理，防止污染环境。

第六十五条　产生秸秆、废弃农用薄膜、农药包装废弃物等农业固体废物的单位和其他生产经营者，应当采取回收利用和其他防止污染环境的措施。

从事畜禽规模养殖应当及时收集、贮存、利用或者处置养殖过程中产生的畜禽粪污等固体废物，避免造成环境污染。

禁止在人口集中地区、机场周围、交通干线附近以及当地人民政府划定的其他区域露天焚烧秸秆。

国家鼓励研究开发、生产、销售、使用在环境中可降解且无害的农用薄膜。

第六十六条　国家建立电器电子、铅蓄电池、车用动力电池等产品的生产者责任延伸制度。

电器电子、铅蓄电池、车用动力电池等产品的生产者应当按照规定以自建或者委托等方式建立与产品销售量相匹配的废旧产品回收体系，并向社会公开，实现有效回收和利用。

国家鼓励产品的生产者开展生态设计，促进资源回收利用。

第六十七条　国家对废弃电器电子产品等实行多渠道回收和集中处理制度。

禁止将废弃机动车船等交由不符合规定条件的企业或者个人回收、拆解。

拆解、利用、处置废弃电器电子产品、废弃机动车船等，应当遵守有关法律法规的规定，采取防止污染环境的措施。

第六十八条　产品和包装物的设计、制造，应当遵守国家有关清洁生产的规定。国务院标准化主管部门应当根据国家经济和技术条件、固体废物污染环境防治状况以及产品的技术要求，组织制定有关标准，防止过度包装造成环境污染。

生产经营者应当遵守限制商品过度包装的强制性标准，避免过度包装。县级以上地方人民政府市场监督管理部门和有关部门应当按照各自职责，加强对过度包装的监督管理。

生产、销售、进口依法被列入强制回收目录的产品和包装物的企业，应当按照国家有关规定对该产品和包装物进行回收。

电子商务、快递、外卖等行业应当优先采用可重复使用、易回收利用的包装物，优化物品包装，减少包装物的使用，并积极回收利用包装物。县级以上地方人民政府商务、邮政等主管部门应当加强监督管理。

国家鼓励和引导消费者使用绿色包装和减量包装。

第六十九条　国家依法禁止、限制生产、销售和使用不可降解塑料袋等一次性塑料制品。

商品零售场所开办单位、电子商务平台企业和快递企业、外卖企业应当按照国家有关规定向商务、邮政等主管部门报告塑料袋等一次性塑料制品的使用、回收情况。

国家鼓励和引导减少使用、积极回收塑料袋等一次性塑料制品，推广应用可循环、易回收、可降解的替代产品。

第七十条　旅游、住宿等行业应当按照国家有关规定推行不主动提供一次性用品。

机关、企业事业单位等的办公场所应当使用有利于保护环境的产品、设备和设施，减少使用一次性办公用品。

第七十一条　城镇污水处理设施维护运营单位或者污泥处理单位应当安全处理污泥，保证处理后的污泥符合国家有关标准，对污泥的流向、用途、用量等进行跟踪、记录，并报告城镇排水主管部门、生态环境主管部门。

县级以上人民政府城镇排水主管部门应当将污泥处理设施纳入城镇排水与污水处理规划，推动同步建设污泥处理设施与污水处理设施，鼓励协同处理，污水处理费征收标准和补偿范围应当覆盖污泥处理成本和污水处理设施正常运营成本。

第七十二条　禁止擅自倾倒、堆放、丢弃、遗撒城镇污水处理设施产生的污泥和处理后的污泥。

禁止重金属或者其他有毒有害物质含量超标的污泥进入农用地。

从事水体清淤疏浚应当按照国家有关规定处理清淤疏浚过程中产生的底泥，防止污染环境。

第七十三条　各级各类实验室及其设立单位应当加强对实验室产生的固体废物的管理，依法收集、贮存、运输、利用、处置实验室固体废物。实验室固体废物属于危险废物的，应当按照危险废物管理。

第六章　危险废物

第七十四条　危险废物污染环境的防治，适用本章规定；本章未作规定的，适用本法其他有关规定。

第七十五条　国务院生态环境主管部门应当会同国务院有关部门制定国家危险废物名录，规定统一的危险废物鉴别标准、鉴别方法、识别标志和鉴别单位管理要求。国家危险废物名录应当动态调整。

国务院生态环境主管部门根据危险废物的危害特性和产生数量，科学评估其环境风险，实施分级分类管理，建立信息化监管体系，并通过信息化手段管理、共享危险废物转移数据和信息。

第七十六条　省、自治区、直辖市人民政府应当组织有关部门编制危险废物集中处置设施、场所的建设规划，科学评估危险废物处置需求，合理布局危险废物集中处置设施、场所，确保本行政区域的危险废物得到妥善处置。

编制危险废物集中处置设施、场所的建设规划，应当征求有关行业协会、企业事业单位、专家和公众等方面的意见。

相邻省、自治区、直辖市之间可以开展区域合作，统筹建设区域性危险废物集中处置设施、场所。

第七十七条　对危险废物的容器和包装物以及收集、贮存、运输、利用、处置危险废物的设施、场所，应当按照规定设置危险废物识别标志。

第七十八条　产生危险废物的单位，应当按照国家有关规定制定危险废物管理计划；建立危险废物管理台账，如实记录有关信息，并通过国家危险废物信息管理系统向所在地生态环境主管部门申报危险废物的种类、产生量、流向、贮存、处置等有关资料。

前款所称危险废物管理计划应当包括减少危险废物产生量和降低危险废物危害性的措施以及危险废物贮存、利用、处置措施。危险废物管理计划应当报产生危险废物的单位所在地生态环境主管部门备案。

产生危险废物的单位已经取得排污许可证的，执行排污许可管理制度的规定。

第七十九条　产生危险废物的单位，应当按照国家有关规定和环境保护标准要求贮存、利用、处置危险废物，不得擅自倾倒、堆放。

第八十条　从事收集、贮存、利用、处置危险废物经营活动的单位，应当按照国家有关规定申请取得许可证。许可证的具体管理办法由国务院制定。

禁止无许可证或者未按照许可证规定从事危险废物收集、贮存、利用、处置的经营活动。

禁止将危险废物提供或者委托给无许可证的单位或者其他生产经营者从事收集、贮存、利用、处置活动。

第八十一条　收集、贮存危险废物，应当按照危险废物特性分类进行。禁止混合收集、贮存、运输、处置性质不相容而未经安全性处置的危险废物。

贮存危险废物应当采取符合国家环境保护标准的防护措施。禁止将危险废物混入非危险废物中贮存。

从事收集、贮存、利用、处置危险废物经营活动的单位，贮存危险废物不得超过一年；确需延长期限的，应当报经颁发许可证的生态环境主管部门批准；法律、行政法规另有规定的除外。

第八十二条　转移危险废物的，应当按照国家有关规定填写、运行危险废物电子或者纸质转移联单。

跨省、自治区、直辖市转移危险废物的，应当向危险废物移出地省、自治区、直辖市人民政府生态环境主管部门申请。移出地省、自治区、直辖市人民政府生态环境主管部门应当及时商经接受地省、自治区、直辖市人民政府生态环境主管部门同意后，在规定期限内批准转移该危险废物，并将批准信息通报相关省、自治区、直辖市人民政府生态环境主管部门和交通运输主管部门。未经批准的，不得转移。

危险废物转移管理应当全程管控、提高效率，具体办法由国务院生态环境主管部门会同国务院交通运输主管部门和公安部门制定。

第八十三条　运输危险废物，应当采取防止污染环境的措施，并遵守国家有关危险货物运输管理的规定。

禁止将危险废物与旅客在同一运输工具上载运。

第八十四条　收集、贮存、运输、利用、处置危险废物的场所、设施、设备和容器、包装物及其他物品转作他用时，应当按照国家有关规定经过消除污染处理，方可使用。

第八十五条　产生、收集、贮存、运输、利用、处置危险废物的单位，应当依法制定意外事故的防范措施和应急预案，并向所在地生态环境主管部门和其他负有固体废物污染环境防治监督管理职责的部门备案；生态环境主管部门和其他负有固体废物污染环境防治监督管理职责的部门应当进行检查。

第八十六条　因发生事故或者其他突发性事件，造成危险废物严重污染环境的单位，应当立即采取有效措施消除或者减轻对环境的污染危害，及时通报可能受到污染危害的单位和居民，并向所在地生态环境主管部门和有关部门报告，接受调查处理。

第八十七条 在发生或者有证据证明可能发生危险废物严重污染环境、威胁居民生命财产安全时，生态环境主管部门或者其他负有固体废物污染环境防治监督管理职责的部门应当立即向本级人民政府和上一级人民政府有关部门报告，由人民政府采取防止或者减轻危害的有效措施。有关人民政府可以根据需要责令停止导致或者可能导致环境污染事故的作业。

第八十八条 重点危险废物集中处置设施、场所退役前，运营单位应当按照国家有关规定对设施、场所采取污染防治措施。退役的费用应当预提，列入投资概算或者生产成本，专门用于重点危险废物集中处置设施、场所的退役。具体提取和管理办法，由国务院财政部门、价格主管部门会同国务院生态环境主管部门规定。

第八十九条 禁止经中华人民共和国过境转移危险废物。

第九十条 医疗废物按照国家危险废物名录管理。县级以上地方人民政府应当加强医疗废物集中处置能力建设。

县级以上人民政府卫生健康、生态环境等主管部门应当在各自职责范围内加强对医疗废物收集、贮存、运输、处置的监督管理，防止危害公众健康、污染环境。

医疗卫生机构应当依法分类收集本单位产生的医疗废物，交由医疗废物集中处置单位处置。医疗废物集中处置单位应当及时收集、运输和处置医疗废物。

医疗卫生机构和医疗废物集中处置单位，应当采取有效措施，防止医疗废物流失、泄漏、渗漏、扩散。

第九十一条 重大传染病疫情等突发事件发生时，县级以上人民政府应当统筹协调医疗废物等危险废物收集、贮存、运输、处置等工作，保障所需的车辆、场地、处置设施和防护物资。卫生健康、生态环境、环境卫生、交通运输等主管部门应当协同配合，依法履行应急处置职责。

第七章 保障措施

第九十二条 国务院有关部门、县级以上地方人民政府及其有关部门在编制国土空间规划和相关专项规划时，应当统筹生活垃圾、建筑垃圾、危险废物等固体废物转运、集中处置等设施建设需求，保障转运、集中处置等设施用地。

第九十三条 国家采取有利于固体废物污染环境防治的经济、技术政策和措施，鼓励、支持有关方面采取有利于固体废物污染环境防治的措施，加强对从事固体废物污染环境防治工作人员的培训和指导，促进固体废物污染环境防治产业专业化、规模化发展。

第九十四条 国家鼓励和支持科研单位、固体废物产生单位、固体废物利用单位、固体废物处置单位等联合攻关，研究开发固体废物综合利用、集中处置等的新技术，推动固体废物污染环境防治技术进步。

第九十五条 各级人民政府应当加强固体废物污染环境的防治，按照事权划分的原则安排必要的资金用于下列事项：

（一）固体废物污染环境防治的科学研究、技术开发；

（二）生活垃圾分类；

（三）固体废物集中处置设施建设；

（四）重大传染病疫情等突发事件产生的医疗废物等危险废

物应急处置；

（五）涉及固体废物污染环境防治的其他事项。

使用资金应当加强绩效管理和审计监督，确保资金使用效益。

第九十六条　国家鼓励和支持社会力量参与固体废物污染环境防治工作，并按照国家有关规定给予政策扶持。

第九十七条　国家发展绿色金融，鼓励金融机构加大对固体废物污染环境防治项目的信贷投放。

第九十八条　从事固体废物综合利用等固体废物污染环境防治工作的，依照法律、行政法规的规定，享受税收优惠。

国家鼓励并提倡社会各界为防治固体废物污染环境捐赠财产，并依照法律、行政法规的规定，给予税收优惠。

第九十九条　收集、贮存、运输、利用、处置危险废物的单位，应当按照国家有关规定，投保环境污染责任保险。

第一百条　国家鼓励单位和个人购买、使用综合利用产品和可重复使用产品。

县级以上人民政府及其有关部门在政府采购过程中，应当优先采购综合利用产品和可重复使用产品。

第八章　法律责任

第一百零一条　生态环境主管部门或者其他负有固体废物污染环境防治监督管理职责的部门违反本法规定，有下列行为之一，由本级人民政府或者上级人民政府有关部门责令改正，对直接负责的主管人员和其他直接责任人员依法给予处分：

（一）未依法作出行政许可或者办理批准文件的；

（二）对违法行为进行包庇的；

（三）未依法查封、扣押的；

（四）发现违法行为或者接到对违法行为的举报后未予查处的；

（五）有其他滥用职权、玩忽职守、徇私舞弊等违法行为的。

依照本法规定应当作出行政处罚决定而未作出的，上级主管部门可以直接作出行政处罚决定。

第一百零二条　违反本法规定，有下列行为之一，由生态环境主管部门责令改正，处以罚款，没收违法所得；情节严重的，报经有批准权的人民政府批准，可以责令停业或者关闭：

（一）产生、收集、贮存、运输、利用、处置固体废物的单位未依法及时公开固体废物污染环境防治信息的；

（二）生活垃圾处理单位未按照国家有关规定安装使用监测设备、实时监测污染物的排放情况并公开污染排放数据的；

（三）将列入限期淘汰名录被淘汰的设备转让给他人使用的；

（四）在生态保护红线区域、永久基本农田集中区域和其他需要特别保护的区域内，建设工业固体废物、危险废物集中贮存、利用、处置的设施、场所和生活垃圾填埋场的；

（五）转移固体废物出省、自治区、直辖市行政区域贮存、处置未经批准的；

（六）转移固体废物出省、自治区、直辖市行政区域利用未报备案的；

（七）擅自倾倒、堆放、丢弃、遗撒工业固体废物，或者未采取相应防范措施，造成工业固体废物扬散、流失、渗漏或者其他环境污染的；

（八）产生工业固体废物的单位未建立固体废物管理台账并如实记录的；

（九）产生工业固体废物的单位违反本法规定委托他人运输、利用、处置工业固体废物的；

（十）贮存工业固体废物未采取符合国家环境保护标准的防护措施的；

（十一）单位和其他生产经营者违反固体废物管理其他要求，污染环境、破坏生态的。

有前款第一项、第八项行为之一，处五万元以上二十万元以下的罚款；有前款第二项、第三项、第四项、第五项、第六项、第九项、第十项、第十一项行为之一，处十万元以上一百万元以下的罚款；有前款第七项行为，处所需处置费用一倍以上三倍以下的罚款，所需处置费用不足十万元的，按十万元计算。对前款第十一项行为的处罚，有关法律、行政法规另有规定的，适用其规定。

第一百零三条　违反本法规定，以拖延、围堵、滞留执法人员等方式拒绝、阻挠监督检查，或者在接受监督检查时弄虚作假的，由生态环境主管部门或者其他负有固体废物污染环境防治监督管理职责的部门责令改正，处五万元以上二十万元以下的罚款；对直接负责的主管人员和其他直接责任人员，处二万元以上十万元以下的罚款。

第一百零四条　违反本法规定，未依法取得排污许可证产生工业固体废物的，由生态环境主管部门责令改正或者限制生产、停产整治，处十万元以上一百万元以下的罚款；情节严重的，报经有批准权的人民政府批准，责令停业或者关闭。

第一百零五条　违反本法规定，生产经营者未遵守限制商品过度包装的强制性标准的，由县级以上地方人民政府市场监督管理部门或者有关部门责令改正；拒不改正的，处二千元以上二万元以下的罚款；情节严重的，处二万元以上十万元以下的罚款。

第一百零六条　违反本法规定，未遵守国家有关禁止、限制使用不可降解塑料袋等一次性塑料制品的规定，或者未按照国家有关规定报告塑料袋等一次性塑料制品的使用情况的，由县级以上地方人民政府商务、邮政等主管部门责令改正，处一万元以上十万元以下的罚款。

第一百零七条　从事畜禽规模养殖未及时收集、贮存、利用或者处置养殖过程中产生的畜禽粪污等固体废物的，由生态环境主管部门责令改正，可以处十万元以下的罚款；情节严重的，报经有批准权的人民政府批准，责令停业或者关闭。

第一百零八条　违反本法规定，城镇污水处理设施维护运营单位或者污泥处理单位对污泥流向、用途、用量等未进行跟踪、记录，或者处理后的污泥不符合国家有关标准的，由城镇排水主管部门责令改正，给予警告；造成严重后果的，处十万元以上二十万元以下的罚款；拒不改正的，城镇排水主管部门可以指定有治理能力的单位代为治理，所需费用由违法者承担。

违反本法规定，擅自倾倒、堆放、丢弃、遗撒城镇污水处理设施产生的污泥和处理后的污泥的，由城镇排水主管部门责令改正，处二十万元以上二百万元以下的罚款，对直接负责的主管人员和其他直接责任人员处二万元以上十万元以下的罚款；造成严重后果的，处二百万元以上五百万元以下的罚款，对直接负责的主管人员和其他直接责任人员处五万元以上五十万元以下的罚款；拒不改正的，城镇排水主管部门可以指定有治理能力的单位代为治理，所需费用由违法者承担。

第一百零九条　违反本法规定，生产、销售、进口或者使用淘汰的设备，或者采用淘汰的生产工艺的，由县级以上地方人民政府指定的部门责令改正，处十万元以上一百万元以下的罚款，没收违法所得；情节严重的，由县级以上地方人民政府指定的部门提出意见，报经有批准权的人民政府批准，责令停业或者关闭。

第一百一十条　尾矿、煤矸石、废石等矿业固体废物贮存设施停止使用后，未按照国家有关环境保护规定进行封场的，由生态环境主管部门责令改正，处二十万元以上一百万元以下的罚款。

第一百一十一条　违反本法规定，有下列行为之一，由县级以上地方人民政府环境卫生主管部门责令改正，处以罚款，没收违法所得：

（一）随意倾倒、抛撒、堆放或者焚烧生活垃圾的；

（二）擅自关闭、闲置或者拆除生活垃圾处理设施、场所的；

（三）工程施工单位未编制建筑垃圾处理方案报备案，或者未及时清运施工过程中产生的固体废物的；

（四）工程施工单位擅自倾倒、抛撒或者堆放工程施工过程中产生的建筑垃圾，或者未按照规定对施工过程中产生的固体废物进行利用或者处置的；

（五）产生、收集厨余垃圾的单位和其他生产经营者未将厨余垃圾交由具备相应资质条件的单位进行无害化处理的；

（六）畜禽养殖场、养殖小区利用未经无害化处理的厨余垃圾饲喂畜禽的；

（七）在运输过程中沿途丢弃、遗撒生活垃圾的。

单位有前款第一项、第七项行为之一，处五万元以上五十万元以下的罚款；单位有前款第二项、第三项、第四项、第五项、第六项行为之一，处十万元以上一百万元以下的罚款；个人有前款第一项、第五项、第七项行为之一，处一百元以上五百元以下的罚款。

违反本法规定，未在指定的地点分类投放生活垃圾的，由县级以上地方人民政府环境卫生主管部门责令改正；情节严重的，对单位处五万元以上五十万元以下的罚款，对个人依法处以罚款。

第一百一十二条 违反本法规定，有下列行为之一，由生态环境主管部门责令改正，处以罚款，没收违法所得；情节严重的，报经有批准权的人民政府批准，可以责令停业或者关闭：

（一）未按照规定设置危险废物识别标志的；

（二）未按照国家有关规定制定危险废物管理计划或者申报危险废物有关资料的；

（三）擅自倾倒、堆放危险废物的；

（四）将危险废物提供或者委托给无许可证的单位或者其他生产经营者从事经营活动的；

（五）未按照国家有关规定填写、运行危险废物转移联单或者未经批准擅自转移危险废物的；

（六）未按照国家环境保护标准贮存、利用、处置危险废物或者将危险废物混入非危险废物中贮存的；

（七）未经安全性处置，混合收集、贮存、运输、处置具有不相容性质的危险废物的；

（八）将危险废物与旅客在同一运输工具上载运的；

（九）未经消除污染处理，将收集、贮存、运输、处置危险废物的场所、设施、设备和容器、包装物及其他物品转作他用的；

（十）未采取相应防范措施，造成危险废物扬散、流失、渗漏或者其他环境污染的；

（十一）在运输过程中沿途丢弃、遗撒危险废物的；

（十二）未制定危险废物意外事故防范措施和应急预案的；

（十三）未按照国家有关规定建立危险废物管理台账并如实记录的。

有前款第一项、第二项、第五项、第六项、第七项、第八项、第九项、第十二项、第十三项行为之一，处十万元以上一百万元以下的罚款；有前款第三项、第四项、第十项、第十一项行为之一，处所需处置费用三倍以上五倍以下的罚款，所需处置费用不足二十万元的，按二十万元计算。

第一百一十三条　违反本法规定，危险废物产生者未按照规定处置其产生的危险废物被责令改正后拒不改正的，由生态环境主管部门组织代为处置，处置费用由危险废物产生者承担；拒不承担代为处置费用的，处代为处置费用一倍以上三倍以下的罚款。

第一百一十四条　无许可证从事收集、贮存、利用、处置危险废物经营活动的，由生态环境主管部门责令改正，处一百万元以上五百万元以下的罚款，并报经有批准权的人民政府批准，责令停业或者关闭；对法定代表人、主要负责人、直接负责的主管人员和其他责任人员，处十万元以上一百万元以下的罚款。

未按照许可证规定从事收集、贮存、利用、处置危险废物经营活动的，由生态环境主管部门责令改正，限制生产、停产整治，处五十万元以上二百万元以下的罚款；对法定代表人、主要负责人、直接负责的主管人员和其他责任人员，处五万元以上五十万元以下的罚款；情节严重的，报经有批准权的人民政府批准，责令停业或者关闭，还可以由发证机关吊销许可证。

第一百一十五条 违反本法规定，将中华人民共和国境外的固体废物输入境内的，由海关责令退运该固体废物，处五十万元以上五百万元以下的罚款。

承运人对前款规定的固体废物的退运、处置，与进口者承担连带责任。

第一百一十六条 违反本法规定，经中华人民共和国过境转移危险废物的，由海关责令退运该危险废物，处五十万元以上五百万元以下的罚款。

第一百一十七条 对已经非法入境的固体废物，由省级以上人民政府生态环境主管部门依法向海关提出处理意见，海关应当依照本法第一百一十五条的规定作出处罚决定；已经造成环境污染的，由省级以上人民政府生态环境主管部门责令进口者消除污染。

第一百一十八条 违反本法规定，造成固体废物污染环境事故的，除依法承担赔偿责任外，由生态环境主管部门依照本条第二款的规定处以罚款，责令限期采取治理措施；造成重大或者特大固体废物污染环境事故的，还可以报经有批准权的人民政府批准，责令关闭。

造成一般或者较大固体废物污染环境事故的，按照事故造成的直接经济损失的一倍以上三倍以下计算罚款；造成重大或者特大固体废物污染环境事故的，按照事故造成的直接经济损失的三倍以上五倍以下计算罚款，并对法定代表人、主要负责人、直接负责的主管人员和其他责任人员处上一年度从本单位取得的收入百分之五十以下的罚款。

第一百一十九条　单位和其他生产经营者违反本法规定排放固体废物，受到罚款处罚，被责令改正的，依法作出处罚决定的行政机关应当组织复查，发现其继续实施该违法行为的，依照《中华人民共和国环境保护法》的规定按日连续处罚。

第一百二十条　违反本法规定，有下列行为之一，尚不构成犯罪的，由公安机关对法定代表人、主要负责人、直接负责的主管人员和其他责任人员处十日以上十五日以下的拘留；情节较轻的，处五日以上十日以下的拘留：

（一）擅自倾倒、堆放、丢弃、遗撒固体废物，造成严重后果的；

（二）在生态保护红线区域、永久基本农田集中区域和其他需要特别保护的区域内，建设工业固体废物、危险废物集中贮存、利用、处置的设施、场所和生活垃圾填埋场的；

（三）将危险废物提供或者委托给无许可证的单位或者其他生产经营者堆放、利用、处置的；

（四）无许可证或者未按照许可证规定从事收集、贮存、利用、处置危险废物经营活动的；

（五）未经批准擅自转移危险废物的；

（六）未采取防范措施，造成危险废物扬散、流失、渗漏或者其他严重后果的。

第一百二十一条　固体废物污染环境、破坏生态，损害国家利益、社会公共利益的，有关机关和组织可以依照《中华人民共和国环境保护法》、《中华人民共和国民事诉讼法》、《中华人民共和国行政诉讼法》等法律的规定向人民法院提起诉讼。

第一百二十二条　固体废物污染环境、破坏生态给国家造成重大损失的，由设区的市级以上地方人民政府或者其指定的部门、机构组织与造成环境污染和生态破坏的单位和其他生产经营者进行磋商，要求其承担损害赔偿责任；磋商未达成一致的，可以向人民法院提起诉讼。

对于执法过程中查获的无法确定责任人或者无法退运的固体废物，由所在地县级以上地方人民政府组织处理。

第一百二十三条 违反本法规定，构成违反治安管理行为的，由公安机关依法给予治安管理处罚；构成犯罪的，依法追究刑事责任；造成人身、财产损害的，依法承担民事责任。

第九章 附 则

第一百二十四条 本法下列用语的含义：

（一）固体废物，是指在生产、生活和其他活动中产生的丧失原有利用价值或者虽未丧失利用价值但被抛弃或者放弃的固态、半固态和置于容器中的气态的物品、物质以及法律、行政法规规定纳入固体废物管理的物品、物质。经无害化加工处理，并且符合强制性国家产品质量标准，不会危害公众健康和生态安全，或者根据固体废物鉴别标准和鉴别程序认定为不属于固体废物的除外。

（二）工业固体废物，是指在工业生产活动中产生的固体废物。

（三）生活垃圾，是指在日常生活中或者为日常生活提供服务的活动中产生的固体废物，以及法律、行政法规规定视为生活垃圾的固体废物。

（四）建筑垃圾，是指建设单位、施工单位新建、改建、扩建和拆除各类建筑物、构筑物、管网等，以及居民装饰装修房屋过程中产生的弃土、弃料和其他固体废物。

（五）农业固体废物，是指在农业生产活动中产生的固体废物。

（六）危险废物，是指列入国家危险废物名录或者根据国家规定的危险废物鉴别标准和鉴别方法认定的具有危险特性的固体废物。

（七）贮存，是指将固体废物临时置于特定设施或者场所中的活动。

（八）利用，是指从固体废物中提取物质作为原材料或者燃料的活动。

（九）处置，是指将固体废物焚烧和用其他改变固体废物的物理、化学、生物特性的方法，达到减少已产生的固体废物数量、缩小固体废物体积、减少或者消除其危险成分的活动，或者将固体废物最终置于符合环境保护规定要求的填埋场的活动。

第一百二十五条 液态废物的污染防治，适用本法；但是，排入水体的废水的污染防治适用有关法律，不适用本法。

第一百二十六条 本法自2020年9月1日起施行。

附件二

固体废物污染环境防治法配套行政法规与部门规章

类别	名称	文号
行政法规	《医疗废物管理条例》	国务院令　第380号
	《危险废物经营许可证管理办法》	国务院令　第408号
	《废弃电器电子产品回收处理管理条例》	国务院令　第551号
	《城镇排水与污水处理条例》	国务院令　第641号
	《畜禽规模养殖污染防治条例》	国务院令　第643号
	《报废机动车回收管理办法》	国务院令　第715号
	《快递暂行条例》	国务院令　第697号
部门规章	《医疗卫生机构医疗废物管理办法》	卫生部令　第36号
	《医疗废物管理行政处罚办法》	卫生部、国家环境保护总局令 第21号
	《电子废物污染环境防治管理办法》	国家环境保护总局令　第40号
	《危险废物出口核准管理办法》	国家环境保护总局令　第47号
	《再生资源回收管理办法》	商务部、国家发展和改革委员会、公安部、建设部、国家工商行政管理总局、国家环境保护总局令　2007年第8号
	《废弃电器电子产品处理资格许可管理办法》	环境保护部令　第13号
	《煤矸石综合利用管理办法》	国家发展和改革委员会令 第18号
	《粉煤灰综合利用管理办法》	国家发展和改革委员会令 第19号

类别	名称	文号
部门规章	《农用薄膜管理办法》	农业农村部、工业和信息化部、生态环境部、市场监管总局令 2020年第4号
	《农药包装废弃物回收处理管理办法》	农业农村部、生态环境部令 2020年第6号
	《报废机动车回收管理办法实施细则》	商务部令　2020年第2号
	《邮件快件包装管理办法》	交通运输部令　2021年第1号
	《国家危险废物名录》（2021版）	生态环境部令　第15号
	《危险废物转移管理办法》	生态环境部令　第23号

附件三

固体废物污染环境防治法配套地方性法规

省级行政区	效力层级	名　称	通过时间	施行日期
北京市	省级	《北京市危险废物污染环境防治条例》	2020年6月5日北京市第十五届人民代表大会常务委员会第二十二次会议通过	2020年9月1日
河北省	省级	《河北省固体废物污染环境防治条例》	2022年9月28日河北省第十三届人民代表大会常务委员会第三十三次会议通过	2022年12月1日
山西省	省级	《山西省固体废物污染环境防治条例》	2021年3月31日山西省第十三届人民代表大会常务委员会第二十五次会议通过	2021年5月1日
	设区的市级	《朔州市固体废物污染环境防治条例》	2021年8月27日朔州市第六届人民代表大会常务委员会第五十四次会议通过	2021年12月20日
内蒙古自治区	省级	《内蒙古自治区固体废物污染环境防治条例》	2022年9月28日内蒙古自治区第十三届人民代表大会常务委员会第三十七次会议通过	2023年1月1日
辽宁省	设区的市级	《沈阳市危险废物污染环境防治条例》	2008年10月30日沈阳市第十四届人民代表大会常务委员会第六次会议通过	2009年1月1日
吉林省	省级	《吉林省危险废物污染环境防治条例》	2005年9月14日吉林省第十届人民代表大会常务委员会第二十二次会议通过 2021年7月30日吉林省第十三届人民代表大会常务委员会第二十九次会议修订	2021年7月30日

省级行政区	效力层级	名　称	通过时间	施行日期
江苏省	省级	《江苏省固体废物污染环境防治条例》	2009 年 9 月 23 日江苏省第十一届人民代表大会常务委员会第十一次会议通过 2012 年 1 月 12 日江苏省第十一届人民代表大会常务委员会第二十六次会议第一次修正 2017 年 6 月 3 日江苏省第十二届人民代表大会常务委员会第三十次会议第二次修正 2018 年 3 月 28 日江苏省第十三届人民代表大会常务委员会第二次会议第三次修正	2018 年 5 月 1 日
	设区的市级	《南京市固体废物污染环境防治条例》	2009 年 2 月 27 日南京市第十四届人民代表大会常务委员会第八次会议通过 2018 年 6 月 27 日南京市第十六届人民代表大会常务委员会第四次会议修正	2018 年 9 月 1 日
		《苏州市危险废物污染环境防治条例》	2003 年 5 月 16 日苏州市第十三届人民代表大会常务委员会第四次会议通过 2004 年 7 月 21 日苏州市第十三届人民代表大会常务委员会第十一次会议第一次修正 2018 年 10 月 25 日苏州市第十六届人民代表大会常务委员会第十五次会议第二次修正	2019 年 2 月 1 日

省级行政区	效力层级	名　称	通过时间	施行日期
浙江省	省级	《浙江省固体废物污染环境防治条例》	2006年3月29日浙江省第十届人民代表大会常务委员会第二十四次会议通过 2013年12月19日浙江省第十二届人民代表大会常务委员会第七次会议第一次修正	2023年1月1日
		《浙江省固体废物污染环境防治条例》	2017年9月30日浙江省第十二届人民代表大会常务委员会第四十四次会议第二次修正 2022年9月29日浙江省第十三届人民代表大会常务委员会第三十八次会议修订	2023年1月1日
安徽省	省级	《安徽省实施〈中华人民共和国固体废物污染环境防治法〉办法》	1998年10月12日安徽省第九届人民代表大会常务委员会第六次会议通过 2006年6月29日安徽省第十届人民代表大会常务委员会第二十四次会议修正 2021年5月28日安徽省第十三届人民代表大会常务委员会第二十七次会议修订	2021年9月1日
福建省	省级	《福建省固体废物污染环境防治若干规定》	2009年11月26日福建省第十一届人民代表大会常务委员会第十二次会议通过	2010年1月1日
山东省	省级	《山东省实施〈中华人民共和国固体废物污染环境防治法〉办法》	2002年9月28日山东省第九届人民代表大会常务委员会第三十一次会议通过 2018年1月23日山东省第十二届人民代表大会常务委员会第三十五次会议修正	2018年1月23日

省级行政区	效力层级	名　称	通过时间	施行日期
河南省	省级	《河南省固体废物污染环境防治条例》	2011年9月28日河南省第十一届人民代表大会常务委员会第二十三次会议通过 2018年9月29日河南省第十三届人民代表大会常务委员会第六次会议修正	2018年9月30日
湖南省	省级	《湖南省实施〈中华人民共和国固体废物污染环境防治法〉办法》	2018年1月17日湖南省第十二届人民代表大会常务委员会第三十五次会议通过 2020年7月30日湖南省第十三届人民代表大会常务委员会第十九次会议修正	2020年7月30日
广东省	省级	《广东省固体废物污染环境防治条例》	2004年1月14日广东省第十届人民代表大会常务委员会第八会议通过 2012年1月9日广东省第十一届人民代表大会常务委员会第三十一次会议第一次修正 2012年7月26日广东省第十一届人民代表大会常务委员会第三十五次会议第二次修正 2018年11月29日广东省第十三届人民代表大会常务委员会第七次会议修订	2019年3月1日
广西壮族自治区	省级	《广西壮族自治区固体废物污染环境防治条例》	2022年5月13日广西壮族自治区第十三届人民代表大会常务委员会第二十九次会议通过	2022年7月1日

省级行政区	效力层级	名　称	通过时间	施行日期
四川省	省级	《四川省固体废物污染环境防治条例》	2013 年 9 月 25 日四川省第十二届人民代表大会常务委员会第五次会议通过 2018 年 7 月 26 日四川省第十三届人民代表大会常务委员会第五次会议修正 2022 年 6 月 9 日四川省第十三届人民代表大会常务委员会第三十五次会议修订	2022 年 9 月 1 日
贵州省	省级	《贵州省固体废物污染环境防治条例》	2020 年 12 月 4 日经贵州省第十三届人民代表大会常务委员会第二十二次会议通过	2021 年 5 月 1 日
云南省	省级	《云南省固体废物污染环境防治条例》	2022 年 11 月 30 日云南省第十三届人民代表大会常务委员会第三十五次会议通过	2023 年 3 月 1 日
陕西省	省级	《陕西省固体废物污染环境防治条例》	2015 年 11 月 19 日省十二届人民代表大会常务委员会第二十三次会议通过 2019 年 7 月 31 日陕西省第十三届人民代表大会常务委员会第十二次会议第一次修正 2021 年 9 月 29 日陕西省第十三届人民代表大会常务委员会第二十八次会议第二次修正	2021 年 9 月 29 日
甘肃省	省级	《甘肃省固体废物污染环境防治条例》	2021 年 11 月 26 日甘肃省第十三届人民代表大会常务委员会第二十七次会议通过	2022 年 1 月 1 日

附件四

固体废物污染环境防治标准

标准类别	序号	标准名称	标准编号
国家污染物排放标准	1	《危险废物贮存污染控制标准》	GB 18597—2001
	2	《销毁日本遗弃在华化学武器固体废物处理处置标准（试行）》	GB 19057—2003
	3	《销毁日本遗弃在华化学武器全过程环境保护技术规定（试行）》	GB 19058—2003
	4	《医疗废物转运车技术要求（试行）》	GB 19217—2003
	5	《医疗废物焚烧炉技术要求（试行）》	GB 19218—2003
	6	《生活垃圾填埋场污染控制标准》	GB 16889—2008
	7	《水泥窑协同处置固体废物污染控制标准》	GB 30485—2013
	8	《生活垃圾焚烧污染控制标准》	GB 18485—2014
	9	《含多氯联苯废物污染控制标准》	GB 13015—2017
	10	《进口可用作原料的固体废物环境保护控制标准—骨废料》	GB 16487.1—2005
	11	《危险废物填埋污染控制标准》	GB 18598—2019
	12	《一般工业固体废物贮存和填埋污染控制标准》	GB 18599—2020
	13	《危险废物焚烧污染控制标准》	GB 18484—2020
	14	《医疗废物处理处置污染控制标准》	GB 39707—2020
国家生态环境监测标准	15	《固体废物　总汞的测定　冷原子吸收分光光度法》	GB/T 15555.1—1995
	16	《固体废物　铜、锌、铅、镉的测定　原子吸收分光光度法》	GB/T 15555.2—1995

标准类别	序号	标准名称	标准编号
国家生态环境监测标准	17	《固体废物　砷的测定　二乙基二硫代氨基甲酸银分光光度法》	GB/T 15555.3—1995
	18	《固体废物　六价铬的测定　二苯碳酰二肼分光光度法》	GB/T 15555.4—1995
	19	《固体废物　总铬的测定　二苯碳酰二肼分光光度法》	GB/T 15555.5—1995
	20	《固体废物　六价铬的测定　硫酸亚铁铵滴定法》	GB/T 15555.7—1995
	21	《固体废物　总铬的测定　硫酸亚铁铵滴定法》	GB/T 15555.8—1995
	22	《固体废物　镍的测定　直接吸入火焰原子吸收分光光度法》	GB/T 15555.9—1995
	23	《固体废物　镍的测定　丁二酮肟分光光度法》	GB/T 15555.10—1995
	24	《固体废物　氟化物的测定　离子选择电极法》	GB/T 15555.11—1995
	25	《固体废物　腐蚀性测定　玻璃电极法》	GB/T 15555.12—1995
	26	《固体废物　浸出毒性浸出方法　翻转法》	GB 5086.1—1997
	27	《工业固体废物采样制样技术规范》	HJ/T 20—1998
	28	《工业固体废弃物铬渣（ISS—1）》	GSB 07-1019—1999
	29	《工业固体废弃物锌渣（ISS—2）》	GSB 07-1020—1999
	30	《销毁日本遗弃在华化学武器固体废物中氰溴甲苯的测定　高效液相色谱法（试行）》	HJ/T 137—2003

标准类别	序号	标准名称	标准编号
国家生态环境监测标准	31	《销毁日本遗弃在华化学武器固体废物中总氰化物的测定　异烟酸—吡唑啉酮分光光度法（试行）》	HJ/T 140—2003
	32	《销毁日本遗弃在华化学武器固体废物中芥子气的测定　气相色谱法（试行）》	HJ/T 149—2003
	33	《销毁日本遗弃在华化学武器固体废物中路易氏剂的测定　气相色谱法（试行）》	HJ/T 150—2003
	34	《销毁日本遗弃在华化学武器固体废物中二苯氯胂的测定　气相色谱—质谱法（试行）》	HJ/T 151—2003
	35	《销毁日本遗弃在华化学武器固体废物中二苯氰胂的测定　气相色谱—质谱法（试行）》	HJ/T 152—2003
	36	《销毁日本遗弃在华化学武器固体废物中氧联双二苯胂的测定　气相色谱法（试行）》	HJ/T 158—2004
	37	《销毁日本遗弃在华化学武器固体废物中苯氯乙酮的测定　气相色谱法（试行）》	HJ/T 170—2004
	38	《销毁日本遗弃在华化学武器固体废物中氯乙烯氯胂的测定　乙炔铜分光光度法（试行）》	HJ/T 171—2004
	39	《销毁日本遗弃在华化学武器固体废物中氯乙烯氯胂的测定　气相色谱法（试行）》	HJ/T 172—2004
	40	《销毁日本遗弃在华化学武器固体废物采样制样技术规范（试行）》	HJ/T 162—2005
	41	《销毁日本遗弃在华化学武器固体废物中总氰化物的测定　气相色谱法（试行）》	HJ/T 213—2005
	42	《固体废物　浸出毒性浸出方法　硫酸硝酸法》	HJ/T 299—2007
	43	《固体废物　浸出毒性浸出方法　醋酸缓冲溶液法》	HJ/T 300—2007

标准类别	序号	标准名称	标准编号
国家生态环境监测标准	44	《危险废物（含医疗废物）焚烧处置设施二噁英排放监测技术规范》	HJ/T 365—2007
	45	《固体废物　二噁英类的测定　同位素稀释高分辨气相色谱—高分辨质谱法》	HJ 77.3—2008
	46	《固体废物　浸出毒性浸出方法　水平振荡法》	HJ 557—2010
	47	《固体废物　挥发性有机物的测定　顶空/气相色谱—质谱法》	HJ 643—2013
	48	《固体废物　六价铬的测定　碱消解/火焰原子吸收分光光度法》	HJ 687—2014
	49	《固体废物　汞、砷、硒、铋、锑的测定　微波消解/原子荧光法》	HJ 702—2014
	50	《固体废物　酚类化合物的测定　气相色谱法》	HJ 711—2014
	51	《固体废物　总磷的测定　偏钼酸铵分光光度法》	HJ 712—2014
	52	《固体废物　挥发性卤代烃的测定　吹扫捕集/气相色谱—质谱法》	HJ 713—2014
	53	《固体废物　挥发性卤代烃的测定　顶空/气相色谱—质谱法》	HJ 714—2014
	54	《固体废物　总铬的测定　火焰原子吸收分光光度法》	HJ 749—2015
	55	《固体废物　总铬的测定　石墨炉原子吸收分光光度法》	HJ 750—2015
	56	《固体废物　镍和铜的测定　火焰原子吸收分光光度法》	HJ 751—2015
	57	《固体废物　铍、镍、铜和钼的测定　石墨炉原子吸收分光光度法》	HJ 752—2015

标准类别	序号	标准名称	标准编号
国家生态环境监测标准	58	《固体废物　挥发性有机物的测定　顶空—气相色谱法》	HJ 760—2015
	59	《固体废物　有机质的测定　灼烧减量法》	HJ 761—2015
	60	《固体废物　有机物的提取　微波萃取法》	HJ 765—2015
	61	《固体废物　金属元素的测定　电感耦合等离子体质谱法》	HJ 766—2015
	62	《固体废物　钡的测定　石墨炉原子吸收分光光度法》	HJ 767—2015
	63	《固体废物　有机磷农药的测定　气相色谱法》	HJ 768—2015
	64	《固体废物　22 种金属元素的测定　电感耦合等离子体发射光谱法》	HJ 781—2016
	65	《固体废物　有机物的提取　加压流体萃取法》	HJ 782—2016
	66	《固体废物　铅、锌和镉的测定　火焰原子吸收分光光度法》	HJ 786—2016
	67	《固体废物　铅和镉的测定　石墨炉原子吸收分光光度法》	HJ 787—2016
	68	《固体废物　丙烯醛、丙烯腈、乙腈的测定　顶空—气相色谱法》	HJ 874—2017
	69	《固体废物　多氯联苯的测定　气相色谱—质谱法》	HJ 891—2017
	70	《固体废物　多环芳烃的测定　高效液相色谱法》	HJ 892—2017
	71	《固体废物　有机氯农药的测定　气相色谱—质谱法》	HJ 912—2017

标准类别	序号	标准名称	标准编号
国家生态环境监测标准	72	《固体废物　多环芳烃的测定　气相色谱—质谱法》	HJ 950—2018
	73	《固体废物　半挥发性有机物的测定　气相色谱—质谱法》	HJ 951—2018
	74	《固体废物　有机磷类和拟除虫菊酯类等47 种农药的测定　气相色谱—质谱法》	HJ 963—2018
	75	《固体废物　苯系物的测定　顶空—气相色谱法》	HJ 975—2018
	76	《固体废物　苯系物的测定　顶空/气相色谱—质谱法》	HJ 976—2018
	77	《固体废物　氟的测定　碱熔—离子选择电极法》	HJ 999—2018
	78	《固体废物　热灼减率的测定　重量法》	HJ 1024—2019
	79	《固体废物　氨基甲酸酯类农药的测定柱后衍生—高效液相色谱法》	HJ 1025—2019
	80	《固体废物　氨基甲酸酯类农药的测定高效液相色谱—三重四极杆质谱法》	HJ 1026—2019
	81	《排污单位自行监测技术指南 固体废物焚烧》	HJ 1205—2021
	82	《固体废物　无机元素的测定　波长色散X 射线荧光光谱法》	HJ 1211—2021
	83	《固体废物　水分和干物质含量的测定重量法》	HJ 1222—2021
	84	《环境保护图形标志——固体废物贮存（处置）场》	GB 15562.2—1995

标准类别	序号	标准名称	标准编号
国家生态环境管理技术规范	85	《销毁日本遗弃在华化学武器环境风险评价技术导则》	HJ 95—2003
	86	《销毁日本遗弃在华化学武器生态恢复技术规范（试行）》	HJ/T 128—2003
	87	《医疗废物集中处置技术规范（试行》）	环发〔2003〕206号
	88	《危险废物集中焚烧处置工程建设技术规范》	HJ/T 176—2005
	89	《医疗废物集中焚烧处置工程建设技术规范》	HJ/T 177—2005
	90	《长江三峡水库库底固体废物清理技术规范》	HJ 85—2005
	91	《废弃机电产品集中拆解利用处置区环境保护技术规范（试行）》	HJ/T 181—2005
	92	《报废机动车拆解环境保护技术规范》	HJ 348—2007
	93	《铬渣污染治理环境保护技术规范（暂行）》	HJ/T 301—2007
	94	《废塑料回收与再生利用污染控制技术规范（试行）》	HJ/T 364—2007
	95	《医疗废物专用包装袋、容器和警示标志标准》	HJ 421—2008
	96	《危险废物集中焚烧处置设施运行监督管理技术规范（试行）》	HJ 515—2009
	97	《医疗废物集中焚烧处置设施运行监督管理技术规范（试行）》	HJ 516—2009
	98	《地震灾区活动板房拆解处置环境保护技术指南》	环境保护部公告2009年第52号
	99	《废弃电器电子产品处理污染控制技术规范》	HJ 527—2010

标准类别	序号	标准名称	标准编号
国家生态环境管理技术规范	100	《生活垃圾填埋场渗滤液处理工程技术规范（试行）》	HJ 564—2010
	101	《危险废物（含医疗废物）焚烧处置设施性能测试技术规范》	HJ 561—2010
	102	《农业固体废物污染控制技术导则》	HJ 588—2010
	103	《废矿物油回收利用污染控制技术规范》	HJ 607—2011
	104	《铬渣干法解毒处理处置工程技术规范》	HJ 2017—2012
	105	《危险废物收集、贮存、运输技术规范》	HJ 2025—2012
	106	《固体废物处理处置工程技术导则》	HJ 2035—2013
	107	《水泥窑协同处置固体废物环境保护技术规范》	HJ 662—2013
	108	《危险废物处置工程技术导则》	HJ 2042—2014
	109	《尾矿库环境风险评估技术导则（试行）》	HJ 740—2015
	110	《排污许可证申请与核发技术规范　工业固体废物和危险废物治理》	HJ 1033—2019
	111	《排污许可证申请与核发技术规范　废弃资源加工工业》	HJ 1034—2019
	112	《排污许可证申请与核发技术规范　危险废物焚烧》	HJ 1038—2019
	113	《排污许可证申请与核发技术规范　生活垃圾焚烧》	HJ 1039—2019
	114	《固体废物再生利用污染防治技术导则》	HJ 1091—2020
	115	《废铅蓄电池处理污染控制技术规范》	HJ 519—2020
	116	《生活垃圾焚烧飞灰污染控制技术规范（试行）》	HJ 1134—2020
	117	《医疗废物化学消毒集中处理工程技术规范》	HJ 228—2021
	118	《医疗废物微波消毒集中处理工程技术规范》	HJ 229—2021

标准类别	序号	标准名称	标准编号
国家生态环境管理技术规范	119	《医疗废物高温蒸汽消毒集中处理工程技术规范》	HJ 276—2021
	120	《排污许可证申请与核发技术规范　工业固体废物（试行）》	HJ 1200—2021
	121	《废锂离子动力蓄电池处理污染控制技术规范（试行）》	HJ 1186—2021
	122	《锰渣污染控制技术规范》	HJ 1241—2022